資金決済法の理論と実務

丸橋 透・松嶋隆弘［編著］

勁草書房

はしがき

　本書は、『資金決済法の理論と実務』のタイトルどおり、資金決済法（資金決済に関する法律、平成21年6月24日法律第59号）の理論と実務につき、その全体を網羅的に解説する実務解説書である。

　資金決済法は、「前払式証票の規制等に関する法律」を前身とする業法であるが、いわゆる電子マネーの普及に伴い、これに対応すべく、平成21年、現在の形に姿を変え、さらには、仮想通貨にも対応すべく、平成28年に更なる改正がなされ、現在の姿に至っている。現在において、資金決済法は、業法でありつつも、銀行以外の決済に広範に対応する重要な法律へと成長している。同法は、実務的に重要であるのみならず、理論的にも検討すべき問題点を多く含んでいるといってよい。

　資金決済法のかかる現状に鑑み、われわれ編者は、本書を大きく理論編と実務編とに分け、前者では、主として、理論的問題に通暁した研究者・実務家に立ち入った検討をお願いし、後者では、資金決済の実際に通暁した実務家の方に、Q&A、座談会の形を取り、可能な限り、具体的に検討していただくことにした。理論と実務とが入り組んだ資金決済法に光を当てるには、このような方法が適切であると判断した次第である。

　本書が、資金決済法に関心を持つ多くの方々に対し、必要な情報をダイレクトに提供するワンストップの実務解説書として役立つことを、切に期待している。

　なお、本書の刊行にあたっては、編者らの身辺の諸事情により、大幅なスケジュールの変更が生じ、これにより、執筆に参加された方々や版元の勁草書房に多大なるご迷惑をおかけすることとなった。深くお詫びする次第である。ただ、他面において、結果として、最新の情報を取り入れることができ、実務書としての完成度は高まったと思っている。

　最後に、マイレージクラブ会員規約の収録につきご快諾下さったANAホールディングスに感謝申し上げるとともに、編集にあたられた勁草書房編集部山田政弘氏のご尽力に対し、執筆者一同を代表して、心からの感謝を申し上げる

次第である。

平成31年1月吉日

編者　丸橋　　透
同　　松嶋　隆弘

目次

第1編　理論編

第1章　資金決済法の全体像

Ⅰ　決済法制の全体像と資金決済法の法的位置づけ　*3*
  1　多様な決済システムの登場　*3*
  2　資金決済法の意義と本書の対象　*6*
  3　前身たる前払式証票規制法と資金決済法の違い　*6*

Ⅱ　資金決済に関するビジネスの現状と資金決済法　*7*
  1　現金とリテール決済　*7*
　(1)　日本のリテール決済の特徴　*7*
　(2)　現金　*8*
  2　リテールのキャッシュレス決済手段の状況　*8*
　(1)　キャッシュレス（店頭現金支払い以外の）支払・決済手段　*8*
　(2)　キャッシュレス支払・決済の分類　*10*
　(3)　経済的価値の記録媒体とセキュリティ　*10*
　(4)　電子マネー・おサイフケータイ／モバイル決済　*11*
　(5)　モバイル決済の利用状況　*13*
　(6)　ウォレット：支払手段と入金手段の利用者向管理ツール　*14*
　(7)　消費者の電子商取引とキャッシュレス決済　*14*
  3　キャッシュレス決済のビジネスの概観と規模　*16*
　(1)　未来投資戦略2017とキャッシュレス決済比率　*16*
　(2)　キャッシュレス決済のプレーヤーの行動原理　*16*
　(3)　ブランドデビットとブランドプリペイド　*17*
　(4)　前払式支払手段のビジネス規模・推移　*18*

（5）資金移動業のビジネス規模・推移　　20

Ⅲ　電子商取引における資金決済の現状と資金決済法　　22

　1　はじめに　　22
　　（1）電子商取引の特徴と現状　　22
　　（2）電子商取引における決済　　23
　2　商取引一般における代金決済方法　　24
　3　電子商取引に利用される決済方法とその現状　　25
　4　電子商取引に利用される決済方法に対する資金決済法による規制　　28
　　（1）資金決済法の規制の対象となるもの　　29
　　　（A）プリペイドカード　　29
　　　（B）送金サービス　　29
　　　（C）仮想通貨　　30
　　（2）資金決済法の対象とされていない決済サービス　　30
　　　（A）代金引換　　30
　　　（B）収納代行　　31
　　　（C）企業ポイント　　31

第2章　前払式支払手段の概要

Ⅰ　意義　　34

　1　前払式支払手段とは　　34
　　（1）資金決済法における前払式支払手段の定義　　34
　　（2）前払式支払手段の要件　　35
　　（3）要件の例外　　37
　　（4）「前払式支払手段」に該当しないもの　　39
　2　自家型と第三者型の違い　　40

II 自家型発行者　*41*

1　意義　*41*
  (1) 定義　*41*
  (2) 自家型前払式支払手段の特徴　*42*
  (3) 密接関係者　*43*
2　業務の概要　*44*
  (1) 業務内容および実施方法の決定　*44*
    (A) 業務内容の決定　*44*
      (a) 種類　*44*
      (b) 支払可能金額等　*44*
      (c) 有効期間・有効期限　*45*
      (d) 販売方法、支払方法　*45*
      (e) 第三者への譲渡　*46*
      (f) 記名式または無記名式　*46*
    (B) 実施方法の決定　*46*
      (a) システムの内容　*46*
      (b) 委託先　*47*
      (c) 発行保証金に関する規制　*47*
      (d) 苦情処理　*47*
  (2) 社内体制の整備　*47*
    (A) 社内体制整備の必要性　*47*
    (B) 前払式支払手段事務ガイドライン　*48*
  (3) 約款の策定　*51*
    (A) 法的性格　*52*
    (B) 適用範囲　*52*
    (C) 利用範囲　*52*
    (D) 発行方法　*52*
    (E) 入金方法　*52*
    (F) 利用方法　*53*

（G）残高確認　*53*
　　（I）払戻方法　*53*
　　（J）再発行　*53*
　　（K）免責規定　*54*
　　（L）利用停止および中止・中断　*54*
　　（M）期間・期限　*54*
　　（N）改廃規定　*54*
 3　届出　*55*
　（1）届出の意義　*55*
　（2）届出事項　*56*
　　（A）発行者が個人の場合（1号）　*56*
　　（B）発行者が法人の場合（1号、2号、4号）　*57*
　　（C）発行者が人格のない社団または財団であって代表者または管理人の定めのある場合（1号、4号）　*57*
　　（D）前払式支払手段の発行の業務に係る営業所または事務所の名称および所在地（3号）　*57*
　　（E）当該基準日における基準日未使用残高（5号）　*57*
　　（F）前払式支払手段の種類、名称および支払可能金額等（6号）　*57*
　　（G）物品の購入もしくは借受けを行い、もしくは役務の提供を受ける場合にこれらの代価の弁済のために使用し、または物品の給付もしくは役務の提供を請求することができる期間または期限が設けられているときは、当該期間または期限（7号）　*58*
　　（H）前払式支払手段の発行の業務の内容および方法（8号）　*58*
　　（I）前払式支払手段の発行および利用に関する利用者からの苦情または相談に応ずる営業所または事務所の所在地および連絡先（9号）　*58*
　　（J）その他内閣府令で定める事項（10号）　*58*
　　（K）添付書類　*59*
　（3）届出事項の変更　*59*
 4　名簿　*61*

Ⅲ 第三者型発行者　*62*

1 第三者型前払式支払手段　*62*
(1) 第三者型前払式支払手段の意義　*62*
(2) その他の規制　*64*

2 第三者型前払式支払手段の業務　*66*
(1) 概要　*66*
(2) 第三者型前払式支払手段の発行形態　*67*
(3) 第三者型前払式支払手段の内容　*68*

3 第三者型発行者の登録　*71*
(1) 総説　*71*
(2) 登録の申請　*73*
　（A）登録申請書　*73*
　（B）その他の添付書類　*74*
(3) 第三者型発行者登録簿　*75*
(4) 登録の拒否　*76*
　（A）法人でないもの（法10条1項1号）　*76*
　（B）（C）以外の法人であって法令で定める純資産額を有しない法人（法10条1項2号イ）　*77*
　　（a）前払式支払手段の利用可能範囲が一の市町村に限られる場合　*77*
　　（b）法人が以下のすべての基準を満たす場合　*77*
　　（c）上記（a）（b）以外の法人　*78*
　（C）営利を目的としない法人であって政令で定められていない法人（法10条1項2号ロ）　*78*
　（D）前払式支払手段により購入可能な物品または役務が、公序良俗を害し、または害するおそれがあるものでないことを確保するために必要な措置を講じていない法人（法10条1項3号）　*79*
　（E）加盟店に対する支払を適切に行うために必要な体制の整備が行われていない法人（法10条1項4号）　*80*
　（F）資金決済法第2章の規定を遵守するために必要な体制の整備が行

　　　　　われていない法人（法10条1項5号）　*81*
　　　（G）他の第三者型発行者と同一または類似の商号・名称を用いようとする法人（法10条1項6号）　*81*
　　　（H）過去3年の間に第三者型発行者の登録を取り消された法人（法10条1項7号）　*82*
　　　（I）過去3年の間に、資金決済法（またはこれに相当する外国法令）の規定により罰金刑に処せられた法人（法10条1項8号）　*82*
　　　（J）役員の中に不適格者がいる法人（法10条1項9号）　*83*
　4　変更の届出　*84*
　　（1）商号または名称を変更した場合（前払府令20条1項1号）　*84*
　　（2）資本金または出資の額を変更した場合（前払府令20条1項2号）　*84*
　　（3）営業所または事務所の設置、位置の変更または廃止をした場合（前払府令20条1項3号）　*85*
　　（4）役員に変更があった場合（前払府令20条1項4号）　*85*
　　（5）資金決済法8条1項5号から8号までに掲げる事項に変更があった場合（前払府令20条1項5号）　*85*
　　（6）主要株主に変更があった場合（前払府令20条1項6号）　*86*
　　（7）第三者型発行者登録簿の登録を財務局長等から受けている第三者型発行者が主たる営業所または事務所の所在地を他の財務局長等の管轄する区域に変更した場合（前払府令20条1項7号）　*86*
　　（8）資金決済法施行令5条1項2号ニに規定する預貯金を預け入れる銀行等に変更があった場合（前払府令20条1項8号）　*87*
　　（9）認定資金決済事業者協会に加入し、または脱退した場合（前払府令20条1項8号）　*87*
　5　名義貸しの禁止　*87*

Ⅳ　その他（いわゆるポイントサービスについて）　*88*

1　ポイントサービスの概要　*88*

　（1）はじめに　*88*

　（2）ポイントサービスの法的位置づけ　*89*

　　（A）ポイントサービスと前払式支払手段との異同　*89*

　　（B）財産的価値の観点から　*89*

　　（C）景品表示法の適用　*90*

2　わが国におけるポイントサービスの展開　*90*

　（1）わが国におけるポイントサービスのおこり　*90*

　（2）ポイントサービスの現在　*91*

　（3）航空会社におけるマイレージサービスの現状　*91*

　　（A）マイレージサービスとは　*91*

　　（B）わが国におけるマイレージサービスの生成　*92*

　　（C）わが国におけるマイレージサービスの現状　*92*

　（4）ポイントサービスにおける補償　*93*

　　（A）原則　*93*

　　（B）補償が認められた例の紹介　*93*

3　規約例　*94*

V　表示に関する規制　*104*

1　資金決済法における表示および情報提供の概要　*104*

　（1）概要　*104*

　（2）表示に関する規制　*105*

　（3）委託　*106*

2　資金決済法13条の各事項の内容　*106*

　（1）資金決済法13条の各事項　*106*

　　（A）資金決済法13条1項に基づく表示および情報提供の概要　*106*

　　（B）資金決済法13条3項に基づく表示および情報提供の概要　*107*

3　前払府令21条〜23条の内容（表示、発行保証金の供託その他の義務）　*108*

　（1）前払府令21条〜23条の各事項　*108*

（A）資金決済法13条1項の委任に基づく前払府令21条の概要（情報提供の方法）　*108*
　　　　（a）資金決済法13条1項の委任に基づく前払府令21条1項の内容　*108*
　　　　（b）資金決済法13条1項の委任に基づく前払府令21条2項の内容　*108*
　　　　（c）資金決済法13条1項の委任に基づく前払府令21条3項の内容　*109*
　　　　（d）資金決済法13条1項の委任に基づく前払府令21条4項の内容　*109*
　　　（B）資金決済法13条2項の委任に基づく前払府令22条の概要（情報提供する事項等）　*110*
　　　　（a）資金決済法13条2項の委任に基づく前払府令22条1項の内容　*110*
　　　　（b）資金決済法13条2項の委任に基づく前払府令22条2項の内容　*110*
　　　　（c）資金決済法13条2項の委任に基づく前払府令22条3項の内容　*111*
　　　　（d）資金決済法13条2項の委任に基づく前払府令22条4項の内容　*111*
　　　（C）内閣府令23条の概要　*111*
4　資金決済法13条1項および内閣府令21条2項における各項目の総説――各項目の形式（雛形）の概要　*112*
　（1）資金決済法13条の各項目　*112*
　（2）形式（雛型）例　*114*
　　（A）形式（雛型）の一例　*114*
　　（B）各形式例（雛型）の解説　*116*
5　資金決済法13条における表示および情報の提供の適用除外規定　*117*

VI 発行保証金に関する規制　*118*

1. はじめに　*118*
2. 発行保証金　*119*
3. 基準日未使用残高の算定　*119*
4. 資産保全方法　*120*
   (1) 発行保証金の供託　*121*
   (2) 発行保証金保全契約　*122*
   (3) 発行保証金信託契約　*122*
5. 供託命令と還付　*125*

VII 払戻しに関する規制　*126*

1. はじめに　*126*
2. 払戻手続等　*127*
   (1) 発行業務の廃止等と払戻し　*127*
   (2) 払戻手続の内容　*127*
   (3) 払戻しを行うべき金額　*131*
   (4) 払戻し　*131*
   (5) 払戻手続完了後の債権債務関係　*132*
3. 前払式支払手段と預り金や預金との関係　*132*
   (1) 問題点　*132*
   (2) 出資法の預り金　*133*
   (3) 銀行法の預金　*134*
   (4) 前払式支払手段の払戻しの問題点　*135*
     (A) 一般大衆保護・信用秩序維持　*135*
     (B) 事業者対策　*136*
4. 払戻しの義務づけ　*136*
5. 払戻しの禁止　*137*
   (1) 預り金や預金との関係　*137*
   (2) 為替取引規制との関係　*138*

  6 銀行による前払式支払手段の発行 *139*
  7 その他の論点 *140*

Ⅷ 情報管理に関する規制 *141*

 1 はじめに *141*
 2 前払式支払手段発行者が整備すべき情報管理の態様 *142*
  (1) システム管理 *142*
  (2) 利用者情報管理 *151*
  (3) 苦情処理等 *154*
 3 加盟店の情報管理 *155*
 4 外部委託先の情報管理 *156*
  (1) 利用者情報の管理 *157*
  (2) システム管理 *158*
  (3) 苦情相談態勢 *159*

Ⅸ 監督に関する規制 *159*

 1 前払式支払手段発行者に対する監督規制の概要 *159*
  (1) 前払式支払手段発行者の区分 *159*
  (2) 発行者に対する監督規制の概要 *160*
 2 自家型・第三者型発行者に共通の監督規制 *161*
  (1) 帳簿書類の作成・保存 *161*
   （A）業務に関する帳簿書類とその保存期間 *161*
   （B）帳簿書類の作成・保存に関するガイドライン *162*
   （C）帳簿書類の作成・保存規制に違反した場合の制裁 *163*
  (2) 報告書の作成・提出 *163*
   （A）報告書の記載事項と添付書類 *163*
   （B）基準日報告書の取扱い *165*
   （C）報告書の作成規制に違反した場合の制裁 *170*
  (3) 立入検査等 *170*
   （A）前払式支払手段発行者に対する立入検査等 *170*

（B）業務受託者に対する立入検査等　167
　　　（C）立入検査等の規制に違反した場合の制裁　167
　（4）業務改善命令　168
　　　（A）前払式支払手段発行者に対する業務改善命令　168
　　　（B）業務改善命令に対する報告書　169
　　　（C）業務改善命令の規制に違反した場合の制裁　169
3　自家型発行者向けの監督規制　169
　（1）基準日報告書の作成・提出義務の免除　170
　（2）自家型発行者に対する業務停止命令　170
　　　（A）規制の概要　170
　　　（B）業務停止命令に対する監督　171
　　　（C）業務停止命令の規制に違反した場合の制裁　172
4　第三者型発行者向けの監督規制　172
　（1）第三者型発行者に対する登録の取消し等　172
　　　（A）登録の取消し・業務停止命令　172
　　　（B）不在者である場合の登録の取消等　174
　　　（C）登録の取消し等の規制に違反した場合の制裁　174
　　　（D）登録の抹消、監督処分の公告　175

X　雑則　175

1　基準日に係る特例　175
2　自家型前払式支払手段の発行業務の承継に係る特例　176
　（1）意義　176
　（2）届出　177
3　発行保証金の還付と還付への協力　179
　（1）発行保証金の還付　179
　　　（A）利用者の優先弁済権　179
　　　（B）優先弁済権の実行手続　180
　　　　（a）権利の実行の申立て　180
　　　　（b）公示と通知　180

　　　　（c）権利の調査　*180*

　　　　（d）配当表の作成　*180*

　　　　（e）配当　*180*

　　　（C）優先弁済権の実行手続の権利実行事務代行者　*180*

　　（2）優先弁済権の権利実行への協力義務　*182*

　4　廃止の届出等と登録の取消し等に伴う債務の履行の完了等
　　　183

　　（1）廃止の届出等　*183*

　　　（A）意義　*183*

　　　（B）廃止の届出書の提出　*184*

　　（2）登録の取消し等に伴う債務の履行の完了等　*185*

　5　銀行等の関する特例　*186*

　　（1）意義　*186*

　　（2）「政令で定める要件」および「その他政令で定める者」　*186*

　　（3）供託以外の義務と供託義務が生じる場合　*187*

　6　外国において発行される前払式支払手段の勧誘の禁止　*187*

　　（1）担保文言　*188*

　　（2）取引防止措置等　*188*

　コラム　電子マネーから仮想通貨まで　*190*

第3章　資金移動の概要

I　意義　*198*

　1　はじめに　*198*

　2　資金移動業の意義　*199*

　3　資金移動業にかかる資金決済法の規制　*200*

　　（1）登録（本章II参照）　*200*

　　（2）資産保全義務（本章III参照）　*200*

（3）情報の安全管理のための措置等（本章Ⅳ参照）　*201*
　　　（4）監督（本章Ⅴ参照）　*201*
　　4　留意点　*201*
　　　（1）収納代行サービス、代金引換サービス　*201*
　　　（2）他の法令への留意　*202*

Ⅱ　資金移動業者　*202*

　　1　資金移動業者への規制の必要性　*202*
　　　（1）資金移動業と資金移動業者　*202*
　　　（2）金融機関と資金移動業者への規制の相違　*203*
　　2　資金移動業者の要件　*205*
　　　（1）登録規制　*205*
　　　（2）登録を行わない者への罰則　*206*
　　3　資金移動業者の登録申請　*206*
　　　（1）登録申請書への記載事項　*206*
　　　（2）添付書類　*208*
　　　（3）資金移動業者登録簿　*209*
　　　（4）登録拒否要件　*209*
　　　　（A）資金移動業者の範囲　*211*
　　　　（B）財産的基礎　*212*
　　　　（C）資金移動業遂行体制・法令遵守の整備　*212*
　　　　（D）同一・類似商号規制　*213*
　　　　（E）過去5年間の登録・免許の取り消し、法令違反、公益違反　*214*
　　　　（F）取締役等の不適格者　*214*
　　　（5）変更の届出　*215*
　　4　名義貸しの禁止　*215*

Ⅲ　履行保証金に関する規制　*216*

　　1　資産保全義務　*216*
　　　（1）概要　*216*

（2）資産保全義務の範囲（要履行保証額）　*217*
　　　（A）未達債務の額　*218*
　　　　（a）未達債務の発生　*218*
　　　　（b）未達債務の消滅　*219*
　　　（B）権利の実行の手続に関する費用の額　*219*
　2　資産保全の方法　*220*
　　（1）供託　*220*
　　　（A）概要　*220*
　　　（B）金銭以外の供託財産　*221*
　　　（C）履行保証金の取戻し　*222*
　　　　（a）基準日における要供託額が、その直前の基準日における履行保証金の額と保全金額の合計額を下回るとき　*223*
　　　　（b）資金決済法59条1項の権利の実行の手続が終了したとき　*223*
　　　　（c）為替取引に関し負担する債務の履行を完了した場合として政令で定める場合　*224*
　　（2）履行保証金保全契約　*224*
　　　（A）概要　*224*
　　　（B）履行保証金保全契約の届出とその内容　*225*
　　　（C）履行保証金保全契約の解除　*226*
　　（3）履行保証金信託契約　*227*
　　　（A）概要　*227*
　　　（B）履行保証金信託契約の相手方および信託財産　*228*
　　　（C）履行保証信託契約の内容　*230*
　　　（D）履行保証金信託契約の承認　*233*
　　（4）供託命令　*233*

Ⅳ　体制整備に関する規制　*234*
　1　資金移動業者の社内体制の整備　*234*
　2　情報の安全管理　*237*
　3　委託先に対する指導　*238*

4　利用者保護等に関する措置　*240*
　5　指定紛争解決機関との契約締結義務　*243*

V　監督に関する規制　*251*

　1　規制の概要　*251*
　2　具体例の説明　*252*
　　(1)　帳簿書類　*252*
　　(2)　報告書（事業報告書・短期報告書・添付書類）　*253*
　　　(A)　事業報告書　*253*
　　　(B)　短期報告書　*254*
　　　(C)　添付書類　*255*
　　(3)　立入検査等（資金移動業者に対する立入検査・委託先等への立入検査）　*255*
　　　(A)　資金移動業者に対する立入検査　*255*
　　　(B)　委託先等への立入検査　*256*
　　(4)　業務改善命令　*257*
　　(5)　登録の取消し等　*257*
　　　(A)　登録の取消し・業務停止命令　*257*
　　　(B)　不在者に対する登録取消等　*258*
　　(6)　登録の抹消　*259*
　　(7)　監督処分の公告　*259*

第4章　仮想通貨交換の概要

　1　資金決済法に基づく規制の概要　*262*
　2　仮想通貨に関する資金決済法の改正の背景　*262*
　　(1)　仮想通貨取引所の破綻　*262*
　　(2)　マネーロンダリング・テロ資金供与への懸念　*263*
　　(3)　日本における検討　*264*
　3　仮想通貨交換業に関する資金決済法等の概要　*264*

- (1) 仮想通貨の定義　*264*
- (2) 仮想通貨交換業の定義　*265*
- (3) 仮想通貨交換業への規制　*266*
  - （A）登録に関する規制　*266*
    - （a）登録　*266*
    - （b）登録の申請　*266*
    - （c）登録要件　*267*
  - （B）行為に関する規制　*268*
    - （a）情報の安全管理（法63条の8）　*268*
    - （b）委託先に対する指導（法63条の9）　*269*
    - （c）利用者の保護等に関する措置（法63条の10）　*269*
    - （d）利用者財産の管理（法63条の11）　*270*
    - （e）指定仮想交換業務紛争解決期間との契約締結義務等（法63条の12）　*271*
    - （d）監督官庁の監督　*272*
- 4　犯罪収益移転防止法に関して　*272*
- 5　現状における検討　*273*
  - (1) 不正流出事故と金融庁の対応　*273*
  - (2) ICO（Initial Coin Offering）に対する対応　*274*
  - (3) 新たな制度的対応　*275*

第5章　仮想通貨と税務

第2編　実務編

第1章　座談会

第2章　実務Q&A

Q1　ゲーム内コインにより購入することができるアイテムの機能を拡張することができるアイテム（2次通貨）について問題となった前払式支払手段の3要件とは何ですか？　当該3要件を満たすとされた場合の法令上、ビジネス上のインパクトはどのようなものですか？　*324*

Q2　弊社は、通信サービスの会員向けにマイレージポイント（マイル）を発行しています。今般、サーバ型電子マネーの第三者型前払式支払手段発行者A社および国際クレジットカードブランドB1社の両社と提携してブランドプリペイドカード（ブランドプリカ）を発行することを検討しています。マイルを電子マネーに交換できること、および、ネット上の電子マネーや店頭でのブランドプリカの利用に応じてマイルと交換できることをマイレージ会員に訴求することによる通信サービス会員のリテンションが目的です。

また、銀行C社と提携して国際クレジットカードブランドB2社のブランド付デビットカード（ブランドデビット）を発行することも並行して検討しています。こちらは、C銀行サービス利用に伴う特典相当の価値を弊社マイルに自動的に交換して利用者に付与するプログラムを想定しています。マイル獲得手段の拡大施策の1つです。

ブランドプリカ、ブランドデビットの機能の特徴、法制度や契約関係の違い等を教えてください。　*330*

Q3　どのような観点で、使用期間が6か月内となるため資金決済法の適用除外となるプリペイド手段を選択・設計すればよいのですか？　選択し得ない場合にはどのような場合がありますか？　*333*

Q4　弊社は、従前からサーバ型電子マネーを発行しています。今般、ICカー

ド型の前払式支払手段も発行しようとしておりますが、IC カード型の前払式支払手段の規制はサーバ型電子マネーの規制とどのような相違点があり、発行にあたってどのような準備をしなくてはならないかを教えてください。 *335*

Q5 当社プラットフォーム上のゲーム内コインの発行のみをする場合には、自家型前払式支払手段の発行となると思いますが、海外の関係会社は、「密接関係者」とすることができますか？ *338*

Q6 当社は複数の温浴施設を経営しています。今般、入場に際して自動販売機で発行する紙の入浴券や岩盤浴に加えて、リピーター増加を目的として、それぞれの回数券、または 1 枚のカードに 2 種類の度数を記録したプリペイドカードを発行することを検討しています。自動販売機を設置している飲食店の食券のようなものだと思うのですが、資金決済法上の前払式支払手段であるとしても、適用除外に該当するのではないでしょうか。回数券や残高が残るプリペイドカードは「特定の施設又は場所の利用に際し発行される食券その他の証票等で、当該施設又は場所の利用者が通常使用することとされているもの」に該当しないのですか？ *341*

Q7 弊社は、百貨店事業を営む株式会社です。弊社では、カードを発行するとともに、販促の一環として、カード利用に応じて、利用者に「ポイント」を付与しています。「ポイント」は、獲得数に応じ、弊社百貨店の商品と交換することが可能になっています。このたび、弊社は、ポイントにつき、他社との提携を行い、他社のポイント、マイレージプログラムへの相互移行を可能にすることを検討しています。弊社法務部で考えられる論点を検討したところ、景品表示法だけでなく、資金決済法上の問題があるのではないかという指摘がありました。弊社としては、前者の規制は仕方ないとして、後者につきましては、できるかぎり、規制を受けない形での制度構築をしていきたいと考えています。その際の問題点につき、教えてください。 *343*

Q8 Q7 の会社です。Q7 での質問で大体理解できましたが、ポイントを発行する際のレートについては、何らかの規制、限度がありますか？ *346*

Q9 弊社は、電子マネー X を発行し、前払式支払手段の第三者型発行者登録を受けています。また、電子マネー X の利用 100 円につき、加盟店手数料

を原資にして、ポイントYを1ポイント付与しています。さらに、電子マネーのオートチャージサービスをしている提携カード会社からのチャージ200円につきYを1ポイント付与しています。利用者は、1ポイント＝1円換算で電子マネーXに交換することができます。

　弊社が付与したYの1ポイント（ケース1）、弊社発行の電子マネーX残高1円（ケース2）をそれぞれ弊社の提携先Mのマイルの1mと交換する場合、問題はありますか？　なお、マイルの有効期限は5年です。

　電子マネーの残高またはポイントをマイレージプログラムのマイル等の他社のポイントに交換する場合、問題はありますか？　　*349*

Q10　当株式会社は、電子マネーを発行するビジネスを開始しようと準備していますが、昨年資本金2000万円で設立したばかりで、設立後最初の事業年度は終わりました。決算が終わっていませんが、現在の純資産は約500万円だと思います。次の事業年度の決算は、1年3か月先になります。

　全国向け前払式支払手段の第三者型発行者は、純資産額が1億円に足りないと登録を拒否されるとのことです。一刻も早く電子マネービジネスに参入したいのですが、増資して純資産1億円超にしたとして、決算前に証明するにはどうしたらよいでしょうか？　　*353*

Q11　弊社は、IC型電子マネーXを発行し、前払式支払手段の第三者型発行者登録を受けています。このたび、ICカード表面に印刷した電子マネーXのロゴマークおよび裏面記載の商号を変更する必要があるのですが、(1) 既発行のICカードを回収する必要がありますか？　(2) 変更届出の要否、その他留意する点を教えてください。　*356*

Q12　サーバ型前払い式支払手段に加算（チャージ）するためのコードをスクラッチカードとしてコンビニで販売しているのですが、そのカードの券面に表示義務は課せられるのですか？　*360*

Q13　弊社は、弊社提供のおサイフケータイ対応ウォレットアプリや、スマートフォンOS提供者のウォレットアプリを通じてスマートフォン利用者に電子マネーを発行しています。いずれも、スマートフォンとBluetoothでペアリングした腕時計型の端末を店頭で端末にかざすことにより使用できます。腕時計型端末の画面は狭く電子マネーカードの表面イメージが表示できるだ

けですが、情報提供義務を満たしたことになるのでしょうか？　　*364*

Q14　平成28年改正法21条の2により、前払式支払手段発行者は、「前払式支払手段の発行および利用に関する利用者からの苦情の適切かつ迅速な処理のために必要な措置を講じなければならない。」とされましたが、具体的にどのような措置が想定されていますか？　　*368*

Q15　特例基準日とはどのような場合に設定するのでしょうか？　　*370*

Q16　払戻の公告が電子公告により認められるのはどのような場合ですか？また、加盟店での掲示に代えることができる情報提供は、どのような方法が認められますか？　　*372*

Q17　当社は、第三者型前払式支払手段事業αを含むさまざまな事業譲渡をA社と交渉し、さまざまな事情から、A社が新設するB社を吸収分割承継会社とする吸収分割とすることとしたところです。α以外の事業は許認可不要な事業なのですが、αについては、資金決済法上、地位の承継ができないのでしょうか？　また、どのような手順を踏めば発行を休止することなくB社にて事業を継続できるでしょうか？　なお、A社は第三者型前払式支払手段の発行者ではなくB社は吸収分割前に決算する予定はありません。　*375*

Q18　架空請求詐欺対策としてどのようなことが求められていますか？　*379*

凡　例

資金決済に関する法律
　　→　資金決済法、カッコ内条数を示す場合は単に「法」
資金決済に関する法律施行令
　　→　資金決済に関する法律施行令、カッコ内条数を示す場合は単に「令」
前払式支払手段に関する内閣府令
　　→　前払府令
前払式証票の規制等に関する法律
　　→　前払式証票規制法
資金移動業者に関する内閣府令
　　→　資金移動府令
金融庁「事務ガイドライン（第三分冊：金融会社関係　5．前払式支払手段発行者関係）」http://www.fsa.go.jp/common/law/guide/kaisya/05.pdf
　　→　前払式支払手段事務ガイドライン
金融庁「事務ガイドライン（第三分冊：金融会社関係　14．資金移動業者関係）」https://www.fsa.go.jp/common/law/guide/kaisya/14.pdf
　　→　資金移動業者事務ガイドライン
金融庁「資金決済に関する法律の施行に伴う政令案・内閣府令案等に対するパブリックコメントの結果等について（コメントの概要及びコメントに対する金融庁の考え方）」
　　→　資金決済法施行令パブコメ

第1編　理論編

第1章　資金決済法の全体像

I　決済法制の全体像と資金決済法の法的位置づけ

1　多様な決済システムの登場

　社会を人間の身体に例えると、マネーは、社会（肉体）の隅々を循環する血液に相当し、その血液自体の流れは、社会を1つに束ねる「国家」が「通貨高権」を行使してこれを決定し、血流の流れを調整するのは、銀行業として、国家の承認を受けた「銀行」である。したがって、マネーおよびその流れの決定は、計画経済体制をとらない資本主義の下においても優れて国家的意思が働く領域であるといってよい。

　しかしながら、「マネーに国境はない」といわれるごとく、極めて流動性に富むマネーは、容易に国境を越え、資本主義経済の発展は、マネーを規律する国家そのものの再編さえ促す。EU統合に伴う共通通貨「ユーロ」の登場は、その一端といえる。

　つとに、商業信用の発展は、銀行を介在させることにより、国家発行にかかる通貨現物そのものを必要としない決済手段たる「手形」「小切手」を産み出し、これらの有価証券は、企業間決済において、広く利用されている。しかしながら、近時の科学技術の発展は、企業間取引（B to B）のみならず、消費者との取引の決済においても（B to C）、さまざまな手法を産み出し、かつ、広く利用されるに至っている。

　試みにいくつかあげてみるに、たとえば、かつて図書券、商品券等の「金

---

1) 通貨の偽造、変造は、通貨偽造に関する罪として処罰される（刑法148条〜153条）。
2) 銀行とは、内閣総理大臣の免許を受けて銀行業を営む者をいう。銀行法2条1項。
3) もっとも、電子記録債権の普及に相前後し、「手形」「小切手」の利用は暫時低減しているようである。

券」は、ごく限られた領域の利用にとどまっていたが、プリペイド・カードの登場に伴い、広く使われるに至り（鉄道、バスの利用にあたってのカードでの利用（かつてのオレンジカード、イオカード）、コンビニでの買い物（クオカード）等）、サーバとの交信が容易になった今日では、それらが「統合」されるとともに（Suica、PASMOは、互いの交通機関で相互に利用することが可能であるとともに、コンビニや自販機での買い物にも利用できる）、リチャージャブルなものとなっている（定期的に現金を「チャージ」することで何回でも利用可能となる）[4]。

　かかる「統合」の例は、ネットショッピングをして、宅配便として代金引換で商品を受け取る場合（いわゆる代金引換）、公共料金の支払いをコンビニエンスストアで行う場合（いわゆる収納代行）等、枚挙にいとまがないが、いずれも、何らかの形で「資金決済」が関わっている。このように、科学技術の発展は、さまざまな事業を「統合」させることにより、新たな「ビジネスモデル」を産み出すことを可能にし、それらは、消費者の生活を豊かにしているのみならず、企業活動の新たな源泉となっている。したがって、かかる事象を適切に規律し、さらなる（民業の）健全な発展を法制的に後押しする必要は、高い。

　他方、「決済制度」は、経済社会を支える根幹であるので、近時のビットコイン騒動が如実に示したとおり、同時に「セーフティーネット」を用意することもこれまた必要である。本書が対象とする資金決済法（資金決済に関する法律（平成21年6月24日法律第59号））は、このような背景の下、金融審議会での慎重な議論が重ねられたうえ、今の形に至ったものである。

---

[4]　かかる「統合」の例は、先進国ではある程度共通しているようである。たとえば、イギリスでは、ロンドン近郊の鉄道、バス、トラム等の公共交通機関では、Suica、PASMOに相当する「オイスターカード」が広く利用されており、路線バスの代金支払いでは、現金でなく「オイスターカード」によるのが原則とされている（ただし、ヒースロー・エキスプレス等一部利用できない路線がある）。日本と同様、リチャージャブルである（top-upという）。ただし、タクシーでは利用できなかったり、オイスターカードでの買い物はできない等、統合の範囲は日本のほうが進んでいるように見受けられる。

2 資金決済法の意義と本書の対象

　資金決済法は、「資金決済に関するサービスの適切な実施を確保し、その利用者等を保護するとともに、当該サービスの提供の促進を図るため、前払式支払手段の発行、銀行等以外の者が行う為替取引、仮想通貨の交換等及び銀行等の間で生じた為替取引に係る債権債務の清算について、登録その他の必要な措置を講じ、もって資金決済システムの安全性、効率性及び利便性の向上に資することを目的とする」法律であり（1条）、大要、①前払式支払手段（3条以下）、②資金移動（37条以下）、③仮想通貨（63条の2以下）および④資金清算（64条以下）の3つを規律している。

　①前払式支払手段は、要は、SuicaやPASMO等といった、いわゆる「電子マネー」を規制しようとするものであり、②資金移動は、要は、一定の少額な為替取引を銀行「以外」にも許容しようとするものである。いずれも、これまで国家（マネーの場合）や銀行（銀行業の場合）に独占されてきた決済システムの一部を、広く民間に開放しようとするものといってよく、これにより、今後いっそう多様な資金決済ビジネスが発展、展開していくことが期待される。

　他方、③仮想通貨は、必ずしも国家を前提としない「ヴァーチャルな決済手段たる通貨」という、新たな事象につき、根拠規定を設けるとともに、必要な規制を置こうとするものであり、これにより、同法は新たな局面を迎えることになった。資金決済ビジネスに関わる法的問題を網羅しようとする本書は、資金決済法が規律する事項のうち、①、②および③につき対象とし、解説する（他方、④は、銀行間決済固有の問題であるので、省略する）。

3 前身たる前払式証票規制法と資金決済法の違い

　資金決済法は、前身である前払式証票規制法（前払式証票の規制等に関する法律（平成元年12月22日法律第92号）を全面的に改めたものである。すなわち、前払式証票規制法は、「証票」という定義をもって、紙型、IC型の決済手段のみを規制していたが、資金決済法は、それらに加え、サーバ型のものを

含め、「前払式支払手段」として、網羅するとともに、それらを「自家型」（発行者が前払式支払手段の利用者に商品やサービスを自ら給付する）と「第三者型」（発行者以外の加盟店等がいったん利用者に対し、商品、サービスを給付したうえで、発行者から資金を回収する）とに分けて規律する。

　さらに、資金決済法は、新たに、②資金移動業についても規定を設け、一定の少額につき、銀行以外の者が資金移動業務を行いうる旨を規定した。

　このように資金決済法が、前払式支払手段の拡大や決済サービスについての制度整備を図ったところから、前払式証票規制法は不要となり、資金決済法の制定にあわせ廃止されることになった。

II　資金決済に関するビジネスの現状と資金決済法

1　現金とリテール決済

(1)　日本のリテール決済の特徴

　諸外国と比較し、日本の消費者向けの支払いと決済（リテール決済）手段の特徴として、①現金が多めに保有され、タンス預金のように価値保存手段としても使われており、②クレジットカードの保有枚数が多く、交通系電子マネーの普及もあって電子マネーカードの保有枚数も多いが、③カードによる決済金額が多くない、と分析されている[5]。

---

[5]　日本銀行決済機構局「BIS 決済統計からみた日本のリテール・大口資金決済システムの特徴」（2017年2月）。

(2) 現金

　支払・決済の手段の代表は現金である。現金の場合には、現金の引き渡しにより、その原因が取引であろうが贈与であろうが関係なく、現金の表象する経済的価値の移転が完了し、巻き戻されない支払および決済の完了性（finality）があるとされる[6]。また、現金は、国内といった一定の範囲では「どこでも」、「何にでも」、「誰でも」支払・決済に利用できるという汎用性を備えており、そのための法的な枠組みに支えられている[7]。ユニバーサルな性質であり、オープンループ型[8]で、そして分権的な（de-centralized）支払手段といわれる[9]。他の類型の支払手段は、それらの性質のいずれかにおいて現金と同等ではない。たとえば前払式の電子マネーは、利用者への与信が不要なため「誰でも」使えるが、「どこでも」「何にでも」は、いくらインフラが普及して使いやすくなっているとはいえ、加盟店の場所、取り扱う商品やサービスの制約を受ける。

2　リテールのキャッシュレス決済手段の状況

(1) キャッシュレス（店頭現金支払い以外の）支払・決済手段

　店頭での現金払い以外の（キャッシュレス）支払・決済の手段には、さまざまな態様がある。そしてその態様に応じてプレーヤーが変わり、法規制も異なる。支払者から受領者に経済的価値が到達するまでには、資金決済法上の資金精算業を通じた銀行間の決済（清算）が間に入ることが多いが、そうとも限らない。

---

6) 小塚荘一郎＝森田果『支払決済法：手形小切手から電子マネーまで（第2版）』（商事法務、2014）、日本銀行決済機構局「決済の法と経済学」（2016年3月）など参照。
7) 紙幣類似証券取締法についての大蔵省解釈（「プリペイドカードを巡る諸問題：大蔵省『プリペイド・カード等に関する研究会』報告書」（1997年））参照。
8) 小塚＝森田・前掲注6）。
9) 日本銀行決済機構局・前掲注6）。

図表 1-1 日常生活のキャッシュレス決済

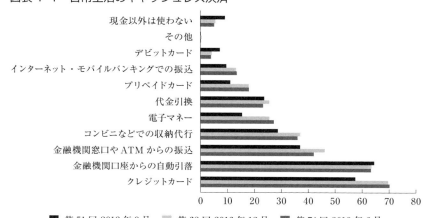

出典：日本銀行情報サービス局「生活意識に関するアンケート調査」（第74回2018年6月調査、第68回2016年12月調査および第51回第2012年9月調査）をもとに作成

　従来から用いられているキャッシュレス支払・決済手段としては、銀行振込（送金）、小切手、為替手形、約束手形、クレジットカード等があり、日本の消費者が小口決済に用いるものとしては、銀行振込、クレジットカードに加えて、前払式支払手段（プリペイドカード）、資金移動業に依頼する送金、デビットカード、コンビニ店頭等での収納代行、宅配便による代引き決済がある。

　さらに、まだまだ利用できる機会は少ないが、ビットコイン等の分散型元帳（ブロックチェーン）技術による仮想通貨（資金決済法上の「価値記録」）による支払・決済も可能となっている。図表1-1に、消費者が日常生活で使用するキャッシュレス決済手段（複数回答）の利用割合を示す。

　2012年から2018年にかけて現金のみを支払い手段とする生活者の割合は減り、キャッシュレス決済全体の利用率は増えているが、自動引き落としや代金引換は頭打ちとなっている。

　これら消費者の小口決済手段は、現金ほどユニバーサルとはいえず、仮想通貨を除き、クローズドループ型、集中型（centralized）である。

　逆に、消費者向け小口決済の場合、クローズドループ型、集中型（centralized）であるがゆえに、現金と同様、遅くとも、（クレジットカードを除き）

図表 1-2 キャッシュレス支払・決済の分類

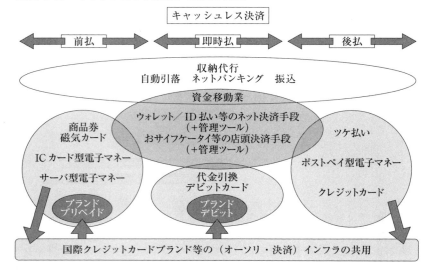

利用（支払い）時に finality が充足されるよう、制度も提供者側のインフラも整備されるよう指向されている。

(2) キャッシュレス支払・決済の分類

統計上 IC 型電子マネー、デビットカード、クレジットカードに代表されるキャッシュレス決済には、支払時点、銀行のかかわり、「モバイル決済」のような利用媒体による区別があり、さらにそれらを可能にする端末やサービスが提供されている。分類の全体を俯瞰したものを図表 1-2 に示す。

(3) 経済的価値の記録媒体とセキュリティ

現金の場合、貨幣という物理的媒体自体に経済的価値が記録され、紙幣には透かし等、改ざん防止の技術が実装されているが、その他の決済手段の場合、媒体の違い等から、経済的価値の記録方法や、支払から決済に至る過程での価値の棄損を防止する仕組みが異なる。

たとえば、プリペイドのIC（カード）型電子マネーの場合は、経済的価値をあらかじめ入金（チャージ）すると、ICチップ内に記録される。カードに代えておサイフケータイと呼ばれるモバイル端末側のICチップに保存される場合もある。

　入金済のIC型電子マネーを使用する際には、加盟店の店頭で提示し（読み取り機に読ませ）て、ICチップ内の価値を減算するが、減算した分の価値に対応して、ネットワークを通じて発行者のシステムにおいて加盟店に対して支払うべき経済的価値が加算され（加盟店手数料が減算され）る。ICチップ内の所持者や経済的価値の記録の改ざんの防止手段に始まり、加盟店と決済するための一連の計算処理システムやネットワーク上のリスクを電子マネー発行者が引き受ける仕組みであり、発行者側が安全性を確保することとなる。紙の商品券の場合は、現金と同様、紙自体に経済的価値の記録と改ざん防止手段が施されている場合がある。

　一方、プリペイドのサーバ型電子マネーの場合は、経済的価値の記録媒体は、発行者の支配するサーバ側の記録媒体にあり、支払い時にはサーバ側で経済的価値を減算する処理（対加盟店の決済処理はIC型と同じ）がされる。クレジットカードもデビットカードも、カード自体には経済的価値の記録はない。国際カードブランドや銀行のインフラを経由して発行者側のサーバにより決済処理が行われる。カードがある場合も、カード（とカード内のICチップ）が表象するのはカードの利用権限や口座を特定するための記号番号（＝ID）のみである。経済的価値の記録に紐づいた利用者のIDが真正であることを前提として、加盟店店頭から発行者側のサーバ、そして決済にいたるインフラ上で改ざん防止等のセキュリティが確保されなければならない。

(4) 電子マネー・おサイフケータイ／モバイル決済

　特に混乱しやすい、電子マネーとおサイフケータイおよびモバイル決済の関係を図表1-3に示す。

　本来、電子マネーにはサーバ型の電子マネーを含むが、統計上、よく利用されるのは、FelicaやNFC対応の非接触型ICチップを搭載したICカードまた

図表 1-3　電子マネーとモバイル決済

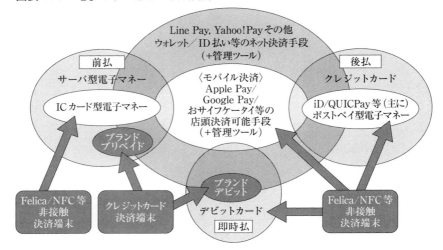

は携帯電話・スマートフォン等の有体物である。電子マネーには、プリペイド型だけではなく、即時払いやポストペイ型の決済手段も含む。

　携帯電話やスマートフォンに Felica や NFC 対応の IC チップが搭載されていると、各種決済手段の ID を搭載でき、プリペイドの電子マネーの場合、経済的価値も記録できる。Felica 対応のおサイフケータイを含む携帯電話による決済は IC カード型電子マネーの 1/10 ほどの利用がなされている（後掲図表 1-10 参照）が、Apple Pay や Google Pay が Felica チップに対応したため、利用率が大きく増加する可能性がある。

　おサイフケータイ等、Felica または NFC 対応の非接触型 IC チップを搭載した携帯電話やスマートフォンその他腕時計型等の端末を店頭での決済手段とすることは、「モバイル決済」として整理されている。これまでクレジットカードやプロバイダの料金上乗せ（ID）決済に対応し、主にポストペイ型電子マネーとして認知されてきた iD や QUICPay が、プリペイドカードやデビッ

10）モバイル決済と似た用語として「スマホ決済」・「タブレット決済」がある。こちらは、従来型クレジットカードも含めたカードやおサイフケータイ等の端末を店頭で読み取るための安価な装置とスマホ、タブレットの組み合わせにより店頭決済端末を置き換え、決済専用回線をインターネットにスイッチする加盟店向けの商品・サービスを指す。

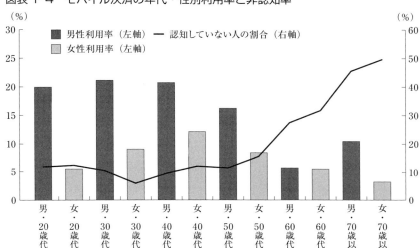

図表 1-4 モバイル決済の年代・性別利用率と非認知率

出典：日本銀行決済機構局「モバイル決済の現状と課題」（2017年6月）図表3

トカードに対応するなど、汎用型のモバイル決済インフラに変わりつつある。[10]

(5) モバイル決済の利用状況

日本銀行のアンケート[11]によると、モバイル決済機能の利用者の割合は6％、携帯電話・スマートフォンの機能があるが使用しないのは、4割台前半、機能が無いとの回答は2割台後半という。

同機能を使う理由としては、「会計が早い」との回答が最も多い一方、同機能を使わない理由としては、「セキュリティ・紛失時など安全性に不安がある」との回答が最も多く、次いで「他の決済手段の方が使い勝手がよい」、「支払いは現金でしたい」といった回答が多い。

図表1-4におサイフケータイに代表されるモバイル決済の性別・年代別の利用者の割合と認知していない人の割合を示した図を引用する。[12]

---

[11] 日本銀行情報サービス局「生活意識に関するアンケート調査」（第68回）の結果――2016年12月調査。
[12] 前掲注11）をもとに作成した、とある。

(6) ウォレット：支払手段と入金手段の利用者向管理ツール

　手許の現金の場合、財布から出し入れするが、同様に、電子マネーその他の支払手段において経済的価値の出入りに関する操作を利用者の手許で行えるよう、モバイル端末上またはサーバ側に、ソフトウェア（アプリ）がツールとして提供される場合があり、ウォレットまたはアカウントと呼ばれることがある（なお、携帯電話会社、プロバイダや EC サイトの ID 後払い（まとめ）手段そのものをウォレット払いということもある）。

　ウォレット等のツールにより、プリペイド型およびポストペイ型の電子マネーならびにクレジットカード等、現金以外の複数の支払い手段に加え、ポイントサービスも登録でき、入金手段の管理機能が提供されている。

　モバイル決済端末側ウォレットでは、従来のおサイフケータイと同様、最近では、Apple Pay や Google Pay のように、スマートフォンの Felica または NFC 対応の IC チップを利用した支払手段と入金手段の管理をするものがある。

　ウォレットには、資金移動業による送金のための資金の管理（入金口座の管理を含む）機能を有する場合がある。送金時に指定クレジットカードや預金口座により決済できる場合もあれば、あらかじめ入金しておくことができる場合もある。Line Pay や Yahoo! ウォレットのように前払式支払手段のチャージ金額を資金移動業としての送金用アカウントに移行できるような複合的サービスも提供されている。

(7) 消費者の電子商取引とキャッシュレス決済

　消費者が電子商取引事業者に代金を支払ったり（B to C）、ネット上のオークションやフリーマーケットで代金を支払ったりする（C to C）場合、各電子商取引店舗または電子商取引のモールやマーケットにより現金以外のさまざまな支払手段が用意されている。

　それらの支払手段は、ネット上では対面での現金払いができない、という当たり前の事実を反映したものである。ネット上の個々の売り手は、さまざまな

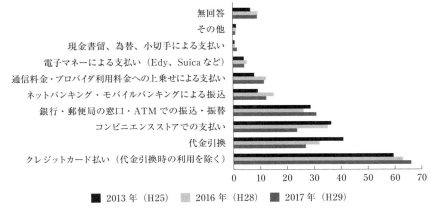

図表 1-5　インターネットを使って商品を購入する際の決済手段

出典：総務省「平成29年通信利用動向調査」「平成28年通信利用動向調査」「平成25年通信利用動向調査」をもとに作成

　支払手段の中から、回収不能となるリスクと、決済手段提供者に対して加盟店として支払う手数料を天秤にかけて決済手段を選択し、買い手に支払手段を提供する。買い手は、支払手段の利便性と手数料等のコストそしてセキュリティその他のリスクを勘案して決済手段を選択し、自らが納得のいく支払手段が用意されていなければ、時には、その売り手を回避するという行動を選択することになる。

　図表1-5に電子商取引時の決済手段を示す。クレジットカードの利用が多く、店頭支払にはない代引払い、コンビニ店頭での収納代行、モバイルバンキングを含めた振込が多いが、キャッシュレス全体での割合と比較すると電子マネーが少ない。

　その他電子商取引の全体像については後掲本章Ⅲを参照されたい。

3　キャッシュレス決済のビジネスの概観と規模

(1) 未来投資戦略2017とキャッシュレス決済比率

　2017年6月7日に閣議決定された「未来投資戦略2017」には2027年までにキャッシュレス決済比率を4割程度に引き上げるという数値目標が掲げられた。

　IC型電子マネー、デビットカード、クレジットカードを合わせたキャッシュレス決済の規模は59兆9584億円で、図表1-6のとおり民間最終消費支出に対する比率は2016年には推計20.0％に達しているというが[13]、4割には乖離が大きい状況である。デビットカードの決済比率は、IC型電子マネーの約5分の1となっている。

(2) キャッシュレス決済のプレーヤーの行動原理

　上述のとおり、支払の手段には、現金払いのほかにさまざまな態様があり、その態様に応じてプレーヤーが変わる。

　本書で扱う資金決済法の対象には、主に消費者が事実上選択できる支払手段のうち、銀行等、金融機関を直接利用した振込（送金）、コンビニ店頭等での収納代行、宅配便による代引き決済、即時決済のデビットカードそしてクレジットカード等の後払型の支払手段が含まれていない。また、マイレージ等、ポイントにより対価を支払ったり値引きを受けたりすることやポイントを商品券、電子マネー等、別な支払手段に交換することも主たる対象ではない。

　しかし、実際の決済手段の態様は、それらの複合形態であることも多い。消費者は、決済手段ができるだけ「どこでも」、「何にでも」使える支払手段を選

---

13) 日本銀行決済機構局「最近のデビットカードの動向について」（2017年5月）図表12左とその説明本文。注釈として、(注1) カード決済比率は、カード決済合計額の対名目家計最終消費支出の比率。(注2) 2016年度は4–12月。(出所) 日本デビットカード推進協議会（J-Debit）、日本銀行調べ（ブランドデビット）、日本銀行「決済動向」（電子マネー）、金融財政事情研究会「月刊消費者信用」（クレジットカード）、内閣府とある。

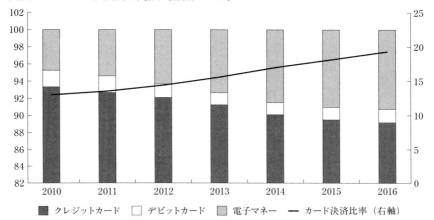

図表1-6 カード決済の内訳〈金額ベース〉

出典：日本銀行決済機構局「最近のデビットカードの動向について」（2017年5月）

択しようとするだけではなく、さまざまな支払手段とそのための入金手段（チャージ）をできるだけまとめたいし、ポイントの景品交換も楽しみではあるが、できればまとめて値引きに利用したり、支払手段に交換したい。

　決済の最前線であるリアルな店頭やECショップでは、手数料や与信に問題がなければ、現金以外の支払手段を「誰でも」使えるようにしつつ、決済や信用照会（オーソリゼーション＝オーソリ）の端末や回線等のインフラをまとめ、維持コストと手数料を下げたい。

　支払手段の発行者側は、発行枚数、発行金額を増大しつつ、加盟店数と利用可能な決済端末数を増やし、決済される機会を増やしたい。与信に問題がない限り「誰でも」「どこでも」、「何にでも」使えるよう行動するのである。

(3) ブランドデビットとブランドプリペイド

　支払手段の発行者側は、加盟店の獲得と維持のため、支払手段の発行と決済を支える端末、ネットワーク、サーバ側システム等のインフラを共用してでもコストを低下させようとする。最近は、クレジットカードもプリペイドカードも扱える多機能の支払や与信の端末が普及し、またサーバ側システムとの接続

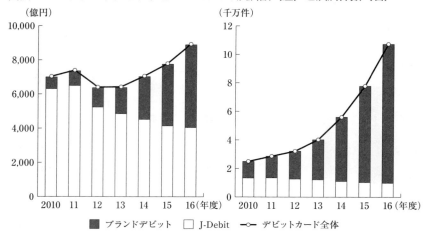

図表 1-7　ブランドデビットとJ-Debitの決済額（左）と決済件数（右）

出典：日本銀行決済機構局「最近のデビットカードの動向について」（2017年5月）

もクレジットカードのネットワークを利用することも増えている。

　国際クレジットカードブランドを利用したブランドデビットカードは、クレジットカードのネットワークを利用しつつ発行者である銀行の口座残高をリアルタイムに照会して取引の可否を決定するオーソリのシステムおよび残高の減算（預金の振替）のシステムを実装している。

　図表 1-7 にデビットカードの決済状況を引用する。[14]

　ブランドプリペイドは、ブランドデビットと同じく国際クレジットカードブランドのオーソリシステムをプリペイドカード発行者のサーバにおける利用者残高のリアルタイム照会と減算のために接続しているものである。

（4）前払式支払手段のビジネス規模・推移

　前払式支払手段は、金融庁（各地方財務局）に年間発行額、回収額、基準日

---

[14]　日本銀行決済機構局・前掲注 13）図表 11。注として、ブランドデビットの 2016 年度は推計値（4-12 月を年換算）。（出所）日本デビットカード推進協議会（J-Debit）、日本銀行調べ（ブランドデビット）とある。

図表1-8　前払式支払手段の発行額等の推移

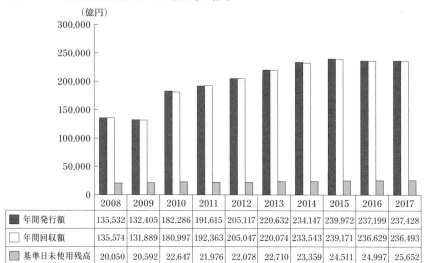

出典：日本資金決済業協会「前払式支払手段の発行額等の推移」（2018年9月13日）（資料提供金融庁）

未使用残高等の報告が義務づけられている。図表1-8に金融庁のデータを用いて資金決済業協会が発表したグラフを引用する。

平成28年度の年間発行額は23兆7200億円、基準日未使用残高2兆5000億円という規模だが、SUICA、PASMO等の交通系プリカの乗車券決済額も含まれている。

資金決済業協会の会員アンケートによる前払式支払手段の媒体別発行額の推移が図表1-9である。IC型の発行規模がサーバ型の2倍弱で推移している。[15]

モバイル決済の端末台数を含むIC型電子マネーの決済金額等の動向を図表1-10に引用する。

モバイル決済を含むIC型電子マネー主要8社の合計決済金額、件数の規模は伸長しており、決済端末数も約200万台にまで増えている。おサイフケータイ等モバイル決済利用者は、ICカード型プリペイドのうち約10分の1である。

---

15) 資金決済業協会「第20回発行事業実態調査統計」（2018年10月29日）。

図表 1-9　前払式支払手段　媒体別発行額の推移

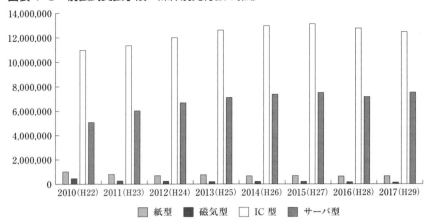

出典：日本資金決済業協会「第20回発行事業実態調査統計」（2018年10月29日）をもとに作成

図表 1-10　電子マネーとおサイフケータイ（モバイル決済）

年	決済件数（百万件）	（前年比）	決済金額（億円）	（前年比）	決済金額／件（円）	発行枚数（万枚）	うち携帯電話	決済端末（万台）	残高（億円）
2014	4,040	(+22.6)	40,140	(+28.0)	994	25,534	2,722	153	2,034
2015	4,678	(+15.8)	46,443	(+15.7)	993	29,453	2,887	177	2,311
2016	5,192	(+11.0)	51,436	(+10.8)	991	32,862	3,091	199	2,541

出典：日本銀行決済機構局「決済動向」[16]

(5) 資金移動業のビジネス規模・推移

　登録資金移動業者数は平成29年度末時点で58社、年間取扱金額は1兆877億円でデビットカードの決済規模と同等だが、図表1-11のとおり順調に取扱

16）　プリペイド方式のうちIC型の電子マネーが対象。本調査は、調査対象先8社（具体的には、専業系：楽天Edy株式会社〈楽天Edy〉、鉄道会社などが発行する交通系：九州旅客鉄道株式会社〈SUGOCA〉、西日本旅客鉄道株式会社〈ICOCA〉、株式会社パスモ〈PASMO〉、東日本旅客鉄道株式会社〈Suica〉、北海道旅客鉄道株式会社〈Kitaca〉、小売流通企業が発行する流通系：イオン株式会社〈WAON〉、株式会社セブン・カードサービス〈nanaco〉）から提供されたデータを集計したもの。交通系については、乗車や乗車券購入に利用されたものは含めていない。各年とも9月末時点。

図表 1-11　資金移動業の実績推移

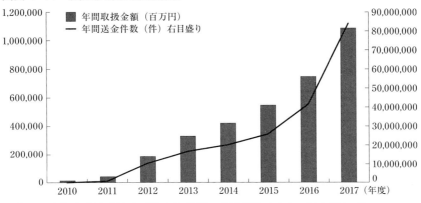

出典　日本資金決済業協会「資金移動業の実績推移」(2017年9月7日)

金額、送金件数とも増えている。

　一方、1件当たりの平均取扱金額が平成27年度2万1000円から平成29年度1万2000円に減少している。

　私見では、資金移動業のマーケットが単純に拡大しているというよりも、LINE Pay 等、資金移動単独のサービスではなく、プリペイドと組み合わせて複合的な支払を実現するツールの提供が開始されたことが送金の増加と平均取扱金額の減少という数字に表われているのではないかと推測する。

Ⅲ　電子商取引における資金決済の現状と資金決済法

1　はじめに

(1) 電子商取引の特徴と現状

　電子商取引は、オンライン環境にあるインターネットその他のコンピュータ・ネットワークを利用して行われる商取引である。
　当該取引は、場所や時間を問わずに、インターネット等の環境が整ってさえいれば、いつでもどこからでも、商品等をインターネット上で見て商取引をすることができる。また、商品等の選択肢も多く、同じ商品について価格比較等をすることもできるし、出店者は実店舗を持たないことも多く、管理・運営コストを抑えることができるため、買い手側は実店舗に比して安く購入することができることも多い。さらには、取引相手と対面する煩わさがなく、レジに並ぶ等の時間的ロスを生ずることもなく、簡便・迅速に商取引ができるところにも大きな特徴がある。
　このように、電子商取引はさまざまな点で利便性に優れていることもあり、その市場規模は拡大の一途を辿ってきており、2017（平成29）年の日本の電子商取引市場規模は、以下のとおりとなっている。
　①　B to C-EC 市場規模は、16兆5054億円（前年比9.1％増）、EC化率は5.79％（対前年比0.36ポイント増）
　②　B to B-EC 市場規模は、317兆2110億円（前年比9.0％増）、EC化率は29.6％（対前年比1.3ポイント増）[17]
　③　ネットオークションの市場規模は、1兆1200億円、うちC to Cによる

市場規模は 3569 億円[18]

(2) 電子商取引における決済

　前記のとおり、電子商取引は、いつでもどこからでも、レジに並ぶ等自分の順番が来るのを待つことなく容易・迅速に取引ができるということ等に特徴があるため、電子商取引が発展するにつれて、取引の決済についても、代金を銀行に振り込んだり書留等によって現金を送金したりするだけでなく、より簡便性や迅速性に優れた決済手段も求められるようにもなってきている。また、電子商取引は、実店舗の取引に比べて価格が安いことも多く、せっかく代金が低廉に抑えられていても、決済にかかる費用が高ければ、当該費用も含めると実店舗での取引よりも高くなってしまうということもあり、それでは、電子商取引のメリットが没却してしまう。

　さらに加えると、前記のとおり商品の選択の幅が広いことも電子商取引の大きな利点の1つであるが、取引対象の選択肢だけでなく、決済手段についても選択肢が多い方が購入者にとって利便性が高く、電子商取引が購入者にとってより魅力的なものになる。

　電子商取引の場合には、現金決済等に比べて、インターネットを通じて個人情報が漏えいするリスクも高く、決済の際に当該情報が盗まれ不正に利用される可能性もあるので、購入者が複数の決済手段の中から1つの決済手段を選択する際には、上記の簡便性や迅速性、低廉性の他にも情報漏えいリスクの大きさも重大な判断要素の1つとなりえる。また、実店舗で現金と引き換えに商品

---

17)　「経済産業省商務情報政策局情報経済課「平成29年度　我が国におけるデータ駆動型社会に係る基盤整備（電子商取引に関する市場調査）報告書」（平成30年4月）（以下、「電子商取引に関する市場調査報告書」）6、9頁。
　　なお、同調査では、B to C-EC 市場規模を企業と消費者間でのECによる取引金額としておりB to B-EC 市場規模を企業間または企業と政府（中央官庁および地方公共団体）間で、ECを利用して受発注を行った財・サービスの取引金額としている（企業には個人事業者を含む）（同14～15頁）。
　　またEC化率は、電話、FAX、Eメール相対（対面）等も含めた全ての商取引金額（商取引市場規模）に対するEC市場規模の割合としている（同16頁）。
18)　前掲「電子商取引に関する市場調査報告書」1～4、25、52、79頁。

の引渡を受ける場合とは異なり、電子商取引の場合には、対面取引でないため取引相手がどのような者か現認できないうえに、商品等の引渡しと代金の支払いが同時履行の関係に立たないことが多く、そのことは、購入者と販売者の双方にとって大きなリスクとなりえる。

　以上からすれば、購入者にとっては、決済手段の選択肢が多いほうがよいが、複数の選択肢の中でどれを選ぶかについては、簡便性・即時性・低廉性・安全性（情報漏えいリスクや先払いした商品の不着や、後記のプリペイドカードの場合、発行事業者の事業中止に伴う払戻しの確実性）等を総合考慮して判断することになる。その際に、当該安全性を確保する必要性に応じて、法がそのための確保措置をとることが必要である。

　資金決済法との関係で述べると、電子商取引の場合も、その要件を満たせば、他の取引と同様に資金決済法による規制を受けるが、ここでは、まず、商取引一般について主にどのような決済方法があるかを整理し、その中で電子商取引において利用される代金決済方法を概説したうえで、それらの決済方法のうちどの方法が資金決済法の規制の対象となりどれがならないのか、資金決済法で規制するのは当該決済方法だけで十分なのかについて問題提起をすることとする。各資金決済の詳細については、第1編の他の各章に委ねる。

2　商取引一般における代金決済方法

　商取引において主に利用される決済方法は以下のとおりである。

	支払手段	種類・代行者等・具体例等
前払式以外	クレジットカード	VISA, JCB, Master Card、American Express等
	振込	実店舗（銀行）での振込 インターネットバンキングでの振込
	収納代行サービス	コンビニエンスストア等
	代金引換サービス	商品配送の運送業者
	非接触型クレジット（カード、モバイル）	カードや携帯電話をかざして利用できるクレジットカード

		（例）ID, QUICPay 等
	デビットカード	銀行口座から直接利用が可能 （例）楽天銀行デビットカード、三菱東京UFJ-VISA デビット、イオンデビットカード等
	ポイント（代金清算に利用できるおまけで貰ったポイント）	T ポイント、Ponta ポイント、楽天スーパーポイント等
	仮想通貨	ビットコイン、ライトコイン、モナーコイン等
	エスクロー決済	購入者と販売者の間にエスクロー業者が入り、購入者から代金を、販売者から商品を預かり、双方が届いた時点で預かった物を相手方に渡すもの。
前払式	紙型	人の目で財産価値を確認。 （例）全国百貨店共通商品券、VISA ギフトカード、ビール券、カタログギフト券等
	磁気型	磁気に価値を記録。 利用時の端末・レシート、リーダーの付いているパソコンやモバイル端末等で残高を確認する。 （例）クオカード、テレホンカード、図書カード等
	IC 型プリペイドカード	IC チップに価値を記録。 （例）Suica, PASMO, 楽 Edy, nanaco, WAON 等
	モバイル	スマートフォン等をかざして利用できる電子マネー。[19] （例）モバイル Suica, 楽天 Edy, モバイル nanaco, モバイル WAON
	サーバ型	コンピュータのサーバ上に価値を記録。残高は端末で確認するが、その際には ID 番号が必要。 ① カード（プラスチック、紙等）の発行があるもの カードの ID 番号を端末で読み取ったり、紙に記録された ID 番号をホームページに入力したりして支払う （例）スターバックスカード、Webmoney, BitCash 等

---

19) ただし、QUICPAY のように前払式に限らない支払手段もあり、APPLE PAY のように端末側のツール（ウォレット）を指すこともある。

		② カードの発行がないもの（カードレス） メールで届くネット上に指定されたID番号をホームページに打ち込むことにより、商品・サービスの購入やゲーム利用料の支払いが可能。コンピュータのサーバ上に価値が記録され、残高は端末で確認するが、その際にはID番号が必要である。 （例）Amazonギフトカード券等

※なお、世界のキャッシュレス動向、日本のキャッシュレスの現状（キャッシュレスが普及しにくい背景等）および日本の現状をふまえた対応については、経済産業省商務・サービスグループ消費・流通政策課「キャッシュレス・ビジョン」（平成30年4月）を参照されたい。

3 電子商取引に利用される決済方法とその現状

　電子商取引は、前記のとおり当事者間が対面することなく取引を行えるところに特徴があるため、前払式支払手段としてはサーバ型が利用されるが、その中でも、インターネット上で利用できる電子マネー（Web Money、BitCash等）、店舗とインターネット上のどちらでも利用できる汎用性のある電子マネー（au WALLET、LINE Payカード等）、主に贈答用に利用するe-mailで送れるギフトカード（Amazonギフト券、iTunesカード等）、インターネット上のゲームに利用できる電子マネー（ニンテンドープリペイドカード、モンハンコイン等）が利用される。

　総務省「電子商取引に関する市場調査報告書」32頁によると、2015（平成27）年末におけるインターネットで購入する（B to C-EC市場）際の決済方法（複数回答）としては、クレジットカード払い（代引時除く）が69.2％、代金引換が39.0％、コンビニエンスストアでの支払いが36.1％、銀行・郵便局の窓口・ATMでの振込・振替が26.5％、ネットバンキング・モバイルバンキングによる振込が9.4％、通信料金・プロバイダ利用料金への上乗せが8.8％、電子マネーによる支払いが4.1％、現金書留、為替、小切手による支払いが0.6％となっている。

　このように、B to C電子商取引全体としては、リアルの決済手段と同様に

クレジットカード払いや代金引換、コンビニエンスストアでの支払い、銀行・郵便局の窓口・ATMでの振込・振替が多い。このうちクレジットカード払いは、ワンクリック等の機能を使用すれば弁済の履行の提供までにかかる時間と手間が相当省ける点で多く利用されているといえよう。一方、銀行等窓口での振込等は、時間的場所的制約がある程度存在する。

また、代金引換は、商品の受領と代金の支払が同時に行われ同時履行が確保できる点では安全性が高いが、代引手数料がかかる点で廉価性に欠ける面がある[20]。

電子商取引決済のうちオンライン・コンテンツの少額即時決済手段としては、携帯利用電子マネー、オンラインクレジット、POSA型カード、情報代金回収代行等が考えられる(オンラインデジタルコンテンツの課金・決済手段一般としては、インターネットバンキングによる振り込みも利便性が高く利用が拡大しているが、手数料が利用者負担になることが多いため、少額決済には必ずしも適さない)。

クレジットカード決済については、カード審査の基準が厳しいこと、カード会社の手数料がかかること、さらには、直接加盟店契約を結ぶのではなく決済代行サービスを利用する場合、決済代行サービス事業者の手数料が上乗せされるため、利用料金が高くなるため、取引本体が少額の場合、上乗料金の割合が高くなりすぎるというデメリットがある。また、即時性はあるため電子商取引に適しているものの、利用できる年齢層が限定されてしまうという課題も抱えている[21]。

また、オンライン・コンテンツの場合、収納代行の中でもISPによる収納代行が利用される場合があるが、事業者が、月ごとの利用料金の支払方法をクレジットカードに限定している場合、未成年者はクレジットカードを利用できないため[22]、利用者が限定されてしまう[23]。

一方で、プリペイドカードの決済は、事前にある程度まとまった金額を前納

---

20) もっとも、代金引換時にその場で荷物を開封して商品を確認するというのでない限り、偽物や不良品の受領の可能性もあるため、対面取引における同時履行と同等の安全性を確保することまでは難しいだろう。

21) 情報通信ネットワー産業協会「平成16年度　先導的分野戦略的情報化推進事業(電子決済を活用したオンライン・コンテンツビジネスに関する調査研究)報告書」」2. 1、5〜6頁。

するため、オンラインデジタルコンテンツの特徴である少額決済時も、利用者がその都度、手数料等を支払う必要がなく、また、クレジットカードが利用できない未成年も利用可能である（購入時については緩やかな年齢利用電子認証はあるが、クレジットカード契約ほどの厳格性はない）。また、たとえば、BitCashの場合、ウェブサイトからカードに記載された16桁のひらがな情報を入力するだけで決済できるため、スピード決済が可能であり、電子マネーと同様、少額即時決済に最適な決済手段の検討において、「プリペイドカードの評価は携帯利用電子マネーにはわずかに及ばないが、カード利用電子マネーと同程度と考えられ」、「総合評価としては、オンライン・コンテンツの少額即時決済には携帯利用電子マネーが最も良く適合し、カード利用電マネー（本文ママ）とプリペイドカードがそれに次ぐ。」とされている。[24)25)]

プリペイドカードはコンビニエンスストアや、オンライン、コンピュータショップ等で購入することができる。

4　電子商取引に利用される決済方法に対する資金決済法による規制

上記3のとおり決済方法の多様性が求められたり、実際に多様化していったりする中で、以下のとおり、これまで法規制の対象となっていなかった決済方法についても、利用者保護の観点から規制が必要となり規制対象に加えられたり、決済市場を一部拡大したりすることの需要性が高まり、銀行以外の事業者

---

22)　ただし、未成年であっても18歳以上であれば親権者の同意の下に作ることができるクレジットカードはある。
23)　情報通信ネットワーク産業協会・前掲注21) 6〜7頁。
24)　情報通信ネットワーク産業協会・前掲注21) 1〜2頁。
25)　もっとも、プリペイドカードにも以下のような短所がある。まず、プリペイド型電子マネーやサーバ型電子マネーは基本的には換金ができない。広く換金を認めると、出資の受け入れ、預り金および金利等の取締りに関する法律2条に定める「預り金」に該当する可能性があるからである。発行事業者が事業を中止する等、利用者保護のために必要がある場合には払戻しを認めているが、その際には発行事業者が倒産している等資力がなくなっている可能性もある。このような事態に備えるため、後記のとおり資金決済法は、サーバ型のものも含めてプリペイドカード発行事業者を規制している。
　　また、匿名性の高いプリペイド型電子マネーは、紛失や盗難時に補償がないという短所もある。
　　もっとも、プリペイドカードは一般的にチャージ上限額が低く設定されているので、仮に損害が発生したとしても損害額は比較的小さい。

が一部参入することが認められるようになった。

(1) 資金決済法の規制の対象となるもの

(A) プリペイドカード

　従前の前払式証票の規制等に関する法律では、「前払式証票」とは、証票等に記載されまたは電磁的方法により記載されている金額等に応ずる対価を得て発行される証票等であって、当該証票等の発行者または当該発行者が指定する者から物品の購入等をする場合に、これらの代価の弁済のための提示、交付その他の方法により使用することができるものをいうとされていた（2条1項）。したがって、カードなど媒体のあるもののみが規制の対象であり、サーバ型電子マネーは対象外だったが、2010（平成22）年4月施行の資金決済法により、電子マネーのうちサーバ型も、規制の対象となる前払式支払い手段に含まれるようになった（詳細は第1編第2章を参照されたい）。

(B) 送金サービス

　銀行法では為替業務（隔地者間の資金移動）は銀行に一手に委ねられていたのが、資金決済法により資金移動業として登録を受ければ、送金サービス（為替業務）のうち一定金額の送金額については銀行以外に解禁されるようになり、Pay PalやWestern Unionが日本に進出できるようになった。IT技術の発達により、銀行以外の事業者が資金移動を行うことにも技術的にあまり困難ではなくなり、資金移動サービスが低廉になったり、インターネット取引等に適した支払手段が利用できるようになったりすることは、事業者と利用者の双方にとって利便性が増すことになるし、決済手段の選択肢が増えれば取引の可能性も広がる。

　そのうえで、資金移動（為替）について消費者保護を強化するため、決済資金の全額保全により事業者の倒産リスクから消費者を保護するようにしたり、登録制度を設けたりすることにより悪質業者の排除が図られるようになった（詳細は第1編第3章を参照されたい）。

　これにより、たとえば、個人が創作した作品（画像等の著作物）をブログや

SNSに掲載し販売したい場合、少額の取引のときは、当該送金サービスを利用して、作品にアクセスしたい人から送金してもらい販売することもできる。

(C) 仮想通貨

仮想通貨は、通貨でも電子マネーでもない新たな分類の「価値を持つ電磁的記録」であり、物理的実体も現金の裏づけもない独自の経済的価値を有するものである。仮想通貨は特定の発行者が存在せず、仮想通貨の取引記録は仮想通貨取引者全員が保持することになる。自ら管理していた記録情報が消失していた場合、当該経済的価値の補償は受けられず、また、第三者に記録保管を委託していたとしても、当該第三者が過失等により記録を消失していた場合、当該第三者に損害賠償請求をすることはできるが、同人が無資力であった場合には現実問題として補償されない。そこで、仮想通貨取引者を可及的に保護するため、資金決済法が改正された（2017（平成29）年4月施行）。

改正資金決済法上、仮想通貨とは、①不特定の者に対して代金の支払い等に使用でき、かつ、法定通貨（日本円や米国ドル等）と相互に交換できるものであり、②電子的に記録され移転でき、③法定通貨または法定通貨建ての資産（プリペイドカード等）ではないものをいい、たとえばビットコインがこれに該当する。また、同法上、仮想通貨交換業とは、仮想通貨と法定通貨または仮想通貨間の交換や交換に際して利用者の金銭・仮想通貨を管理する業務をいう。

同法上、国内での仮想通貨交換サービスは、登録制とされたり利用者に情報提供を行うことが義務づけられたり、利用者財産を適切に管理するための義務が定められたりしている。また、登録事業者には、一定期間ごとに利用者に対して、取引の記録や残高について情報提供する義務が課せられている（詳細は第1編第4章を参照されたい）。

(2) 資金決済法の対象とされていない決済サービス

(A) 代金引換

商品等を販売した事業者が運送業者に、購入者から代金を受領する代理権を付与し、商品を購入者に引き渡す際に代金が支払われると同時に、購入者は代

金支払い義務を履行したことになる。代金引換は、購入者にとっては、クレジットカード等の利用に伴うリスクを負うことなく、また、銀行振込等の時間的場所的制約を受けたり煩雑性を伴ったりすることがないうえに、商品の受取と代金の支払いが同時に履行されるため、代金を支払ったのに商品が不着であるというリスクを回避することができる。事業者にとっても、購入者の債務不履行のリスクを回避することができる。ただし、事業者にとっては、運送業者からの倒産等による代金未払いのリスクは残るため、購入者からの未払リスクと運送業者からの倒産等による未払リスクのどちらを甘受するかいう問題となろう。

(B) 収納代行

商品等を販売した事業者が、収納代行業者（コンビニエンスストア等）に、購入者から代金を受領する権限を付与し、購入者が代行業者の店頭で現金を引き渡すことにより支払いが行われる。当該収納代行業者は受領した代金を銀行振込によって事業者に送金するので、銀行預金が決済通貨となる。上記の代金引換と同様に、購入者としては収納代行業者に代金を支払った時点で代金支払債務を履行したことになるので、代金を支払った後に代金が商品を販売した事業者に未着であった場合のリスクを負うことなく、一般的に、銀行に比して時間的場所的制約が少ない収納代行業者への支払いができるということで利便性がある。他方の事業者の方は、購入者の支払い後、事業者と収納代行業者との間の決済までに収納代行業者等が倒産する等により受領代金が引き渡されないリスクを負うことになる。

このように購入者には支払いに関するリスクは認められないため、資金決済法の規制対象となっておらず、資金移動業者としての登録等はされない。

(C) 企業ポイント

企業ポイントプログラムには種々のものがあるが、一般的には、①プログラムに加入した消費者の購入等の行動に対して企業がポイントを付与し、②消費者のポイント利用に伴いポイント発行企業が特典を提供するものであり、かつ③金銭による購入が不可能であるという特徴がある。利用者がポイントを利用

する前に発行企業が倒産した場合、自己の保有していたポイント価値の返還を求めることができるかが問題となり、利用者の保護の観点から、資金決済法のプリペイドカードと同様に企業に供託義務を負わせることが必要かが問題となる。

　この点については、前払式証票に該当するかが問題となるが、同証票に該当するためには、金銭その他の対価を支払い購入することが可能である必要があるところ、ポイントは、商品・サービスの提供に伴って付与されるものであり、一般的には消費者が独立の対価を支払わないポイントは、前払式証票に該当しないと解されている。また、ポイント交換後のポイントも、ポイント交換の発行原資はポイント発行元が支払っているのであり、利用者は対価を支払っていると評価すべきでないのではないか等の理由により、同証票に該当しないと解されている。[26]

26）　経済産業省「企業ポイントの法的性質と消費者保護のあり方に関する研究会報告書」（平成21年1月）31頁。

第 2 章　前払式支払手段の概要

I　意義

1　前払式支払手段とは

(1) 資金決済法における前払式支払手段の定義

　商品券、プリペイドカード、Suica や PASMO といったさまざまな資金決済手段は、わが国の国民生活において広く定着している。これらの資金決済手段は、技術的な観点からは、当該物理的デバイスに金額情報が記載・記録されているもの（紙型・磁気型・IC 型）と、そうではなく、事業者のサーバに管理されている金額情報と結びついている ID が交付されるもの（サーバ型）とに大別される。商品券は、証票に利用可能な金額が記載されているため、プリペイドカードは、カードに内蔵された磁気ストライプや IC チップに利用可能な金額情報が記録されているため、いずれも前者に分類される一方、Suica や PASMO は、サーバ型の典型例といえる。サーバ型には、ID の交付方法という点から、さらにさまざまな類型に分類することができる。たとえば、ID が記録されたカードが交付されるもの、コンビニエンスストア等で ID が記載された紙面が交付されるもの、ID がメールで通知されるもの等である。
　従前、前払式証票の規制等に関する法律は、紙型・IC 型についてしか規制を施しておらず、サーバ型にまでは規制が及んでいなかった。ところが、技術発展が著しい今日において、広く利用されているのは、むしろサーバ型のほうであるといってよい。そこで、サーバ型についても、広く規制の網をかぶせるべく、前払式証票の規制等に関する法律にかわり、新たに資金決済法が制定された。同法は、そのために、「前払式支払手段」という概念を用意している。

資金決済法は、「前払式支払手段」につき、次のとおり定義する（3条）。①が自家型前払式支払手段、②が第三者型前払式支払手段、とされる（これらについては後述する）。
① 　証票、電子機器その他の物（「証票等」）に記載され、または電磁的方法（電子的方法、磁気的方法その他の人の知覚によって認識することができない方法をいう）により記録される金額（金額を度その他の単位により換算して表示していると認められる場合の当該単位数を含む）に応ずる対価を得て発行される証票等または番号、記号その他の符号（電磁的方法により証票等に記録される金額に応ずる対価を得て当該金額の記録の加算が行われるものを含む）であって、その発行する者または当該発行する者が指定する者（「発行者等」）から物品を購入し、もしくは借り受け、または役務の提供を受ける場合に、これらの代価の弁済のために提示、交付、通知その他の方法により使用することができるもの
② 　証票等に記載され、または電磁的方法により記録される物品または役務の数量に応ずる対価を得て発行される証票等または番号、記号その他の符号（電磁的方法により証票等に記録される物品または役務の数量に応ずる対価を得て当該数量の記録の加算が行われるものを含む）であって、発行者等に対して、提示、交付、通知その他の方法により、当該物品の給付または当該役務の提供を請求することができるもの

(2) 前払式支払手段の要件

　自家型、第三者型のいずれかを問わず、およそ「前払式支払手段」であるためには、次の4つの要件を満たさなければならない。[1]
① 　価値の保存
　　金額または物品・役務の数量（個数、本数、度数等）が、証票、電子機器その他の物（証票等）に記載され、または電磁的な方法で記録されていること

---

1) 高橋康文編著『逐条解説　資金決済法（増補版）』（金融財政事情研究会、2010）65頁以下。

②　対価

　　証票等に記載され、または電磁的な方法で記録されている金額または物品・サービスの数量に応ずる対価が支払われていること

③　発行

　　金額または物品・サービスの数量が記載され、または電磁的な方法で記録されている証票等や、これらの財産的価値と結びついた番号、記号その他の符号が発行されること

④　権利行使

　　物品を購入するとき、サービスの提供を受けるとき等に、証票等や番号、記号その他の符号が、提示、交付、通知その他の方法により使用できるものであること

　以下、順次説明しよう。①は、「前払式支払手段」が支払いのために利用される以上、利用できる金額または物品・役務の数量が、何らかの形で記されていなければならないところから必要とされる要件である。証票等自体に記載・記録されている場合（紙型・磁気型・IC型）と、サーバに電磁的に記録されている場合（サーバ型）とがありうる。

　②は、①の利用に「先立ち」、前払いとして、対価が支払われていることを要求するものである。紙型・磁気型・IC型なら、商品券、プリペイドカードの購入が、SuicaやPASMOなら、金額の「チャージ」が、それぞれこの要件に該当する。このように「前払式支払手段」においては、ユーザの事前支払が必須であるため、発行者の倒産等に備えた利用者保護の対策が不可欠となる（この点については、本章Ⅵで説明する）。

　さて、②における「対価」とは、現金に限らず、財産的価値があるものはすべて含まれる[2]。外貨建てでもよい[3]。①で保存される価値と②の対価が一致することは必要とされない。たとえば、1万円のプリペイドカードを9000円で発行したとして、9000円は、「対価」といってよい。しかし、①の金額に比してごく僅少な金額しか支払われない場合、ボランティアの謝礼としてカードが発行される場合にまで「対価」性ありとすることはできない。限界の線引きをど

2）　高橋・前掲注1) 66頁。

3）　高橋康文編著『詳説　資金決済に関する法制』（商事法務、2010）79頁。

こに引くかは難しい。考え方としては、社会通念に照らして判断するしかないとする見解のほか[4]に、有償割合が50％を超す場合に対価性を認める見解が主張されている[5]。なお、対価性は、一回の発行ごとではなく、全体（発行総額）について判断されるものである[6]。

③は、価値が保全された前払式支払手段を移転できるよう、何らかのデバイスの発行を必要とするものである。紙型・磁気型・IC 型であれば、証票等（商品券やプリペイドカードそれ自体）ということになるし、サーバ型であれば、WEBMONEY 等のサーバに通知することにより価値を使用することができる ID のような符合ということになる。

④は、③のデバイスが、権利行使に際して使用されるものであることを述べている。

(3) 要件の例外

しかし、次のような場合には、前記の要件を満たしていても、前払式支払手段に該当せず、資金決済法の適用を受けない（法 4 条、令 4 条）。
① 乗車券、入場券その他これらに準ずるものであって、政令で定めるもの。具体的には下記のとおり（令 4 条 1 項）。
　ⅰ 乗車券、乗船券および航空券
　ⅱ 次に掲げる施設または場所に係る入場券（通常入場券と併せて発行される遊園地その他これに類する施設の利用券を含む）
　　イ 映画、演劇、演芸、音楽、スポーツまたは見せ物を不特定かつ多数の者に見せ、または聴かせる場所
　　ロ 競馬場、競輪場、小型自動車競走場またはモーターボート競走場
　　ハ 美術館、遊園地、動物園、博覧会の会場その他不特定かつ多数の者が入場する施設または場所でこれらに類するもの
　ⅲ 特定の施設または場所の利用に際し発行される食券その他の証票等で、

---

4) 髙橋・前掲注 1) 66 頁。
5) 髙橋・前掲注 3) 79 頁。
6) 髙橋・前掲注 3) 79 頁。

当該施設または場所の利用者が通常使用することとされているもの
　ⅳ　上記に掲げる証票等と同等の機能を有する番号、記号その他の符号（その発行する者または当該発行する者が指定する者による利用者に対する物品の給付または役務の提供が、発行する者または当該発行する者が指定する者の使用に係る電子計算機と利用者の使用に係る電子計算機とを接続する電気通信回線を通じて行われる場合に利用されるものを除く）
② 　発行の日から6か月以内に限り使用できる前払式支払手段
③ 　国または地方公共団体（次号において「国等」という）が発行する前払式支払手段
④ 　独立行政法人自動車技術総合機構、日本中央競馬会および日本放送協会および港務局および地方道路公社が発行する前払式支払手段
⑤ 　専ら発行する者（密接関係者を含む）の従業員に対して発行される自家型前払式支払手段（専ら当該従業員が使用することとされているものに限る）その他これに類するものとして政令で定める前払式支払手段。具体的には下記のとおり（令4条4項）。
　ⅰ　専ら発行者の従業員（当該従業員と同一の世帯に属する者を含む。以下この号において同じ）に対して発行される第三者型前払式支払手段であって、専ら当該従業員が使用することとされているもの
　ⅱ　次に掲げる者が発行する保健施設、福祉施設または福祉事業に係る前払式支払手段
　　イ　健康保険組合または健康保険組合連合会
　　ロ　国家公務員共済組合、国家公務員共済組合連合会、地方公務員共済組合、全国市町村職員共済組合連合会または日本私立学校振興・共済事業団
　　ハ　企業年金基金または企業年金連合会
　　ニ　イからハまでに掲げる者に類するものとして内閣府令で定める者（前払府令6条）
　　　（全国健康保険協会、国民健康保険組合または国民健康保険団体連合会、国民年金基金または国民年金基金連合会、石炭鉱業年金基金および

独立行政法人農業者年金基金）
- ⅲ 学校教育法1条に規定する学校を設置する者（国および地方公共団体を除く）が専らその学生、生徒もしくは児童または職員（学生等）に対して発行する前払式支払手段（専ら当該学生等が使用することとされているものに限る）その他これに準ずるものとして内閣府令（前払府令7条）で定める前払式支払手段
- ⅳ 上記に掲げる前払式支払手段のほか、一定の職域内に勤務する従業員または当該従業員であった者（これらの者と同一の世帯に属する者を含む。以下この号において「従業員等」という）の福利厚生のための売店その他の施設（以下この号において「福利厚生施設」という）に係る事業を営むものが専ら当該従業員等に対して発行する前払式支払手段（当該従業員等の福利厚生施設においてのみ使用することとされているものに限る）その他これに類するものとして内閣府令（前払府令8条）で定める前払式支払手段

⑥ 割賦販売法、その他の法律の規定に基づき前受金の保全のための措置が講じられている取引に係る前払式支払手段として政令で定めるもの。具体的には下記のとおり（令4条5項）。
- ⅰ 割賦販売法2条6項に規定する前払式特定取引に係る商品の引渡しもしくは役務の提供または同法11条に規定する前払式割賦販売に係る商品の引渡しにおいて使用することとされている前払式支払手段
- ⅱ 旅行業法2条3項に規定する旅行業務に関する取引において発行される前払式支払手段

⑦ その利用者のために商行為となる取引においてのみ使用することとされている前払式支払手段

(4)「前払式支払手段」に該当しないもの

関連して、そもそも「前払式支払手段」の定義に該当せず、「前払式支払手段」に該当しないものについても紹介しておく。[7]
- ① 日銀券、収入印紙、郵便切手、証紙など、法律上支払手段としての効力

を与えられており、対価の授受とは無関係に発行される価値物は、対価性の要件（②）を満たさず、「前払式支払手段」に該当しない。
② 各種会員権（ゴルフ会員権）は、いわゆる証拠証券にすぎず、価値保存（①）または権利行使（④）の要件を満たさない。
③ トレーディング・スタンプ（小売業者が、販売促進のために、商品を購入した顧客に対して購入額に応じて配布するクーポンであり、一定量集めると量に応じた商品などと交換することができる）は、実質的には対価を得て配布されておらず、対価性の要件（②）を満たさない。
④ デビットカードのようなPOSカードも、対価性の要件（②）を満たさない。

2 自家型と第三者型の違い

資金決済法は、前払支払手段の方式として、自家型と第三者型とを規定する。前者については、本章Ⅱで、後者については、本章Ⅲで、それぞれ詳しく解説する。ここでは簡単に概要と特色を俯瞰しておく。

まず、前者であるが、発行者の店舗においてのみ利用することができる前払式支払手段を発行しており、法に基づき内閣総理大臣へ届出を行った者を自家型発行者という（法3条6項）。発行している前払式支払手段の未使用残高（前払式支払手段の総発行額－総回収額）が3月末あるいは9月末において、1000万円を超えたときは、内閣総理大臣への届出が必要となるが、それを超えなければ、特に届出の必要がない（法5条）。

次に後者についてみるに、発行者以外の第三者の店舗（加盟店、フランチャイズ店等）においても使用することができる前払式支払手段を発行している者を第三者型発行者という（法3条7項）。第三者型発行者になるには、内閣総理大臣の登録を受けた法人でなければならない（法7条）。

自家型と第三者型という区別は、紙型・磁気型・IC型、サーバ型という区別とは対応しない。詳細は、本章Ⅱ・Ⅲにて解説されるが、総じて、第三者型

---

7) 髙橋・前掲注1) 67頁。

のほうが、自家型よりも厳格な規制が施されているといってよい。

II　自家型発行者

1　意義

(1) 定義

　資金決済法上の「自家型発行者」とは、①同法5条1項の届出書を提出した者であって、②同法33条1項の規定による発行の業務の全部の廃止の届出をし、同法20条1項の規定による払戻しを完了した者を除いた者をいう（3条6項）。

　「自家型前払式支払手段」とは、前払式支払手段を発行する者または密接関係者から物品の購入もしくは借受けを行い、もしくは役務の提供を受ける場合に限り、これらの代価の弁済のために使用することができる前払式支払手段または前払式支払手段を発行する者に対してのみ、物品の給付もしくは役務の提供を請求することができる前払式支払手段をいう（法3条4項）。

　自家型前払式支払手段は、自家型発行者より物品を購入し、借受け、または役務の提供を受けることのできる前払式支払手段といえる（図表2-1参照）。平成30年11月30日現在における自家型前払式支払手段の発行者は、946となっている[8]。

　自家型前払式支払手段のみを発行している法人または個人は、前払式支払手段の未使用残高が基準日（毎年3月31日および9月30日）において、一定額

---

8)　金融庁ウェブサイト（www.fsa.go.jp/menkyo/menkyoj/jika.pdf）

図表 2-1　自家型前払式支払手段イメージ

出典：一般社団法人日本資金決済業協会ウェブサイト（http://www.s-kessai.jp/businesses/faq/faq_maebarai_jigyousha（130404).pdf)

（基準額：1000万円）を超える場合には、内閣総理大臣に対する届出が必要となる（法5条1項・14条1項、令6条）。

　自家型前払式支払手段は、前払式支払手段の利用対象となる商品・役務が発行者の提供するものに限定され、第三者型前払式支払手段と異なり、商品販売者等と利用者との間の資金決済を担うわけではないため、原則として自由に発行することができる。もっとも、自家型前払式支払手段の利用対象や利用方法が限定されていても、利用者から前受金を受け入れて決済を行っており、利用者が自家型発行者に対して信用を供与することから、消費者保護が求められる。そのため、自家型発行者に対しては、前述の事後の届出、本章Ⅵで詳述する供託等の義務が課されている。

(2)　自家型前払式支払手段の特徴

　自家型前払式支払手段は、第三者型前払式支払手段と異なり、利用対象となる商品・役務が発行者の提供するものに限定されている。

　自家型前払式支払手段の発行は、法人は当然のこと、人格のない社団または財団であって代表者または管理人の定めのあるもののみならず、個人でも可能となっている（法5条1項柱書）。人格のない社団または財団であって、「代表者または代理人の定め」がないものは、届出義務が免除されるわけではなく、発行者としていずれかの個人を定めることが必要となる[9]。他方、第三者型前払式支払手段の発行は、法人に限定されている（法10条1項1号参照）。

自家型前払式支払手段は、基準日である3月31日および9月30日（法3条2項）において、未使用残高が基準額1000万円（法14条1項、令6条）を超える場合に、初めて届出が必要となる（法5条1項）。そのため、基準日において、未使用残高が1000万円を超えるまでは、届出義務がなく、事後の届出となる。他方、第三者型前払式支払手段は、「第三者型発行者」（法3条7項）として事前に登録することによって、発行することが可能となる（法7条）。

(3) 密接関係者

自家型前払式支払手段においては、「密接関係者」も発行者と同視されている（法3条4項）。

発行者と同視される「密接関係者」となるための「密接な関係」とは、以下のような関係をいう。

① 発行者が個人である場合の親族である関係（令3条1項1号）

親族とは、民法上の親族であり、6親等内の血族、配偶者および3親等内の姻族である（民法725条）。

② 法人が他の法人の総株主等の議決権の100の50を超える議決権を直接または間接に保有する関係（令3条1項2号）

親会社と子会社、親会社と孫会社との関係である。議決権につき直接保有か間接保有かは問われていない。

③ 個人およびその親族が法人の総株主等の議決権の100の50を超える議決権を直接または間接に保有する場合における当該個人と当該法人との関係（令3条1項3号）

令3条1項2号の場合において、議決権を有しているのが、個人およびその親族である場合である。

④ 同一の者（個人の場合には、その親族を含む）によってその総株主等の議決権の100分の50を超える議決権を直接または間接に保有される法人相互の関係（令3条1項4号）

---

9) 髙橋・前掲注1) 76〜77頁。

兄弟会社間の関係であり、議決権の直接保有か間接保有かは問われていない。
⑤ 発行者が行う物品の給付または役務の提供と密接不可分な物品の給付または役務の提供を同時にまたは連続して行う者がある場合における当該者と当該発行者との関係（令3条1項5号）

物品の給付や役務の提供を行う際に必要不可欠な物品の給付または役務の提供であって、社会通念上物品の給付等と一体と考えられるものをいい、単なる業務提携は、含まれない（前払式支払手段事務ガイドラインⅠ-1-2）。

2 業務の概要

(1) 業務内容および実施方法の決定

資金決済法上の届出が必要となるような自家型前払式支払手段を発行する際には、資金決済法において届出事項とされている事柄をを中心に、事務処理の便宜等も考慮に入れて、業務内容および実施方法を決定しなければならない。

(A) 業務内容の決定
(a) 種類
前払式支払手段の種類は、届出事項となっている（法5条1項6号）。
前払式支払手段には、情報が紙に記載されている紙型、磁気ストライプに記録がされている磁気型、ICチップに記録がされているIC型、事業者のサーバに記録されているサーバ型など複数の種類がある。前払式支払手段の種類によって、価値の保存・管理方法が異なることになる。

(b) 支払可能金額等
前払式払込手段の支払可能金額等は、届出事項となっている（法5条1項6号）。

前払式支払手段の支払可能金額等については、その上限を示すことで足りるとされている（前払府令5条）。そして、支払可能金額等を無限として、上限を設定しないことも可能である[10]。その際には、前払式支払手段の情報提供義務（法13条1項）違反とならないようにするために、システム上も上限の有無の確認が必要となる。

(c) 有効期間・有効期限

　前払式支払手段の有効期間・有効期限は、届出事項となっている（法5条1項7号）。

　資金決済法には、前払式支払手段の有効期間や有効期限の内容に関する規定がないため、有効期間や有効期限をどのように設定するかは、契約によって定まることになる。有効期間や有効期限を無期限とすることも認められている[11]。もっとも、前払式支払手段の有効期間や有効期限を定めておかないと、消滅時効が完成するまで、自家型発行者は、長期間にわたって利用者の権利行使を認めなければならないことになる。

　商品券については、他の法令に別段の定めがある場合を除き、消滅時効は5年と解されており（昭和25年9月28日蔵理第872号参照）、前払式支払手段の消滅時効も5年と考えられる[12]。

　発行日から6か月内に限り使用できる前払式支払手段は、資金決済法の適用除外となる（法4条2号、令4条2項）。

(d) 販売方法、支払方法

　届出事項となっている業務の内容および方法（法5条1項8号）とは、前払式支払手段の販売の方法や、代価の支払方法などをいう[13]。代価の支払方法としては、店舗等で現金で受け取る方法、インターネットバンキングによって振り込ませる方法、クレジットカードにより支払う方法等多様な方法が考えられる。

---

[10]　堀天子『実務解説　資金決済法〔第3版〕』（商事法務、2017）182～183頁。
[11]　堀・前掲注10）184頁。
[12]　堀・前掲注10）184頁。
[13]　高橋・前掲注1）79～80頁。

(e) 第三者への譲渡

前払式支払手段につき第三者への譲渡を禁止する場合には、利用約款において、その旨を明記すべきである。譲渡を禁止する場合には、パスワード等を設定し、本人の利用であることを確認することも考えられる。

他方、第三者への譲渡を認める場合には、当該前払式支払手段を保有している者に、権利行使を認めることになる。

(f) 記名式または無記名式

前払式支払手段を第三者へ譲渡することを可能とする場合には、無記名式とすべきことなろう。他方、第三者へ前払式支払手段の譲渡を認めない場合には、当該前払式支払手段に利用者の氏名や商号を印字させるなどして、記名式とすることが考えられる。[14]

(B) **実施方法の決定**

(a) システムの内容

前払式支払手段発行者は、前払式支払手段の発行量、回収量および未使用残高等に関する帳簿を作成する必要がある（法22条、前払府令46条）。そのため、電磁的方法による前払式支払手段を発行する場合には、システムが重要となる。

電磁的方法により、残高を加算または減算する前払式支払手段の場合、利用者から受領した対価の額および発行する前払式支払手段の発行量、利用者が利用する度の回収量を正確に記録し、未使用残高を算出することが認められる。また、前払式支払手段の発行量、回収量および未使用残高に関するデータは、システムリスクに晒されないように、安全性および信頼性をもって、保持されなければならない。

システム管理については、前払式支払手段事務ガイドライン（Ⅱ-3-1）において記載があり、その点に留意すべきことになる。

詳細については、本章Ⅸ参照。

---

14) 堀・前掲注10) 186頁

（b）委託先

　資金決済法には、前払式支払手段発行者の業務委託に関する制限がない。そのため、前払式支払手段発行者は、その業務を第三者に委託することが可能となっている（前払府令別紙様式第1号第5面参照）。

　もっとも、前払式支払手段発行者は、その業務を第三者に委託する場合、前払式支払手段発行者自身が負う法令上の業務を委託先においても同様に遵守させることが必要である。[15]

（c）発行保証金に関する規制

　前払式支払手段発行者は、基準日未使用残高が1000万円を超えるときは、当該基準日未使用残高の2分の1の額以上の資産を供託等によって保全することが義務づけられている（法14条1項）。

　詳細については、本章Ⅵ参照。

（d）苦情処理

　前払式支払手段発行者は、利用者保護の観点から、前払式支払手段の発行および利用に関する利用者からの苦情または相談に応ずる営業所または事務所を定めて、苦情処理を行う体制を構築する必要がある（法13条1項4号）。

　相談窓口の形態は、前払式支払手段の内容に応じて検討することになろう。

　詳細については、本章Ⅴ参照。

(2) 社内体制の整備

（A）社内体制整備の必要性

　自家型発行者は、第三者型発行者と異なり、事前の登録審査を受けないため、事前に、資金決済法第2章の規定を遵守するために必要な体制の整備が行われているか（法10条1項5号）等の確認が行われない。

　もっとも、自家型発行者は、届出を行った後においては、資金決済法に規定

---

[15] 堀・前掲注10）297頁

する規制を遵守する必要があり、当該遵守態勢について、財務（支）局における監督および検査を受けることとなる。自家型発行者は、発行業務を適法、健全かつ適切に行うために、前払式支払手段事務ガイドラインの内容に留意し、前払式支払手段発行業務の規模および特性に照らして、最適な社内体制を整備することが必要となる。そして、自家型発行者は、前払式支払手段事務ガイドラインに記載された内部管理態勢が満たされない場合、監督・検査当局の立入調査や報告徴求（法24条）、業務改善命令（法25条）、業務停止命令（法26条）の対象となりえる。そのため、自家型発行者においても、法令等を遵守して、健全かつ適切な運営を行うために、適切な社内体制の整備を行うことが必要となる。

すでに他業を行っている会社であれば、他業において構築された社内体制を前提に、前払式支払手段発行者に求められる体制を付加的・重点的に構築することも可能である。また、上場会社等において内部統制システムを構築している場合には、これらを利用することも可能である[16]。なお、認定資金決済事業者協会の自主規制規則の趣旨を尊重し、コンプライアンス態勢を整備することが望ましいとされている（「事務ガイドライン（第三分冊：金融会社関係　5　前払式支払手段発行者関係、14　資金移動業者関係）（案）」に対するパブリックコメントの結果等について、「提出されたコメントの概要とコメントに対する金融庁の考え方」6頁14番）。

(B) 前払式支払手段事務ガイドライン

前払式支払手段事務ガイドラインにおける前払式支払手段発行者の監督上の評価項目は、大きく分けて、①法令等遵守（Ⅱ-1）、②利用者保護のための情報提供・相談機能等（Ⅱ-2）、③事務運営（Ⅱ-3）、④自家型前払式支払手段の発行の業務の承継に係る特例（Ⅱ-4）、⑤外国において前払式支払手段の発行の業務を行う者に対する基本的考え方（Ⅱ-5）となっている。

このうち、本稿では、①法令等遵守のみについて記載する（図表2-2参照）。②利用者保護のための情報提供・相談機能等については本章Ⅴを、③事務運営

---

[16]　堀・前掲（注10）223頁

については本章ⅦおよびⅨを、④自家型前払式支払手段の発行の業務の承継に係る特例については本章Xを、⑤外国において前払式支払手段の発行の業務を行う者に対する基本的な考え方については本章Xをそれぞれ参照されたい。

なお、前払式支払手段事務ガイドラインには、登録審査事務チェックリストがある。

図表2-2　法令等遵守（コンプライアンス）態勢等（Ⅱ-1-1）

可否	審査事項
	・コンプライアンスに係る基本的な方針、具体的な実践計画（コンプライアンス・プログラム）や行動規範（倫理規程、コンプライアンス・マニュアル）等が策定され、定期的又は必要に応じ、見直しが行われている ・役職員に対して、上記コンプライアンスに係る基本的な指針等が周知徹底が図られ、十分に理解され、日常の業務運営において実践されている
	・「企業が反社会的勢力による被害を防止するための指針について」（平成19年6月19日犯罪対策閣僚会議幹事会申合せ。以下「政府指針」という）の内容を踏まえて決定した基本方針を社内外に宣言している ・政府指針を踏まえた基本方針を実現するための体制を整備し、定期的にその有効性を検証している
	・内部管理部門におけるモニタリング・検証や、内部監査部門による内部監査を実施するなどによって、前払式支払手段の発行の業務が法令等を遵守し適切に行われているかについて検証している ・当該検証等を通じて発見された不適切な取扱いについて速やかに改善している
	・経営陣は、前払式支払手段の発行に伴うキャッシュ・フローのみならず、当該前払式支払手段の未使用残高についても正確に把握することが重要であることを認識し、その実践のための態勢整備に努めている
	・経営陣は、当該前払式支払手段の未使用残高が発行者等による物品や役務の提供能力を著しく上回るような、発行方針を立てていない

図表 2-3　反社会的勢力による被害の防止（Ⅱ-1-2）

可否	審査事項
	組織としての対応 ・反社会的勢力との関係の遮断について、担当者や担当部署だけに任せることなく経営陣が適切に関与し、組織として対応している ・前払式支払手段発行者単体のみならず、グループ一体となって、反社会的勢力の排除に取り組んでいる ・グループ外の他社（決済代行会社等）を介した決済サービスの提供を行う場合において、反社会的勢力の排除に取り組んでいる
	反社会的勢力対応部署による一元的な管理態勢の構築 ・データベースの構築 　反社会的勢力対応部署において反社会的勢力に関する情報を積極的に収集・分析するとともに、当該情報を一元的に管理したデータベースを構築し、適切に更新（情報の追加、削除、変更等）する体制となっている 　当該情報の収集・分析等に際しては、グループ内で情報の共有に努め、警察・暴力追放運動推進センター・弁護士等の外部専門機関等から提供された情報を積極的に活用している 　当該情報を加盟店を含めた取引先の審査や当該前払式支払手段発行者における株主の属性判断等を行う際に、適切に活用する体制となっている ・研修活動及び外部専門機関との連携 　反社会的勢力対応部署において対応マニュアルの整備や継続的な研修活動、警察・暴力追放運動推進センター・弁護士等の外部専門機関との平素からの緊密な連携体制の構築を行うなど、反社会的勢力との関係を遮断するための取組みの実効性を確保する体制となっている ・報告・相談体制の整備 ・反社会的勢力との取引が判明した場合及び反社会的勢力による不当要求がなされた場合等において、当該情報を反社会的勢力対応部署へ迅速かつ適切に報告・相談する体制となっている
	・反社会的勢力対応部署は、当該情報を迅速かつ適切に経営陣に対し報告する体制となっている 　反社会的勢力対応部署において実際に反社会的勢力に対応する担当者の安全を確保し担当部署を支援する体制となっている
	適切な事前審査の実施 ・反社会的勢力に関する情報等を活用した適切な事前審査を実施するとともに、契約書や取引約款への暴力団排除条項の導入を徹底するなど、反社会的勢力が加盟店を含めた取引先となることを防止している

	適切な事後検証の実施 ・既存の契約の適切な事後検証を行うための態勢が整備されている
	反社会的勢力との取引解消に向けた取組み ・反社会的勢力との取引が判明した旨の情報が反社会的勢力対応部署を経由して迅速かつ適切に経営陣に報告され、経営陣の適切な指示・関与のもと対応を行うこととなっている ・平素から警察・暴力追放運動推進センター・弁護士等の外部専門機関と緊密に連携しつつ、反社会的勢力との取引の解消を推進している ・事後検証の実施等により、取引開始後に取引の相手方が反社会的勢力であると判明した場合には、反社会的勢力への利益供与にならないよう配慮している ・反社会的勢力であることが判明した場合には、資金提供や不適切・異例な取引を行わない態勢を整備している
	反社会的勢力による不当要求への対応 ・反社会的勢力により不当要求がなされた旨の情報が反社会的勢力対応部署を経由して迅速かつ適切に経営陣に報告され、経営陣の適切な指示・関与のもと対応を行うこととしている ・反社会的勢力からの不当要求があった場合には積極的に警察・暴力追放運動推進センター・弁護士等の外部専門機関に相談するとともに、暴力追放運動推進センター等が示している不当要求対応要領等を踏まえた対応を行うこととしている ・反社会的勢力からの不当要求に対しては、あらゆる民事上の法的対抗手段を講ずるとともに、積極的に被害届を提出するなど、刑事事件化も躊躇しない対応を行うこととしている。 ・反社会的勢力からの不当要求が、事業活動上の不祥事や役職員の不祥事を理由とする場合には、反社会的勢力対応部署の要請を受けて、不祥事案を担当する部署が速やかに事実関係を調査することとしている
	株主情報の管理 ・定期的に自社株の取引状況や株主の属性情報等を確認するなど、株主情報の管理を適切に行っている

(3) 約款の策定

　自家型発行者は、届出をする際に、約款、説明書またはこれらに類する書面の提出が求められている（前払府令別紙様式第1号第5面）。そのため、自家型発行者として届出をしようとする業者は、発行しようとする前払式支払手段の内容に応じて利用約款を策定することになる。

　自家型発行者の約款に関して、一般社団法人日本資金決済業協会ウェブサイト（http://www.s-kessai.jp/cms/card-data/list/）において、周知委託会員の

約款が閲覧可能となっており、新規に約款を作成する場合には、参考となる。

以下では、約款策定の際の留意事項について検討する。

(A) 法的性格

自家型前払式支払手段の法的性質について、定義規定を設けて規定することになる。

自家型前払式支払手段発行者は、前払式支払手段の利用者により前払式支払手段が使用されると、発行者において提供する商品や役務の提供の代価の弁済があったこととなること、または発行者が物品の役務を給付もしくは提供する義務を負うことについて明記することになる。

(B) 適用範囲

自家型前払式支払手段を利用できる者は、前払式支払手段の発行を受けた者に限定されるのか、それとも、発行を受けた者から譲渡を受けた者についても利用できるかについて、明記すべきことになる。あわせて、前払式支払手段の譲渡や質入れの可否についても記載すべきである。

(C) 利用範囲

自家型前払式支払手段は、利用範囲が発行者または密接関係者が提供する商品または役務の提供に限定されている（法3条4項）。

そのため、利用範囲として規定することは、自家型発行者の店舗が複数ある場合に、いずれの店舗でも利用できるか、または一部の店舗に限定されているかである。

(D) 発行方法

自家型前払式支払手段の発行方法については、自家型前払式支払手段をどの場所でどのような方法で発行すべきかを規定することになる。

(E) 入金方法

入金方法では、入金可能な場所、たとえば店舗に限定されるか否かについて

規定することになる。

　入金が現金に限定されるかクレジットカード等でも可能か等についても規定することになる。また、1回の入金額の最低入金単位や蓄積可能な入金額の限度額も定めることになろう。

　残高の合算の可否についても、必要であれば、規定を設けることになる。

（F）利用方法

　利用方法では、前払式支払手段を利用して商品を購入したり、役務の提供を受ける具体的な方法を規定することになる。また、前払式支払手段を利用できない商品や役務がある場合には、その旨を明記することになる。

　前払式支払手段を利用して商品を購入したり、役務の提供を受けた場合の効果についても、記載することが必要となろう。

　前払式支払手段を利用して商品を購入したり、役務の提供を受けようとする際に、残高が不足する場合に、複数の前払式支払手段の利用を認めるか、現金等との併用を認めるかについても規定することになる。

（G）残高確認

　電磁的方法によって金額が記録されている前払式支払手段においては、残高確認ができるようにするため、残高確認の方法について、記載することになる。

　残高確認の方法としては、前払式支払手段を利用して商品を購入する方法、役務の提供を受けた際に発行される領収書に記載する方法、または、電話やホームページで確認する方法などが考えられる。

（I）払戻方法

　資金決済法は、前払式支払手段の払戻しを原則として禁止し、例外的に払戻しが禁止されない場合も法令上限定されている（法20条5項）。利用者に注意を促す意味でも、払戻しが原則として禁止されていることを明記すべきである。

（J）再発行

　前払式支払手段が紛失、窃取、汚損または破損等した場合について、再発行

するか否かも規定することになる。

　前払式支払手段の残高をカード番号等によって特定できる場合には、前払式支払手段の再発行を認めることもあろう。

(K) 免責規定

　自家型発行者に帰責性がない事由によって、前払式支払手段が利用できなくなったり、前払式支払手段の紛失、盗難、偽造もしくは変造、または第三者に不正使用され、利用者に損害が発生した場合に、自家型発行者が責任を負わない旨の免責規定も定めることなろう。

(L) 利用停止および中止・中断

　利用者が不正な方法により前払式支払手段を取得したり、偽造または変造した場合、約款に違反がある場合に、前払式支払手段の利用を停止する必要があり、その旨を規定することになる。

　また、電磁的な方法による前払式支払手段の発行業務においては、システムの維持・メンテナンスのために、システムの中止または中断の必要が生じることもある。そのため、前払式支払手段の利用の中止・中断事由について、明記することになる。

(M) 期間・期限

　前払式支払手段の有効期間や有効期限を設ける際には、約款に定めを置き、利用者に周知を図る必要がある。

(N) 改廃規定

　約款の内容を変更することもあるため、約款に改廃規定を設けておく必要がある。また、約款を改廃する手続や告知方法についても規定することが必要である。

3　届出

(1) 届出の意義

　自家型発行者は、基準日においてその自家型前払式支払手段の基準日（毎年3月31日および9月30日）未使用残高がその発行を開始してから最初に資金決済法14条1項に規定する基準額（1000万円）を超えることとなったときは、内閣府令で定めるところにより、届出書を内閣総理大臣に提出しなければならない（法5条1項）。また、自家型前払式支払手段の発行の業務の全部を廃止した後再びその発行を開始したときも、同様に、届出書を提出することになる（同項）。届出を行った発行者は、以後、自家型発行者として、資金決済法上の義務を課されることになる。

　届出の基準となる基準額は、発行保証金の供託の基準額と同じ1000万円である。届出の基準額を超えても、供託の基準額を超えない場合、義務の中心である供託義務が課されず監督の意義が少ないことから、届出の基準額と供託の基準額は同一となっている。

　自家型発行者の該当性については、複数の自家型前払式支払手段を発行する場合に、それぞれの自家型前払式支払手段について個別に基準額を超えたか否か判断するのではなく、すべての自家型前払式支払手段の基準日未使用残高を合計した額で判断する。[17]

　なお、自家型発行者が、自家型前払式支払手段のみならず、第三者型前払式支払手段もあわせて発行する場合には、第三者型発行者としての登録が必要となる。この場合には、自家型前払式支払手段の届出を別途行う必要はない。[18]

---

17)　高橋・前掲注1) 77頁。
18)　堀・前掲注10) 280頁。

(2) 届出事項

　自家型発行者は、資金決済法5条1項の規定による届出をしようとするときは、その自家型前払式支払手段の基準日未使用残高がその発行を開始してから最初に基準額を超えることとなった基準日の翌日から2月を経過する日までに、届出書に、当該届出書の写し2通および資金決済法5条2項の書類を添付して、金融庁長官に提出しなければならない（前払府令9条）。

　届出書の書式は、前払府令別紙様式第1号である。前払府令別紙様式第1号の書式は、電子政府の総合窓口ウェブサイト（http://shinsei.e-gov.go.jp/search/servlet/Procedure?CLASSNAME=GTAMSTDETAIL&id=225F232020001#section1）または一般社団法人日本資金決済業協会ウェブサイト（http://www.s-kessai.jp/businesses/funds_transfer_b.html）よりダウンロードすることが可能である。

　届出書の記載事項は、資金決済法5条1項各号の事項であり、以下のとおりである。

(A) 発行者が個人の場合（1号）
　氏名、商号または名称および住所（1号）の記載が必要となる。
　個人が商号登記をしている場合にはその商号または名称を、商号登記をしていない場合には屋号その他名称を記載することになる（前払府令別紙様式第1号第2面参照）。
　住所は現住所となる（前払府令別紙様式第1号第2面参照）。
　届出においては、①前払式支払手段の利用者に公的機関もしくは著名団体のごとき誤解またはこれらと特別の関係があるかごとき誤解を与え、取引の公正を害するおそれのある商号または名称を使用したり、②2以上の商号または名称を使用して、2以上の届出をすることは禁止されている（前払式支払手段事務ガイドラインⅢ-2-1 (1) ①イ・ロ）。

(B) 発行者が法人の場合（1号、2号、4号）

商号または名称、本店や主たる事務所の所在地、資本金または出資の額、代表者の氏名（1号、2号、4号）の記載が必要となる。

氏名は、法人の場合には代表者または管理人の氏名を記載することになる（前払府令別紙様式第1号第2面参照）。また、婚姻により氏を改めた者は、婚姻前の氏名を「氏名」欄にカッコ書きであわせて記載することができる（前払府令別紙様式第1号第2面参照）。

(C) 発行者が人格のない社団または財団であって代表者または管理人の定めのある場合（1号、4号）

名称、主たる事務所の所在地、代表者または管理人の氏名（1号、4号）の記載が必要となる。

(D) 前払式支払手段の発行の業務に係る営業所または事務所の名称および所在地（3号）

前払式支払手段の発行の業務に係る営業所または事務所とは、自家型発行者が自家型前払式支払手段の発行の業務の全部またはその一部を反復継続して営んでいる一定の場所をいう（前払式支払手段事務ガイドラインⅢ-2-1（1）②イ）。

また、前払府令別紙様式第1号第3面記載上の注意1に規定する「前払式支払手段の発行の業務上の主要な活動が行われる場所」とは、発行者の主たる営業所等および前払式支払手段の発行を行っている営業所等を指し、無人のチャージ機は含まれない（前払式支払手段事務ガイドラインⅢ-2-1（1）②ロ）。

(E) 当該基準日における基準日未使用残高（5号）

当該基準日における基準未使用残高とは、届出を行うこととなった最初の基準日における基準日未使用残高である。

(F) 前払式支払手段の種類、名称および支払可能金額等（6号）

届出書には、①前払式支払手段の仕様等、②前払式支払手段の名称、③発行

価格、④支払可能金額等を記載することになる（前払府令別紙様式第1号第4面参照）。①前払式支払手段の仕様等とは、金額または金額以外の物品等の数量指示の別、残高減算額または引換え型の別および加算型の場合にはその旨を記載することになる（前払府令別紙様式第1号第4面参照）。③発行価格は、販売価格を記載することになる（前払府令別紙様式第1号第4面参照）。

(G) 物品の購入もしくは借受けを行い、もしくは役務の提供を受ける場合にこれらの代価の弁済のために使用し、または物品の給付もしくは役務の提供を請求することができる期間または期限が設けられているときは、当該期間または期限（7号）

有効期間や期限が定められている場合には、前払式支払手段の種類ごとの期間または期限を記載することになる。

(H) 前払式支払手段の発行の業務の内容および方法（8号）

業務の内容および方法とは、前払式支払手段の販売の方法や代価の支払方法をいう。[19]

届出書においては、発行、資金決済の概要図を記載することになる（前払府令別紙様式第1号第6面参照）。

(I) 前払式支払手段の発行および利用に関する利用者からの苦情または相談に応ずる営業所または事務所の所在地および連絡先（9号）

連絡先としては、電話番号を記載することになる（前払府令別紙様式第1号第2面参照）。

(J) その他内閣府令で定める事項（10号）

その他内閣府令で定める事項とは、①密接関係者の氏名、商号または名称および住所ならびに法人（人格のない社団または財団であって代表者または管理人の定めのあるものを含む）にあっては、その代表者または管理人の氏名およ

---

19) 高橋・前掲注1) 79〜80頁。

び当該密接関係者と発行者との間の資金決済法施行令3条1項に規定する密接な関係の内容（前払府令10条1号）、②他に事業を行っているときは、その事業の種類（前払府令10条2号）、③加入する認定資金決済事業者協会の名称（前払府令10条3号）である。

(K) 添付書類

届出書の添付書類（法5条2項）としては、前払府令11条に基づき、以下の書類が必要となる。なお、官公署が証明する書類については、届出の日前3月以内に発行されたものである必要がある（前払府令11条柱書）。

① 個人の場合
　・住民票の抄本
② 法人の場合
　・定款または寄附行為
　・登記事項証明書またはこれに代わる書面
　・代表者または管理人の住民票の抄本（代表者または管理人が外国人である場合には、在留カードの写し、特別永住者証明書の写しまたは住民票の抄本）またはこれらに代わる書面
　・最終の貸借対照表および損益計算書またはこれらに代わる書面
　・資金決済法5条第1項の規定による届出書を提出した日を含む事業年度の前事業年度の会社法396条1項の規定による会計監査報告の内容を記載した書面
③ 密接関係者がいる場合
　・戸籍謄本
　・株主名簿
　・有価証券報告書
　・資金決済法施行令3条1項に規定する密接な関係を証する書面

(3) 届出事項の変更

自家型発行者は、資金決済法5条1項各号（5号を除く）に掲げる事項のい

ずれかに変更があったときは、遅滞なく、その旨を内閣総理大臣に届け出なければならない（法 5 条 3 項）。

最初の基準日における基準日未使用残高に係る届出（5 号）が除かれているのは、この届出は、最初に基準額を超えた事実を確認するものであり、その後の変動は報告書で確認することができるからである。[20]

届出事項の内容の変更は、前払府令別紙様式 2 号により、遅滞なく、届出なければならない（前払府令 12 条 1 項）。

届出事項の内容に変更が生じたにもかかわらず、届出を怠った場合や虚偽の記載をした場合には、刑事罰の対象となる点に注意が必要である（法 114 条、115 条）。

変更の届出があった事項は、自家型発行者登録簿に登録されることになる（前払府令 12 条 2 項）。

変更届出書の添付書類は、以下のとおりである。

① 氏名、商号または名称を変更した場合（1 号）
　法人にあっては、当該変更に係る事項を記載した登記事項証明書
② 資本金または出資の額を変更した場合（2 号）
　当該変更に係る事項を記載した登記事項証明書またはこれに代わる書面
③ 営業所または事務所の設置、位置の変更または廃止をした場合（3 号）
　法人にあっては、当該変更に係る事項を記載した登記事項証明書
④ 代表者または管理人に変更があった場合（4 号）
　(a) 新たに代表者または管理人になった者に係る①定款または寄附行為および登記事項証明書またはこれに代わる書面および②代表者または管理人の住民票の抄本の写し、特別永住者証明書またはこれに代わる書面
　(b) 新たに代表者または管理人になった者の婚姻前の氏名を当該新たに代表者または管理人になった者の氏名に併せて当該変更届出書に記載した場合において、(a) の書類が当該婚姻前の氏名を証するものでないときは、当該婚姻前の氏名を証する書面
⑤ 資金決済法 5 条 1 項 6 号〜9 号までに掲げる事項に変更があった場合

---

20) 高橋・前掲注 1) 80 頁。

（5号）

当該変更があった事項に係る前払府令11条4号に掲げる書類
⑥ 密接関係者またはその者との間の資金決済法施行令3条1項に規定する密接な関係に変更があった場合（6号）

当該変更後の前払府令11条3号に掲げる書類
⑦ 他に行っている事業に変更があった場合（7号）

当該変更に係る事項を記載した登記事項証明書またはこれに代わる書面
⑧ 認定資金決済事業者協会に加入し、または脱退した場合（8号）

認定資金決済事業者協会に加入し、または脱退した事実が確認できる書面

4　名簿

内閣総理大臣は、自家型発行者について、自家型発行者名簿を作成し、これを公衆の縦覧に供しなければならないとされている（法6条）。

具体的には、金融庁長官は、その作成した自家型発行者に係る自家型発行者名簿を当該自家型発行者の主たる営業所または事務所（外国の法令に準拠して設立された法人で国内で自家型前払式支払手段を発行するものにあっては、国内の主たる営業所または事務所）の所在地を管轄する財務局または福岡財務支局に備え置き、公衆の縦覧に供することになる（前払府令13条）。

通常、届出の場合、法律で名簿の作成は義務づけられていない。もっとも、国民に対して、自家型前払式支払手段の発行者が監督対象か否かなど利用者保護に資する情報提供が行われるようにするために、名簿の作成、公表が義務づけられている。

発行届出書を提出した発行者は、当該提出をしたときから、自家型発行者となる（法3条6項）。

登録簿には、発行届出書のうち、前払式支払手段に関する前払府令別紙様式第1号第2面から第9面までが綴られることになる（前払式支払手段事務ガイドラインⅢ-2-1（8）①）。

なお、自家型発行者のリストについては、金融庁のウェブサイト（https://

www.fsa.go.jp/menkyomenkyo/jika.pdf）において公表されている。

Ⅲ　第三者型発行者

1　第三者型前払式支払手段

(1)　第三者型前払式支払手段の意義

　本節では、前払式支払手段のうち、第三者型前払式支払手段について取り扱う。
　まず、前払式支払手段とは、次のいずれかに該当するものをいう（法3条1項、詳しくは本章Ⅰ）。
　①　証票、電子機器その他の物（証票等）に記載され、または電磁的方法により記録される金額に応ずる対価を得て発行される証票等または番号、記号その他の符号であって、その発行する者または当該発行する者が指定する者（発行者等）から物品を購入し、もしくは借り受け、または役務の提供を受ける場合に、これらの代価の弁済のために提示、交付、通知その他の方法により使用することができるもの。
　②　証票等に記載され、または電磁的方法により記録される物品または役務の数量に応ずる対価を得て発行される証票等または番号、記号その他の符号であって、発行者等に対して、提示、交付、通知その他の方法により、当該物品の給付または当該役務の提供を請求することができるもの。
　上記①は、金額表示の前払式支払手段のことであり、紙・磁気型では、（金額が表示されている）全国百貨店共通商品券やQuoカード等、IC型では、SuicaやICOCA、PASMO等が一例としてあげられる。上記②は、数量表示

の前払式支払手段のことであり、たとえば、「缶 350ml 2 缶」等と記載されたビール券やカタログギフト等がこれに当たる。[21)]

　このような前払式支払手段には「自家型前払式支払手段」と「第三者型前払式支払手段」とがあり、本節で取り扱う第三者型前払式支払手段は、「自家型前払式支払手段以外の前払式支払手段をいう」と定義されている（法 3 条 5 項）。

　自家型前払式支払手段とは、前払式支払手段を発行する者から物品の購入もしくは借受けを行い、もしくは役務の提供を受ける場合に限り、これらの代価の弁済のために使用することができる前払式支払手段、または前払式支払手段を発行する者に対してのみ物品の給付もしくは役務の提供を請求することができる前払式支払手段をいうと定義されており（法 3 条 4 項、本章 II 参照）、端的にいえば、前払式支払手段のうち、発行者（発行者と資本関係がある等、密接な関係がある者も含む）に対してしか使用できないものが「自家型」であり、それ以外の者、すなわち、発行者以外の第三者に対しても使用できるものが「第三者型」ということになる。

　このような区別がなされるのは、自家型と第三者型とでは、金融機能の高さや発行者が破綻した場合の影響力に顕著な違いが見られるからである。すなわち、第三者型は自家型と異なり、発行者が、利用者から事前に支払われた資金をもって利用者・加盟店間の取引の資金決済を行うことになるため、自家型に比して高い資金移動機能を有し、発行者が破綻した場合の影響もそれだけ大きいものとなる。そのため、第三者型には、利用者保護等の観点から自家型より厳格な規制が加えられているのである。

　自家型と第三者型の法規制の差異については、大別すれば、次のようになる。

① 　自家型は、その発行については発行者による事後の届出のみで認められるが（届出制）、第三者型では、事前に一定の要件を満たして登録を受けなければ発行することができない（登録制）。

---

21) 　なお、旧法である前払式証票規制法では、金額・数量が記載または記録される対象は「証票その他の物」とされていたが、資金決済法では「証票、電子機器その他の物」と規定されており、金額等を発行者の管理するサーバ等で管理する、いわゆる「サーバ型」も規制対象となることが明確化された。具体的には、スターバックスカードや BitCash、Amazon ギフト券等である。

② 自家型は、未使用残高の基準金額（1000万円）を超えるまでは、届出をすることなく発行が可能であるのに対し、第三者型は発行金額にかかわらず、登録を受けなければ発行することができない。
③ 自家型は個人でも発行することができるのに対し、第三者型は法人でなければ発行することができない。

(2) その他の規制

　上述のとおり、第三者型は自家型に比して、厳格な規制が加えられている。
　資金決済法の前身である前払式証票規制法では、第三者型発行者に対する監督として、内閣総理大臣に報告徴求、立入検査、業務改善命令、業務停止命令、登録取消といった権限を規定しており、資金決済法においても旧法と同様の規定が置かれている（法24条、25条、27条）。[22]
　なお、旧法では、自家型発行者に対する監督として、当局は報告徴求の権限のみを有することとされていたが、資金決済法では、新たに立入検査、業務改善命令、業務停止命令も可能とされた（反面で、自家型発行者の届出基準は、旧法の700万円から1000万円に変更されており、この点では若干の規制緩和がなされているといえる）。
　その他、前払式支払手段発行者（自家型発行者および第三者型発行者を指す。法2条1項）に共通する規定には以下のようなものがある（詳細は該当する各章を参照）。
　前払式支払手段発行者は、毎年3月31日および9月30日における自身が発行する前払式支払手段の残高（基準日未使用残高）を計算し、その残高が1000万円を超える場合には、基準日未使用残高の2分の1の金額以上の額（要供託額）に相当する額の発行保証金を供託所に供託しなければならない（法14条）。

---

22) なお、前払式証票規制法において、内閣総理大臣は、その権限（政令で定めるものを除く）を金融庁長官に委任することと定められていた（前払式証票規制法28条1項）。
　さらに、金融庁長官は、政令で定めるところにより、前項の規定により委任された権限の一部を財務局長または財務支局長に委任することができるとされていた（前払式証票規制法28条2項）。

前払式支払手段発行者は、銀行等その他政令で定める者（金融機関等）が前払式支払手段発行者のために内閣総理大臣の命令に応じて発行保証金を供託する旨の契約（発行保証金保全契約）を締結し、その旨を内閣総理大臣に届け出ている場合、当該発行保証金保全契約で保全されている金額の範囲で供託しないことができる（法15条）。

　上記の資産保全方法は、旧法においても規定されていたが、資金決済法では新たに、信託会社等との間で発行保証金信託契約（信託会社等が内閣総理大臣の命令に応じて信託財産を発行保証金の供託に充てることを信託の目的として当該信託財産の管理その他の当該目的の達成のために必要な行為をすべき旨の信託契約）を締結し、内閣総理大臣の承認を受けたときは、当該発行保証金信託契約に基づき信託財産が信託されている間、当該信託財産の額につき、発行保証金の全部または一部の供託をしないことができることとしている（法16条）。

　前払式支払手段の保有者（利用者）は、前払式支払手段に係る債権に関し、当該前払式支払手段に係る発行保証金について、他の債権者に先立ち弁済を受ける権利を有する（法31条）。

　前払式支払手段発行者は、発行者、金額、有効期限、苦情先等、一定の情報を表示、または情報提供することが義務づけられている（法13条）。また、前払式支払手段発行者が加入する認定資金決済事業者協会が当該前払式支払手段発行者に係る表示・情報提供事項を前払式支払手段の利用者に周知している場合、その他の内閣府令で定める場合には、当該前払式支払手段発行者は、当該事項を表示しないことができる（法13条2項）。

　このほかの新設規定として、前払式支払手段発行者は、①前払式支払手段の発行の業務の全部または一部を廃止した場合、②第三者型発行者が登録を取り消された場合のいずれかの場合には、前払式支払手段の保有者に、当該前払式支払手段の残高として内閣府令で定める額を払い戻さなければならないこと（法20条1項）、上記の場合を除いて、その発行する前払式支払手段について、

23）　なお、資金決済法20条1項3号によると、発行者は「その他内閣府令で定める場合」にも保有者に対して払戻義務を負うこととされているが、現在のところ、これに対応する内閣府令は定められていない。

原則として保有者に払戻しをしてはならないこと（法20条5項）、前払式支払手段発行者は、内閣府令で定めるところにより、その発行の業務に係る情報の漏えい、滅失またはき損の防止その他の当該情報の安全管理のために必要な措置を講じなければならないこと（法21条）等の諸規定を設けている。

また、政令で定める要件を満たす銀行等その他政令で定める者については、資産保全義務を免除することや（法35条）、外国において前払式支払手段の発行の業務を行う者は、国内にある者に対して、その外国において発行する前払式支払手段の勧誘をしてはならないこと（法36条）等を新たに規定している。

2　第三者型前払式支払手段の業務

(1)　概要

第三者型前払式支払手段を利用するためには、以下のような手順が必要となる。
① 利用者は、発行される証票等の対価を発行者に払い込む。
② 発行者は、利用者から対価を受けることと引き換えに、証票等を交付する。
③ 利用者は、加盟店から物品を購入し、もしくは借り受け、または役務の提供を受ける際にその代価の弁済のために、証票等を提示、交付等の方法により使用する。
④ 加盟店は、利用者に対して物品または役務を提供する。
⑤ 発行者は、加盟店との間で、当該利用者の利用料金について清算する。

基本的な手順は以上のとおりである。前記したように、自家型前払式支払手段が利用者と発行者の二者間だけで利用されるものであるのに対し、第三者型前払式支払手段は、通常、利用者・発行者以外の第三者（加盟店）が存在する。利用者が発行者の店舗から直接物品または役務の提供を受けることも可能である。

(2) 第三者型前払式支払手段の発行形態

　第三者型前払式支払手段の発行形態は実に多様なものでありうる。たとえば、発行される前払式支払手段には、紙型、磁気型、IC 型、サーバ型等の種類があり、それぞれ利用方法が異なる。
　紙型（全国百貨店共通商品券等）では、その券面に利用可能な金額または提供可能な物品・役務の数量が記載されており、利用者は加盟店等にこれを提示し、交付することによって使用することができる。
　磁気型（Quo カード等）では、カードに利用可能な金額または提供可能な物品・役務の数量に関する磁気データが記録されており、通常、利用者は加盟店にこれを提示し、端末に磁気データを読み取らせることによって使用することができる。
　IC 型（Suica 等）では、カードに内蔵された IC チップに利用可能な金額または提供可能な物品・役務の数量に関するデータが記録されており、一般的に、利用者は加盟店にこれを提示し、端末に当該データを読み取らせることによって使用することができる。
　サーバ型（BitCash 等）では、利用可能な金額または提供可能な物品・役務の数量が事業者のサーバに記録されている。利用者にカードが発行されることもあるが（スターバックスカード等）、そのカード自体にデータが記録されているわけではない。
　サーバ型では、事業者のサーバに管理されている情報と結びつく ID が利用者に交付されることになる。ID の交付方法にはいくつかの種類があり、ID が記録されたカードを交付する、ID 番号が記載された紙面を交付する、メール等によって ID を通知する等の方法がある。
　利用者は、交付または通知された ID を端末に読み取らせたり、ネット上で入力することによって、これを使用することができる。

(3) 第三者型前払式支払手段の内容

　発行者は、前払式支払手段を発行することによって、多数の利用者と契約を結んでいくことになるため、無用の混乱を避けるためにも、当該前払式支払手段の対象となる物品・役務はいかなるものか、どの店舗で使用可能なのか等、発行しようとする前払式支払手段の具体的内容について、あらかじめ約款等を作成しておくのが一般的である。

　前記2(1)のように、第三者型前払式支払手段の決済に関する基本的な仕組みはある程度共通しているといえる。ところが、第三者型発行者の発行する前払式支払手段の具体的内容について資金決済法は規定を設けておらず、第三者型前払式支払手段は各発行者によってさまざまな形態で発行されている。それゆえ、発行者によって、それぞれ異なった利用方法や注意事項が設けられることになる。

　上述のとおり、前払式支払手段には紙型、磁気型、IC型、サーバ型等の種類に応じて発行・利用方法が異なるのみならず、同型の前払式支払手段であっても、具体的な発行・利用方法には非常な差異がみられる[24)25)]。

　すなわち、前払式支払手段は販売取扱店等の実店舗で購入する必要があるのか、それともインターネット上からオンライン購入することができるのか。発行に際しカード等が交付される場合であっても、実際に当該カード等が授受された時点で発行されたと捉えるのか、金額に関する電子的情報がカードに記録された時点をもって発行されたことになるのか。デポジットの有無やチャージの可否等で差異を生じうる。

　また、加盟店の実店舗で利用する必要があるのか否か、とりわけ、当該店舗におけるカードの授受によるのか、磁気ストライプをカードリーダーで読み取らせるのか、ICチップを端末に読み取らせるのか、オンライン上でIDを入力するのか等、利用方法が分かれうる点については前述のとおりである。

　さらに、譲渡の可否についても問題となる。すなわち、発行された前払式支

---

24) 同じサーバ型であっても、発行者が利用者にカードを交付するiTunes Cardと交付しないデジタルタイプのAmazonギフト券等。

払手段は、購入し発行を受けた本人のみが利用できるのか、あるいは何らかの方法でこれを譲渡することができるのか、譲渡できるとしてその方法はいかなるものか、である。また、本人のみが利用できる場合であっても、第三者への譲渡のみならず、貸与、移転および担保提供その他の一切の処分を禁止するのか否かも問題となろう。これらをいかに定めるのかによって、約款等の規定の適用範囲も変わることになる。

次に、前払式支払手段の支払可能金額や有効期間・有効期限の有無・範囲に関しても、発行者ごとに異なりうる。また、当該前払式支払手段の利用可能な場所（とりわけ第三者型前払式支払手段は発行者等以外の加盟店に対しても利用可能であるため、通常であればその範囲が自家型より広い傾向にある）についても、発行者によってさまざまである（これらは、発行者に義務づけられている表示・情報提供項目でもある（（注26）を参照））。

そのほか、払戻しに関する規定が置かれることも多い。

上記1（2）で触れたとおり、払戻しに関しては、①前払式支払手段の発行

---

25) なお、前払式支払手段事務ガイドラインでは、システム管理にあたっては、次のことに留意すべきであると指摘されている（Ⅱ-3-1）。

前払式支払手段の発行の業務を行うにあたっては、コンピュータシステムのダウンや誤作動等、システムの不備等により、または、コンピュータが不正に使用されることにより利用者や前払式支払手段発行者が損失を被るリスク（システムリスク）が存在することを認識し、適切にシステムリスク管理を行う必要がある。

特に、ICカードを用いた前払式支払手段やサーバ型前払式支払手段については、発行者が使用するシステムに障害が発生した場合には、発行額、回収額、未使用残高の把握ができなくなるおそれや、前払式支払手段の発行業務が継続不可能となるなど利用者に多大な損害を及ぼすおそれがあることから、特にシステムリスク管理を適切に行う必要がある。

前払式支払手段ガイドラインでは、システム管理に対する主な着眼点として以下の諸点があげられている（Ⅱ-3-1-1）。

①システムリスクに対する認識等、②システムリスク管理態勢、③システムリスク評価、④情報セキュリティ管理、⑤サイバーセキュリティ管理、⑥システム企画・開発・運用管理、⑦システム監査、⑧外部委託管理、⑨コンティンジェンシープラン、⑩障害発生時等の対応

これらの着眼点は、ICカードを用いた前払式支払手段やサーバ型前払式支払手段の発行者を想定しているが、字義どおりの対応がなされていない場合にあっても、当該前払式支払手段発行者の規模、前払式支払手段の発行の業務におけるコンピュータシステムの占める役割などの特性からみて、利用者保護の観点から、特段の問題がないと認められれば、不適切とするものではない。

なお、磁気型・紙型の前払式支払手段を発行する場合にあっても、システム障害により前払式支払手段の発行の業務に支障を来たすおそれがある場合には、必要に応じたシステム管理に係る態勢整備を行う必要がある。

の業務の全部または一部を廃止した場合（相続または事業譲渡、合併もしくは会社分割その他の事由により当該業務の承継が行われた場合を除く）、②登録を取り消された場合のいずれかの場合には、発行者は前払式支払手段の保有者に対して払戻義務を負うものの（法20条1項）、それ以外の払戻しについては原則として禁止されており、払戻金額が少額である場合その他の前払式支払手段の発行の業務の健全な運営に支障が生ずるおそれがない場合として内閣府令で定める場合にのみ、例外的に払戻しをすることが認められている（法20条5項）。

内閣府令で定める場合とは、以下の3つの場合をいう（前払府令42条）。

① 基準日を含む基準期間における払戻金額の総額が、当該基準日の直前の基準期間において発行した前払式支払手段の発行額の100分の20を超えない場合。

② 基準日を含む基準期間における払戻金額の総額が、当該基準期間の直前の基準日における基準日未使用残高の100分の5を超えない場合。

③ 保有者が前払式支払手段を利用することが困難な地域へ転居する場合、保有者である非居住者が日本国から出国する場合その他の保有者のやむを得ない事情により当該前払式支払手段の利用が著しく困難となった場合。

それゆえ、約款等で払戻しに関する規定が設けられる場合は、上述の法令に沿った内容であることが多い。

以上のように、前払式支払手段の約款については、その利用形態が多岐にわたることもあり、公式の雛形というものは特に存在していない。そのため、企業ごとに約款が作成されており、その定め方も千差万別である。

約款は、説明書等とともに商品券やカードに添付されていたり、店舗に掲示されていたり、発行者のウェブサイトに公開されていることがほとんどである。なお、仮に約款が作成されていない場合であっても、資金決済法13条で定められた事項については、発行者は表示・情報提供義務を負っている。[26]

---

26) 表示・情報提供義務の詳細については本章Ⅴ。ここではその概略だけ確認しておく。
　　資金決済法13条によると、前払式支払手段発行者は、前払式支払手段を発行する場合には、以下の事項を表示あるいは情報提供しなければならない。
　（1）利用に際して有体物の交付または提示が必要となる場合
　　前払式支払手段発行者は、原則として、前払式支払手段を一般に購入しまたは使用する者が読

3　第三者型発行者の登録

(1)　総説

　第三者型前払式支払手段の発行の業務は、内閣総理大臣の登録を受けた法人[27)]でなければ、行ってはならない（法7条）。資金決済法では、第三者型前払式

みやすく理解しやすいような用語により、次に掲げる事項を、前払式支払手段またはこれと一体となっている書面その他の物に正確に表示しなければならない（法13条1項、前払府令21条1項、22条1項）。
　① 氏名、商号または名称（法13条1項1号）
　② 前払式支払手段の支払可能金額等（法13条1項2号）
　③ 物品の購入もしくは借受けを行い、もしくは役務の提供を受ける場合にこれらの代価の弁済のために使用し、または物品の給付もしくは役務の提供を請求することができる期間または期限が設けられているときは、当該期間または期限（法13条1項3号）
　④ 前払式支払手段の発行および利用に関する利用者からの苦情または相談に応ずる営業所または事務所の所在地および連絡先（法13条1項4号）
　⑤ 前払式支払手段を使用することができる施設または場所の範囲（前払府令22条2項1号）
　⑥ 前払式支払手段の利用上の必要な注意（前払府令22条2項2号）
　⑦ 電磁的方法により金額または物品もしくは役務の数量を記録している前払式支払手段にあっては、その未使用残高または当該未使用残高を知ることができる方法（前払府令22条2項3号）
　⑧ 前払式支払手段の利用に係る約款もしくは説明書またはこれらに類する書面が存する場合には、当該約款等の存する旨（前払府令22条2項4号）
　なお、前払式支払手段発行者が加入する認定資金決済事業者協会が当該前払式支払手段発行者に係る上記④から⑧に掲げる事項を前払式支払手段の利用者に周知する場合、当該前払式支払手段発行者は、当該事項を表示しないことができる（法13条2項、前払府令23条）。
(2) 利用に際して有体物の交付または提示を必要としない場合
　前払式支払手段発行者は、次のいずれかの方法により、(1)に掲げた事項に関する情報を利用者に提供しなければならない（前払府令21条2項）。
　① 前払式支払手段発行者の使用に係る電子機器と利用者の使用に係る電子機器とを接続する電気通信回線を通じて送信し、当該利用者の使用に係る電子機器に備えられたファイルに記録する方法
　② 前払式支払手段発行者の使用に係る電子機器に備えられたファイルに記録された情報の内容を電気通信回線を通じて利用者の閲覧に供し、当該利用者の使用に係る電子機器に備えられたファイルに当該情報を記録する方法
　③ 利用者の使用に係る電子機器に情報を記録するためのファイルが備えられていない場合に、前払式支払手段発行者の使用に係る電子機器に備えられたファイルに記録された当該情報を電気通信回線を通じて利用者の閲覧に供する方法

第2章　前払式支払手段の概要

支払手段の発行業務について、事前の登録制を定めており、事後の届出により発行することが可能な自家型前払式支払手段よりも厳格な手続を課している。

第三者型前払式支払手段も自家型前払式支払手段も、物品や役務の提供に係る決済のために用いられるものであり、あらかじめ利用者がその資金を発行者に支払っていなければならないことから、利用者を保護する必要性があるという点では共通している。

しかし、資金を前払いした相手から物品・役務の提供を受けるために用いられる自家型前払式支払手段とは異なり、第三者型前払式支払手段では、通常、発行者と物品・役務の提供者が一致しない。

利用者は物品・役務の提供を受けるにあたり、その代価の弁済を代わりに行ってもらうために、取引とは無関係の発行者に資金を前払いしているのであり、また、物品・役務の提供者である加盟店は、その提供を為すにあたり、代価の支払いを取引の相手方ではなく発行者に求めなければならない。

それゆえ、利用者と加盟店との間の取引に係る資金決済に用いられる第三者型前払式支払手段は、第三者型発行者の経済的信用やその支払の確実性が特に強く要請されるのである。

さらに、第三者型前払式支払手段は、その一連の仕組みの中に利用者・発行者以外の加盟店が組み込まれており、大規模な運用が可能である一方で、発行者の破綻等が生じた場合、その影響は広範囲にわたるおそれがある。

このように、第三者型前払式支払手段は自家型と比べて、金融機能の高さや発行者が破綻した場合の影響力に顕著な差異がみられるため、その発行業務を行うためには、法定の手続を踏む必要があるのである。[28]

なお、同様の理由で、第三者型発行者として登録を受けられる者は法人に限

---

27) なお、資金決済法104条1項によると、内閣総理大臣は、資金決済法による権限（政令で定めるものを除く）を金融庁長官に委任することとされている。

また、本規定により金融庁長官に委任された権限のうち、資金決済法第2章（前払式支払手段）の規定による権限および資金決済法第2章の規定による金融庁長官の権限は、前払式支払手段発行者の主たる営業所または事務所（主たる営業所等）の所在地を管轄する財務局長（当該所在地が福岡財務支局の管轄区域内にある場合にあっては、福岡財務支局長）に委任するものとされている（法104条2項、令28条1項）。

ただし、資金決済法24条1項および2項の規定による立入検査等の権限については、金融庁長官が自ら行うことは妨げられていない（令28条1項ただし書）。

られている（法7条、10条1項1号）。この点で、株式会社でなければ登録を受けられない資金移動業者とは異なる（法40条1項1号）。

また、外国の法令に準拠して設立された法人であっても、国内に営業所または事務所を有している場合には登録を受けることができる。

(2) 登録の申請

第三者型前払式支払手段の発行業務を営むためには、登録を受けなければならない。この登録の申請に際しては、登録申請書（前払府令別紙様式第3号（前払府令14条））に必要な書類を添付したうえ、内閣総理大臣に提出しなければならない。[29)]

（A）登録申請書
登録申請書には以下の事項を記載しなければならない（法8条1項、前払府令15条）。

① 商号または名称および住所。
② 資本金または出資の額。
③ 前払式支払手段の発行の業務に係る営業所または事務所の名称および所在地。
④ 役員の氏名または名称。

---

28) なお、資金決済法7条の登録を受けないで第三者型前払式支払手段の発行業務を行った者、および、不正の手段によって当該登録を受けた者は、3年以下の懲役もしくは300万円以下の罰金、またはこれらが併科される（法107条1号、2号）。
　登録を受けず、または不正の手段で登録を受けた者が、法人（人格のない社団または財団であって代表者または管理人の定めのあるものを含む）の代表者もしくは管理人、または法人もしくは人の代理人、使用人その他の従業者であった場合は、その法人に対しても300万円以下の罰金刑が科される（法115条4号）。
29) なお、資金決済法8条による登録申請書または添付書類に虚偽の記載をして提出した者は、6月以下の懲役もしくは50万円以下の罰金、またはこれらが併科される（法112条2号）。
　また、虚偽の記載をした者が法人（人格のない社団または財団であって代表者または管理人の定めのあるものを含む）の代表者もしくは管理人、または法人もしくは人の代理人、使用人その他の従業者であった場合は、その法人に対しても50万円以下の罰金刑が科される（法115条4号）。

⑤　前払式支払手段の種類、名称および支払可能金額等。
⑥　物品の購入もしくは借受けを行い、もしくは役務の提供を受ける場合にこれらの代価の弁済のために使用し、または物品の給付もしくは役務の提供を請求することができる期間または期限が設けられているときは、当該期間または期限。
⑦　前払式支払手段の発行の業務の内容および方法。
⑧　前払式支払手段の発行および利用に関する利用者からの苦情または相談に応ずる営業所または事務所の所在地および連絡先。
⑨　主要株主（総株主等の議決権100分の5以上の対象議決権に係る株式または出資を自己または他人の名義をもって所有している者）の氏名、商号または名称。
⑩　他に事業を行っている場合にあっては、その事業の種類。
⑪　加入する認定資金決済事業者協会の名称。
⑫　資金決済法施行令5条1項2号ニに規定する預貯金が登録申請者を名義人とする口座において保有されることが当該登録申請者の定める規則に記載されている場合にあっては、当該預貯金を預け入れる銀行等の商号または名称および所在地。

(B) その他の添付書類

登録の申請には、登録申請書に加えて、当該登録申請書の写し2通のほか、財務に関する書面等、以下の書面が必要となる（法8条2項、前払府令14条、16条）。
①　前払府令別紙様式第4号により作成した、登録拒否事由（後記3(4)）に該当しないことを誓約する書面。
②　役員の住民票の抄本（外国人の場合、在留カードの写し、特別永住者証明書の写しまたは住民票の抄本）またはこれに代わる書面。
③　役員の婚姻前の氏名を当該役員の氏名に併せて登録申請書に記載した場合において、②の書類が当該婚姻前の氏名を証するものでないときは、当該婚姻前の氏名を証する書面。
④　役員が、後記3(4)(J)の①と②に該当しない旨の官公署の証明書

（外国人である場合、前払府令別紙様式第5号により作成した誓約書）または これに代わる書面。
⑤ 前払府令別紙様式第6号または7号により作成した役員の履歴書または沿革。
⑥ 前払府令別紙様式第8号により作成した株主または社員の名簿ならびに定款または寄附行為および登記事項証明書またはこれに代わる書面。
⑦ 最終の貸借対照表および損益計算書またはこれらに代わる書面。
⑧ 会計監査人設置会社である場合にあっては、登録の申請の日を含む事業年度の前事業年度の会計監査報告の内容を記載した書面。
⑨ 前払式支払手段の発行の業務に関する社内規則その他これに準ずるもの。
⑩ 前払式支払手段の発行の業務に関する組織図（内部管理に関する業務を行う組織を含む）。
⑪ 第三者型発行者と加盟店との間の契約内容を証する書面。
⑫ 資金決済法施行令5条1項2号ニに規定する預貯金が登録申請者を名義人とする口座において保有されることが当該登録申請者の定める規則に記載されている場合にあっては、当該預貯金を預け入れる銀行等の商号または名称および所在地ならびに当該預貯金口座が開設されていることを確認できる書類。
⑬ その他参考となる事項を記載した書面。

(3) 第三者型発行者登録簿

登録申請者から上記の申請があった場合、内閣総理大臣は、提出された書類に不備や虚偽の記載がなく、登録拒否事由（後記3(4)）により登録を拒否しなければならない場合を除き、①登録申請書の記載事項（前記3(2)(A)）、②登録年月日および登録番号を第三者型発行者登録簿に登録しなければならない（法9条1項）。

第三者型発行者登録簿に登録をしたときは、内閣総理大臣は、前払府令別紙様式第9号により作成した登録済通知書によって、遅滞なくその旨を登録申請者に通知しなければならない（法9条2項、前払府令17条）。

さらに、内閣総理大臣は、その登録をした第三者型発行者に係る第三者型発行者登録簿を、当該第三者型発行者の主たる営業所または事務所（外国の法令に準拠して設立された法人で国内で第三者型前払式支払手段を発行するものにあっては、国内の主たる営業所または事務所）の所在地を管轄する財務局または福岡財務支局に備え置き、公衆の縦覧に供しなければならない（法9条3項、前払府令18条）。

(4) 登録の拒否

内閣総理大臣は、登録申請者が登録拒否事由のいずれかに該当するとき、または登録申請書もしくはその添付書類のうちに重要な事項について虚偽の記載があり、もしくは重要な事実の記載が欠けているときは、その登録を拒否しなければならない（法10条1項）。

内閣総理大臣は、資金決済法10条1項の規定により登録を拒否したときは、遅滞なく、その理由を示して、前払府令別紙様式第10号により作成した登録拒否通知書によって、その旨を登録申請者に通知しなければならない（法10条2項、前払府令19条2項）。

登録拒否事由には以下のものがある。[30]

(A) 法人でないもの（法10条1項1号）

前記3(1)のとおり、第三者型発行者として登録を受けられるのは法人に限られているため、法人でないものの登録は拒否されなければならない。外国の法令に準拠して設立された法人の場合には、国内に営業所または事務所を有するものでなければならない。

---

[30] なお、内閣総理大臣は、登録を受けた第三者型発行者が登録拒否事由に該当することとなったときは、登録を取り消し、または6月以内の期間を定めてその第三者型前払式支払手段の発行の業務の全部もしくは一部の停止を命じることができる（法27条1項1号）。

(B) (C) 以外の法人であって法令で定める純資産額を有しない法人（法 10
　　条 1 項 2 号イ）

　前記のとおり、第三者型発行者には経済的信用や支払いの確実性が強く求められている。そのため、一定の純資産額を有していない登録申請者の登録は拒否されなければならない。

　第三者型発行者に必要とされる純資産額は、その発行する前払式支払手段の利用が可能な地域の範囲その他の事情に照らして次のように区分されている。

(a) 前払式支払手段の利用可能範囲が一の市町村に限られる場合

　登録申請者の発行する前払式支払手段の利用が可能な地域の範囲が一の市町村（特別区を含むものとし、地方自治法 252 条の 19 第 1 項に基づく政令指定都市にあっては、区または総合区。以下同じ）の区域内である場合、純資産額は 1000 万円以上必要とされている（令 5 条 1 項 1 号）。

(b) 法人が以下のすべての基準を満たす場合

① 　一般社団法人もしくは一般財団法人または特定非営利活動促進法 2 条 2 項に規定する特定非営利活動法人（以下、「一般社団法人等」という）であること。

② 　その定款に当該登録申請者が前払式支払手段の発行の業務を行う旨および当該登録申請者が地域経済の活性化または当該地域の住民相互の交流の促進を図ることを目的とする旨の記載がされていること。

③ 　その発行する前払式支払手段の利用が可能な範囲が一の市町村およびこれに隣接する市町村の区域内であること

④ 　その発行する前払式支払手段の未使用残高から供託をした発行保証金の金額ならびに発行保証金保全契約および発行保証金信託契約により供託をしないことができる金額を控除した金額に相当する金額以上の金額の預貯金が、登録申請者を名義人とする口座において保有されることが登録申請者の定める規則に記載されていること。[31]

⑤ 　その発行する前払式支払手段に当該一般社団法人等の貸借対照表および損益計算書またはこれに代わる書面の閲覧の請求ができる旨の記載がされ

ていること。

以上のすべての基準を満たす法人については、純資産額の要件は0円以上とされている（令5条1項2号）。

(c) 上記 (a)(b) 以外の法人

上記 (a)(b) 以外の法人の場合、第三者型発行者には1億円以上の純資産額が必要とされている（令5条1項3号）。

(C) 営利を目的としない法人であって政令で定められていない法人（法10条1項2号ロ）

登録申請者が営利を目的としない法人である場合、金融庁長官が告示をもって定める法律により行政庁の認可を受けて設立される営利を目的としない法人であって、その定款に前払式支払手段の発行の業務を行う旨の記載がされているものでなければならない。

「金融庁長官が告示をもって定める法律」とは、平成22年3月1日付の金融庁告示第17号「資金決済に関する法律施行令第5条第2項の規定に基づき、金融庁長官が告示をもって定める法律を定める件」によって定められた各種の法律のことを指す。[32]

---

[31] 未使用残高は、次の(1)から(2)を控除することによって算出される（前払府令19条1項）。
  (1)は以下の①と②の合計額。
  すなわち、①金額表示の前払式支払手段（法3条1項1号）にあっては、発行時において代価の弁済に充てることができる金額（その発行後に加算型前払式支払手段に加算された金額を含む）と、②数量表示の前払式支払手段（法3条1項2号）にあっては、発行時において給付または提供を請求することができる物品または役務の数量（その発行後に加算型前払式支払手段に加算された物品または役務の数量を含む）を金銭に換算した額の合計額。
  (2)は以下の①と②の合計額。
  すなわち、①金額表示の前払式支払手段の使用により代価の弁済に充てられた金額と、②数量表示の前払式支払手段の使用により請求された物品または役務の数量を金銭に換算した額の合計額。
[32] 以下の9つの法律が定められている。①農業協同組合法、②消費生活協同組合法、③水産業協同組合法、④中小企業等協同組合法、⑤商工会議所法、⑥生活衛生関係営業の運営の適正化及び振興に関する法律、⑦中小企業団体の組織に関する法律、⑧商工会法、⑨商店街振興組合法。

(D) 前払式支払手段により購入可能な物品または役務が、公序良俗を害し、または害するおそれがあるものでないことを確保するために必要な措置を講じていない法人（法10条1項3号）

犯罪行為に使用される等、前払式支払手段が不適切に使用されることを防止するため、第三者型発行者は、前払式支払手段により購入もしくは借受けを行い、もしくは給付を受けることができる物品または提供を受けることができる役務が、公の秩序または善良の風俗を害し、または害するおそれがあるものでないことを確保するために必要な措置を講じていることが求められている。

前払式支払手段事務ガイドラインでは、前払式支払手段発行者の監督上の評価項目の中で、加盟店の管理につき以下のことが指摘されている。[33]

「第三者型発行者については、利用者に物品・役務を提供するのは主に加盟店であるため、前払式支払手段に係る不適切な使用を防止する趣旨から、加盟店が販売・提供する物品・役務の内容について、公序良俗に反するようなものではないことを確認する必要がある」。なお、資金決済法10条1項3号の「『公の秩序又は善良の風俗を害し、又は害するおそれがある』とは、犯罪行為に該当するなどの悪質性が強い場合のみならず、社会的妥当性を欠き、又は欠くおそれがある場合を広く含むものであり、こうしたものが含まれないように加盟店管理を適切に行う必要があることに十分留意する。また、前払式支払手段の決済手段としての確実性を確保する観点から、加盟店に対する支払を適切に行う措置を講じる必要がある」。

事務ガイドラインでは、そのための主な着眼点として以下のものがあげられている。[34][35]

① 加盟店契約を締結する際には、当該契約相手先が公序良俗に照らして問題のある業務を営んでいないかを確認しているか。
② 加盟店契約締結後、加盟店の業務に公序良俗に照らして問題があることが判明した場合、速やかに当該契約を解除できるようになっているか。
③ 加盟店契約締結後、加盟店が利用者に対して販売・提供する物品・役務の内容に著しい変更があった場合等には当該加盟店からの報告を義務づけ

---

33) 前払式支払手段事務ガイドラインⅡ-3-3。
34) 前払式支払手段事務ガイドラインⅡ-3-3-1。

るなど、加盟店契約締結時に確認した事項に著しい変化があった場合に当該変化を把握できる態勢を整備しているか。
④ 各加盟店に対して、前払式支払手段の使用実績について、一定期間ごとに報告を求めているか。また、加盟店からの使用実績について管理している部署とは別の部署が、当該報告を受けた支払金額の正確性について検証する態勢となっているか。

(E) 加盟店に対する支払を適切に行うために必要な体制の整備が行われていない法人（法10条1項4号）

　第三者型前払式支払手段の決済手段としての確実性を確保するため、加盟店（前払式支払手段により購入もしくは借受けを行い、もしくは給付を受けることができる物品の販売者もしくは貸出人または提供を受けることができる役務の提供者）に対する支払いを適切に行うために必要な体制の整備が求められている。そのような体制の整備が行われていない法人は、登録を拒否される。

---

35) なお、インターネット上でサクラを使って有料メール交換サイトを営んだとして、サイト運営会社が利用者に対し共同不法行為責任を負う場合において、当該利用代金の電子マネー決済システムを提供したサーバ型の第三者型前払式支払手段発行会社の責任が争われた事件では、以下のような理由で、発行会社の責任が否定されている（東京地判平成27・6・25判時2280号104頁）。
　　すなわち、本件電子マネー発行会社には、「加盟店契約の締結に当たり、加盟店の営業の適法性ないし相当性について調査することを求められ、契約締結後においても加盟店の営業について引き続き監視し、問題があった場合には、契約解除を含めた対応を求めることが法律上義務づけられている」。しかし、「コンビニエンスストアで購入できるような本件電子マネーのような場合にまで、電子マネーの発行者において、加盟店が提供する商品を全て把握することを義務づけることとなれば、資金決済法のもう一つの趣旨である、前払式支払手段の普及、利便性をかえって阻害することにもなりかね」ず、「また、電子マネーの発行者が、日々入れ替わる多種多様な商品を事前にチェックすることも事実上不可能である」こと、「前払式支払手段の発行者は、……調査管理義務を負うとしても、客観的事情を考慮して公序良俗に照らして問題があることが判明した場合か、すくなくともこれに相当すると客観的かつ合理的に判断可能でなければ、自らの判断で加盟店契約の解除をすることは期待できない」こと等を理由に、「本件電子マネーの利用者に対し、契約上ないし信義則上、原告主張の加盟店管理義務を負うと解することはできない」と判示した。

(F) 資金決済法第2章の規定を遵守するために必要な体制の整備が行われていない法人（法10条1項5号）

前払式支払手段事務ガイドラインでは、前払式支払手段発行者の監督上の評価項目の中で、以下のことが指摘されている[36]。

「前払式支払手段が重要な決済手段の1つとなっていることを認識して、法令等を厳格に遵守し、健全かつ適切な業務運営に努めることは、利用者の前払式支払手段に対する信頼を向上させることになり、ひいては前払式支払手段のさらなる流通・発展を通じた利用者利便の向上という観点から重要である。また、法令等を厳格に遵守し、健全かつ適切な業務運営に努める態勢を構築するにあたっては、経営陣が当該態勢の構築の重要性を認識した上で、健全かつ適切な業務運営の実現に配慮し、指揮・監督機能を適切に発揮することが重要である」と[37]。

そのため、第三者型発行者は、資金決済法第2章（前払式支払手段）の規定を遵守し、資産保全義務等を適切に履行しうる健全な業務運営を行うために必要な体制を整備しなければならない。これらの体制を整備していない法人の登録は拒否される。

なお、(D)(E)(F)の事項は、旧法である前払式証票規制法には規定されておらず、資金決済法の成立により新たに追加された登録拒否事由である。

(G) 他の第三者型発行者と同一または類似の商号・名称を用いようとする法人（法10条1項6号）

他の第三者型発行者が現に用いている商号もしくは名称と同一の商号もしくは名称または他の第三者型発行者と誤認されるおそれのある商号もしくは名称を用いようとする法人の登録を認めると、利用者を誤信させたり他の第三者型発行者の業務を害する可能性があるため、そのような者の登録は拒否される。

---

36) 前払式支払手段事務ガイドラインⅡ-1-1。

(H) 過去3年の間に第三者型発行者の登録を取り消された法人（法10条1項7号）

資金決済法27条1項もしくは2項によって第三者型発行者の登録が取り消され、または資金決済法に相当する外国の法令の規定によって外国において受けている同種の登録を取り消され、その取消しの日から3年を経過しない法人は、登録を拒否される。

登録を取り消されたにもかかわらず、その後直ちに第三者型発行者の登録を受けようとする法人を排斥することができる。

(I) 過去3年の間に、資金決済法（またはこれに相当する外国法令）の規定により罰金刑に処せられた法人（法10条1項8号）

資金決済法またはこれに相当する外国の法令の規定によって罰金の刑（これ

---

37) なお、事務ガイドラインでは、そのための主な着眼点として以下のものがあげられている（前払式支払手段事務ガイドラインⅡ-1-1-1）。
① コンプライアンスに係る基本的な方針、具体的な実践計画（コンプライアンス・プログラム）や行動規範（倫理規程、コンプライアンス・マニュアル）等が策定され、定期的または必要に応じ、見直しが行われているか。また、これらの方針等は役員および前払式支払手段の発行の業務に従事する使用人その他の従業者（役職員）に対して周知徹底が図られ、十分に理解されるとともに、日常の業務運営において実践されているか。
② 経営陣は、断固たる態度で反社会的勢力との関係を遮断し排除していくことが、前払式支払手段発行者の業務の適切性のため不可欠であることを十分認識し、「企業が反社会的勢力による被害を防止するための指針について」（平成19年6月19日犯罪対策閣僚会議幹事会申合せ（政府指針））の内容を踏まえて決定した基本方針を社内外に宣言しているか。さらに、政府指針を踏まえた基本方針を実現するための体制を整備するとともに、定期的にその有効性を検証するなど、法令等遵守・リスク管理事項として、反社会的勢力による被害防止明確に位置づけているか。
③ 法令等に則った適切な業務運営が行われているか。たとえば、内部管理部門におけるモニタリング・検証や、内部監査部門による内部監査を実施するなど、前払式支払手段の発行の業務が法令等を遵守し適切に行われているかについて、検証しているか。また、当該検証等を通じて発見された不適切な取扱いについて速やかに改善しているか。
④ 経営陣は、前払式支払手段の利用者に対して、発行者自らまたは加盟店（発行者等）を通じて、物品や役務を提供する義務を負うという前払式支払手段の法的性質を理解して、前払式支払手段の発行の業務を行っているか。たとえば、前払式支払手段の発行に伴うキャッシュ・フローのみならず、当該前払式支払手段の未使用残高についても正確に把握することが重要であることを認識し、その実践のための態勢整備に努めているか。
⑤ 経営陣は、前払式支払手段の発行に伴うキャッシュ・フローを重視するあまり、前払式支払手段の未使用残高が発行者等による物品や役務の提供能力を著しく上回るような、発行方針を立てていないか。

に相当する外国の法令による刑を含む。以下同じ）に処せられ、その刑の執行を終わり、またはその刑の執行を受けることがなくなった日から3年を経過しない法人は、登録を拒否される。

「その刑の執行を受けることがなくなった日」とは、執行猶予が付されていた場合に、その執行猶予期間が終了した日のことである。

過去に法令遵守の点で問題があったと考えられるにもかかわらず、直ちに第三者型発行者の登録を受けようとする法人を排斥する趣旨である。

(J) 役員の中に不適格者がいる法人（法10条1項9号）

役員のうちに、次のいずれかに該当する者がいる法人は、登録拒否事由に該当するため、登録を拒否される。

① 成年被後見人もしくは被保佐人または外国の法令上これらに相当する者。
② 破産手続開始の決定を受けて復権を得ない者または外国の法令上これに相当する者。
③ 禁錮以上の刑（これに相当する外国の法令による刑を含む）に処せられ、その刑の執行を終わり、またはその刑の執行を受けることがなくなった日から3年を経過しない者。
④ 資金決済法またはこれに相当する外国の法令の規定により罰金の刑に処せられ、その刑の執行を終わり、またはその刑の執行を受けることがなくなった日から3年を経過しない者。
⑤ 第三者型発行者が資金決済法27条1項もしくは2項の規定により第三者型発行者の登録を取り消された場合、または法人がこの法律に相当する外国の法令の規定により当該外国において受けている同種類の登録を取り消された場合において、その取消しの日前30日以内にこれらの法人の役員であった者で、当該取消しの日から3年を経過しない者。

法人だけではなく、法人の業務を行いまたはこれを監査する役員の中に、第三者型前払式支払手段の発行業務を行ううえで不適格な者が含まれないようにする趣旨である。

4 変更の届出

　第三者型発行者は、登録の申請をする際に提出した登録申請書に記載された事項のいずれかに変更があったときは、遅滞なく、その旨を内閣総理大臣に届け出なければならない（法11条1項）。[38][39]

　第三者型発行者は、変更の届出をしようとするときは、前払府令別紙様式第11号により作成した変更届出書に、当該変更届出書の写し2通および次の区分に応じた書類（官公署が証明する書類については、届出の日前3月以内に発行されたものに限る）を添付して提出しなければならない（前払府令20条1項）。

　内閣総理大臣は、届出を受理したときは、届出があった事項を第三者型発行者登録簿に登録しなければならない（法11条2項）。

(1) 商号または名称を変更した場合（前払府令20条1項1号）

　商号または名称を変更した場合には、当該変更に係る事項を記載した登記事項証明書またはこれに代わる書面および前払府令別紙様式第4号により作成した登録拒否事由（前記3（4））に該当しないことを誓約する書面を提出しなければならない。

(2) 資本金または出資の額を変更した場合（前払府令20条1項2号）

　資本金または出資額を変更した場合は、当該変更に係る事項を記載した登記

---

38) 前掲注27）。
39) なお、変更の届出をせず、または虚偽の届出をした者は、30万円以下の罰金刑が科される（法114条1号）。
　　また、届出をせず、または虚偽の届出をした者が、法人（人格のない社団または財団であって代表者または管理人の定めのあるものを含む）の代表者もしくは管理人、または法人もしくは人の代理人、使用人その他の従業者であった場合は、その法人に対しても30万円以下の罰金刑が科される（法115条4号）。

事項証明書またはこれに代わる書面を提出しなければならない。

(3) 営業所または事務所の設置、位置の変更または廃止をした場合（前払府令20条1項3号）

　営業所または事務所の設置、位置の変更または廃止をした場合（ただし後記(7)の場合を除く）には、当該変更に係る事項を記載した登記事項証明書を提出しなければならない。

(4) 役員に変更があった場合（前払府令20条1項4号）

　役員に変更があった場合には、次に掲げる書類を提出しなければならない。
① 　新たに役員になった者に係る役員の住民票の抄本（外国人の場合、在留カードの写し、特別永住者証明書の写しまたは住民票の抄本）またはこれに代わる書面、役員が登録拒否事由のうち前記3（4）（J）の①と②に該当しない旨の官公署の証明書（外国人である場合、前払府令別紙様式第5号により作成した誓約書）またはこれに代わる書面および前払府令別紙様式第6号または7号により作成した役員の履歴書または沿革ならびに前払府令別紙様式第8号により作成した株主または社員の名簿ならびに定款または寄附行為および登記事項証明書またはこれに代わる書面。
② 　新たに役員になった者の婚姻前の氏名を当該新たに役員になった者の氏名に併せて当該変更届出書に記載した場合において、役員の住民票の抄本（外国人の場合、在留カードの写し、特別永住者証明書の写しまたは住民票の抄本）またはこれに代わる書面が当該婚姻前の氏名を証するものでないときは、当該婚姻前の氏名を証する書面。
③ 　前払府令別紙様式第4号により作成した登録拒否事由（前記3（4））に該当しないことを誓約する書面。

(5) 資金決済法8条1項5号から8号までに掲げる事項に変更があった場合（前払府令20条1項5号）

① 　前払式支払手段の種類、名称および支払可能金額等。

② 物品の購入もしくは借受けを行い、もしくは役務の提供を受ける場合にこれらの代価の弁済のために使用し、または物品の給付もしくは役務の提供を請求することができる期間または期限が設けられているときは、当該期間または期限。
③ 前払式支払手段の発行の業務の内容および方法。
④ 前払式支払手段の発行および利用に関する利用者からの苦情または相談に応ずる営業所または事務所の所在地および連絡先。

　これらの事項に変更があったときは、以下の書類を提出しなければならない。

ⓐ 前払式支払手段の発行の業務に関する社内規則その他これに準ずるもの。
ⓑ 前払式支払手段の発行の業務に関する組織図（内部管理に関する業務を行う組織を含む）。
ⓒ 第三者型発行者と加盟店との間の契約内容を証する書面。
ⓓ 資金決済法施行令5条1項2号ニに規定する預貯金が登録申請者を名義人とする口座において保有されることが当該登録申請者の定める規則に記載されている場合にあっては、当該預貯金を預け入れる銀行等の商号または名称および所在地ならびに当該預貯金口座が開設されていることを確認できる書類。
ⓔ その他参考となる事項を記載した書面。

(6) 主要株主に変更があった場合（前払府令20条1項6号）

　主要株主に変更があった場合は、前払府令別紙様式第8号により作成した株主または社員の名簿を提出しなければならない。

(7) 第三者型発行者登録簿の登録を財務局長等から受けている第三者型発行者が主たる営業所または事務所の所在地を他の財務局長等の管轄する区域に変更した場合（前払府令20条1項7号）

　第三者型発行者が、第三者型発行者登録簿に登録されている主たる営業所または事務所の所在地を他の財務局長等の管轄する区域に変更した場合、営業所

または事務所の設置、位置の変更または廃止に係る事項を記載した登記事項証明書および当該変更前に交付を受けた登録済通知書を提出しなければならない。

　財務局長等は、当該届出があったときは、他の財務局長等に当該届出があった旨を通知しなければならない（前払府令20条2項）。また、通知を受けた財務局長等は、通知を受けた事項を第三者型発行者登録簿に登録するとともに、当該届出をした者に対し登録済通知書により通知するものとされている（前払府令20条3項）。

(8) 資金決済法施行令5条1項2号ニに規定する預貯金を預け入れる銀行等に変更があった場合（前払府令20条1項8号）

　資金決済法施行令5条1項2号ニで規定されている預貯金を預け入れる銀行等に変更があった場合、当該変更後の預貯金を預け入れる銀行等の商号または名称および所在地ならびに預貯金口座があることを確認できる書類を提出しなければならない。

(9) 認定資金決済事業者協会に加入し、または脱退した場合（前払府令20条1項9号）

　認定資金決済事業者協会に加入し、または脱退した場合には、当該事実が確認できる書面を提出しなければならない。

5　名義貸しの禁止

　第三者発行者が、自己の名義をもって、他人に第三者型前払式支払手段の発行業務を行わせることは禁止されている（法12条）。

　このことは、第三者型前払式支払手段の発行業務について、事前の登録制が採られていることからも要請される。名義貸しを認めると、実質的に、登録を受けていない者に第三者型前払式支払手段の発行業務を許容することとなり、前記3のごとき法規制を課す意味が大きく減殺される結果となるからである。[40]

　なお、業務委託そのものが禁じられているわけではない。すなわち、第三者型発行者は、その業務の一部を第三者に委託することが可能とされている。こ

のことは、登録申請書（前払府令別紙様式第 3 号（前払府令 14 条））の第 5 面に、「業務委託状況」として「受託者の名称」および「業務委託内容」の記載欄があることからも明らかである。この場合、受託者の選定等に係る特別の法規制は置かれていない。

IV　その他（いわゆるポイントサービスについて）

1　ポイントサービスの概要

(1)　はじめに

　ポイントサービスは、現象面では、電子マネーに類似するシステムである。しかし、資金決済法における前払式支払手段は、あくまでも前払いが要求されるのに対し、ポイントサービスでは、かかる前払いは必要とされない。したがって、ポイントサービスには、現在の資金決済法の適用はないと解される。
　ただ、現象的に類似するところから、便宜的に、ここで紹介しておきたい。

---

40)　資金決済法 12 条に違反して、他人に第三者型前払式支払手段の発行の業務を行わせた者には、3 年以下の懲役もしくは 300 万円以下の罰金、またはこれらが併科される（法 107 条 3 号）。
　　また、資金決済法 12 条に違反して名義貸しを行った者が、法人（人格のない社団または財団であって代表者または管理人の定めのあるものを含む）の代表者もしくは管理人、または法人もしくは人の代理人、使用人その他の従業者であった場合は、その法人に対しても 300 万円以下の罰金刑が科される（法 115 条 4 号）。

(2) ポイントサービスの法的位置づけ

(A) ポイントサービスと前払式支払手段との異同

値引もしくはおまけとして利用者に付与されるポイントと、電子マネー（前払式支払手段）では、そのどちらも商品やサービスと交換できる点、商品やサービスの代金の値引や代金に充当できたりする点で類似しており、利用者も何が違うのかを明確に理解しないまま使用している場合もある。

ポイントは、ポイント発行事業者の販売促進費や広告宣伝費などを源泉として、ポイント発行事業者から将来発生する取引に値引として利用できる権利として利用者に提供されている。そのため、発行事業者から利用者への収益還元としての意味合いが強い。一方、電子マネーは、発行時に利用者が「対価」を支払って購入（チャージ）するものであり、発行事業者は利用者に対して対価の代物として電子マネーを提供している。（法3条1項では「対価」は必ずしも現金としておらず、財産的価値があるもの全てが含まれる。）

以上のことから、ポイントと電子マネーの違いは利用者から発行事業者に対する対価の支払いと引き換えに発行されているか否かであると理解でき、ポイントサービスについては、現在のところ、前払式支払手段には該当せず資金決済法の規制対象外となっている。

(B) 財産的価値の観点から

ポイントと電子マネーの違いについて財産的価値という観点からも触れておきたい。

対価の代物とされている電子マネーは当然に財産的価値をもつ。その紛失や盗難等への補償内容は発行事業者によって異なると思われるが、発行事業者側の問題については資金決済法により一定程度補償されている。万が一、発行事業者に倒産や事業停止等の事態が発生した場合、消費者保護の観点から、資金決済法の定めに基づき発行事業者が事前に供託した発行保証金を元に、供託所が利用者に払い戻すこととなっている（法14条）。なお、発行事業者と銀行との発行保証金保全契約または発行事業者と信託会社との発行保証金信託契約が

ある場合には、発行事業者の発行保証金の供託が免除されている（法15条、16条）。

(C) 景品表示法の適用

景品表示法の規制を受けるポイントサービスは、景品表示法と関係諸法令に抵触しない限り、付与条件や利用条件については基本的に発行事業者が自由に決めることができるとされている。そのため、ポイントの法的権利や法的性質は発行事業者の利用規約の内容で決まる。

発行事業者は事業者目線での規約を定めるのが通例であり、ポイントに財産的価値はないとして、万が一、発行事業者が事業を停止した場合（倒産等を含む）であっても利用者の法的権利を認めないだけでなく、利用者がポイントカードの紛失や盗難に遭った場合にも補償されないことが多い。

2　わが国におけるポイントサービスの展開

(1) わが国におけるポイントサービスのおこり

わが国におけるポイントサービスの始まりは、昭和30年代に始まったスタンプシール式の「トレーディングスタンプ」といわれている。それからしばらく間があり、1980年前後にヨドバシカメラがプラスチックカードにバーコードを印刷し、レジ端末にてそのバーコードを読み取ることでポイントの積算または減算（または償還）ができるというシステムを採用した。これが現在の電磁式ポイントサービスの原型となったといわれている。

当然のように、クレジットカード業界や航空業界においても、顧客囲い込みを狙って、購入金額や搭乗距離に応じてポイントが積算されるサービスが登場し、日本においてポイントサービスが定着していったと考えられている。

(2) ポイントサービスの現在

現在、行われているポイントサービスには自社だけで使える「自社ポイント」とさまざまな場面で使える「共通ポイント」がある。自社ポイントは、ポイントを自社でのみ、貯める・使うことができるサービスであるが、使用に際してもポイント数の下限（○○ポイントから利用可能、○○ポイント達成で100円値引など）を設定していることがある。つまり、利用者は次回の買い物でポイントを使用したくても、ポイントが一定量まで貯まらないと使用できないという不便が少なからずある。

このような不便を解消したのが共通ポイントといえる。共通ポイントは、その名のとおり、業種や業態に関係なくあらゆる店舗で共通して同じポイントを貯めることができるポイントサービスであり、利用者からすれば、さまざまな買い物やサービス利用においてポイントを貯めることができるので、貯めやすく、多くの共通ポイントでは、1ポイントを1円として、仮想通貨のように買い物に利用でき、その利便性の高さから利用者に受け入れられている。

そのため、これまで自社ポイントを発行してきた事業者では、自社ポイントの提携先を増やし、より利便性を高めることで、自社ポイントの優位性を確保するケースや、思い切って自社ポイントを廃止し、共通ポイントに移行するケースが増えてきている。

(3) 航空会社におけるマイレージサービスの現状

（A）マイレージサービスとは

航空業界でのポイントサービスといえば、一般にはマイレージサービスと呼ばれ、搭乗距離をマイル（海里）に換算した値を航空会社が利用者にポイントとして付与し、そのポイント数に応じて利用者は次回利用時に無料航空券や割引航空券、座席のアップグレードなどの特典が受けられるというもので、航空会社による顧客マーケティング戦略の1つである。このマイレージサービスは1981年にアメリカン航空が開始し、それから北米の各航空会社が同様のサー

ビスを始めた。日本の航空会社もアメリカン航空からおよそ10年遅れて本格的なサービスを開始している。

(B) わが国におけるマイレージサービスの生成

　日本の航空会社のマイレージサービスが10年遅れた一因には独占禁止法の特例である景品表示法による規制があったからともいわれている。景品表示法では「過大な景品類の提供」と「不当な表示」を規制しているが、マイレージサービスによって付与されるマイレージが時には、高額を支払って購入する航空券と同等の価値をもつ特典航空券に交換できたことから、過大な景品類の提供に当たるのではないかと当時は考えられていたからである。

　この点について公正取引委員会は、「景品類等の指定の告示の運用基準について（昭和52年事務局長通達第7号）」の6（3）ウにおいて「当社便〇〇マイル搭乗の方に××行航空券進呈」と具体例を示し、マイレージサービスは「正常な商習慣に照らして値引と認められる経済上の利益」に当たるため、景品規制には該当しないとの見解を示している。

(C) わが国におけるマイレージサービスの現状

　ここで、現在における航空会社のマイレージを電子マネーと比較してみていきたい。

　まず、航空業界のマイレージサービスの位置づけについて確認したい。マイレージサービスは発行時に利用者から対価を受け取っていないのでポイントである。そして、自社ポイントか共通ポイントかという点では、マイレージを積算・交換することができる提携企業が多く、共通ポイントのように思えるが、提携企業において1マイルを1円として仮想通貨のようには使用できず、マイレージのままでは決済ができないため、自社ポイントであると解することができる。

　マイレージサービスが提供するサービスで人気が高いのは、「特典航空券」「座席のアップグレード」「提携ポイントへの交換」等となっている。LCCが台頭し、安価に飛行機に乗って旅行ができるようになって久しい現在にあっても特典航空券は非常に高い人気を誇っている。特典航空券の人気が高い理由は

その価値にある。特典内容によっては、1マイレージあたり10円以上になるケースもあり、1ポイントを1円とする共通ポイントとの差は大きい。

マイレージは航空券の購入金額や搭乗距離に応じて積算されることは前述のとおりだが、その積算率は、会員ステータス、提携クレジットカードのステータスによって変動し、搭乗回数や搭乗距離が多ければ多いほど積算率が良くなるのが一般的である。それ以外にも、提携クレジットカードを提携店舗の買い物で利用すれば、利用額に応じてマイレージが加算される。マイレージサービスは海外提携航空会社とも連携を図っており、その利用の幅は今後も広がり、利用者の利便性はさらに高まっていくと考えられる。

(4) ポイントサービスにおける補償

(A) 原則

ポイントサービスは、あくまでも「サービス」にすぎない以上、それに対する補償は、本来問題にならないはずである。ただ、時として、消費者保護の観点から、補償の要求がなされることがある。

(B) 補償が認められた例の紹介

ここで、参考までに、本来であれば補償が認められないはずのポイントサービスにおいて、消費者保護の観点から補償が認められた一例をご紹介したい。

2010年1月に日本航空が会社更生法の適用を申請した。日本航空にはJALマイレージバンクというマイレージサービスがあり、この会員に付与していたマイレージがすべて消滅、失効するのではないかと噂された。これは、特典航空券の提供がJALの財務体質を悪化させているのではないかといった、根拠のない報道があったかもしれない。もちろん、JALマイレージバンクの利用規約には経営破綻当時も現在も、JALが経営破綻した際にはマイレージは失効となるという記載はない。しかしながら、噂や報道が先行したことにより、発行事業者が倒産した場合にはその権利が失効するのが当然と考えられ、このような懸念が広まった。

実際には政府主導の下、消費者保護の観点から利用者が保有するマイレージ

は補償され、失効することはなかった。これはマイレージに財産的価値を認めたのではなく、マイレージそのものを債権と捉えたものと考えられる。

3　規約例

ポイントサービスの規約の一例として、筆者が所属するANAグループにおけるANAマイレージクラブ会員規約を参考までに紹介しておく。

ANAマイレージクラブ会員規約　　　　　　　　2016年4月1日現在

第1章　総則

1条　目的

全日本空輸株式会社（以下、'ANA'という）は、ANA、提携航空会社およびその提携会社のサービス・商品のご利用に際し、そのご愛顧にお応えするために特典を提供する会員制のプログラムとしてANAマイレージクラブ（以下、'AMC'とする）を運営いたします。この規約は、会員とANAの間のAMC利用に際しての各種条件を定めたものです。

2条　定義

「会員」：AMC入会申し込みをしてANAより入会を認められた個人のお客様。
「マイル」：対象サービスの利用に応じて付与されるマイレージのこと。
「ボーナスマイル」：通常付与されるマイル以外に特別の条件下で付与されるマイル。使用に制限が課される場合もある。
「マイル口座」：付与されるマイルを蓄積しておく口座。
「特典」：会員のマイルの利用申し込みに応じて、ANAあるいは提携会社（提携航空会社を含む）から提供される特典航空券その他の商品またはサービス。
「特典航空券」：特典のうち、ANAまたは提携航空会社から提供される航空券の特典。
「アップグレード特典」：特典のうち、対象運賃での航空便利用時の上位クラスへのアップグレードを行う特典。
「提携航空会社」：一定の条件のもとで会員に対しマイルを積算させ、または特典を提供する航空会社。
「提携会社」：会員を対象にサービス・商品の提供を行う際に、一定の条件のもとでマイルを積算させ、または特典としてサービス、商品を提供する会社。
「会員カード」：会員に発行されるAMC用のカードの総称。AMCカード、ANAカード、提携カードがある。
「AMCカード」：会員カードのうちANAが単独で発行する会員カード。一部、特定機

能が付加されたカードがある。
「ANA カード」：会員カードのうち提携クレジット会社と発行するクレジット機能付きのカード。
「提携カード」：会員カードのうち提携企業と共同で発行するカード。
「IC 機能付きカード」：電子マネー機能を有している会員カード。
「提携クレジット会社」：ANA カードを ANA と発行するクレジット会社。
「メインカード」：4 条 2 項（会員資格）に基づき、複数のマイル口座を一つのマイル口座に統合したのち、マイル積算や特典利用等において、利用される会員カード。
「インスタントカード」：AMC への入会申し込み後、正式に会員資格が発効するまでの間、マイルの取得に使用する仮発行の会員カード。
「指定利用者」：特典利用において、会員が指定する利用者。
「ダイヤモンドサービス」「プラチナサービス」「ブロンズサービス」：所定のプレミアムポイントを取得した場合に得られるサービス特典。
「ANA マイレージクラブ・サービスセンター」：AMC の入会申し込み、特典利用申し込み、その他 AMC にかかわる各種問合せの窓口。
「ANA カードデスク」：ANA カードに関する申し込み、各種問い合わせの窓口。
「ANA カードファミリーマイル」：日本在住の ANA カード会員に対し、登録により、一定の条件下で家族会員間における積算マイルの合算を認めるサービス。
「AMC ファミリーアカウントサービス」：日本国外在住の会員に対し、登録により、一定の条件下で家族会員間における積算マイルの合算を認めるサービス。

3 条　入会

1. 会員規約をご承諾のうえ入会申し込みをされ、会社が審査のうえ入会を承諾した方を正式に AMC 会員とします。ANA カードまたは提携カードについては、提携クレジット会社または提携カードを発行する提携企業も加えて審査されます。
2. インスタントカードの発行は、入会までの仮の手続きであり、正式な会員として ANA が入会を承諾したものではありません。

4 条　会員資格の発効

1. ANA が入会の申し込みを受け、審査を経て会員にマイル口座を開設した時点で会員資格が発効します。その後、会員には会員カードが送付されます。万一入会が認められない場合には会員に対しその旨通知されます。また、インスタントカードご利用で入会を認められなかったお客様のインスタントカードによるマイルの取得ははじめから取得できなかったものとして扱います。
2. マイル口座はお一人様 1 口座です。一個人が複数のマイル口座を持っている場合、ANA はこれらの口座を統合する権利を有します。また、複数口座にマイルを二重登録することはできません。二重登録が判明した場合は、正規のマイル数に訂正をいたします。
3. 会員には、パスワードが設定されます。特典利用申し込みなどの各種サービス利用時、本人確認のためにパスワードが求められます。パスワードは他人に知られることのないよう必ずご本人様のみが管理してください。パスワードを利

用しての他人の成りすまし行為等による特典の詐取などは、ANA は一切責任を負いません。
   4. 入会申し込み時、パスワードの設定をご本人様より行わなかった場合、ANA が初期設定を行っています。会員番号が設定された場合は、速やかにパスワードの変更を行ってください。また、パスワードは、会員の責任において適宜の変更などの管理を行ってください。

5条　会員カードの使用
   1. 会員には会員カードを発行します。
   2. 会員カードの所有権は ANA（共同発行者がいる場合は、ANA と共同発行者）が有し、会員に貸与します。
   なお、会員カードのうち署名欄のあるカードが貸与された場合は、すみやかに所定欄に自己の署名を行わなければなりません。
   3. 会員カード上には会員氏名、会員番号（提携カードを発行する提携企業または提携クレジット会社が会員に付与する番号を含む。以下、'カード情報' という）が表示されています。会員カードはカード上に表示された会員本人以外は使用できません。
   4. 会員のマイル口座へのマイル積算、残高照会および特典のお申し込みに関わる手続きは、登録している会員本人が行うものとします。これらの場合、ANA は本人であることの確認をさせていただきます。会員が小児または乳幼児の場合には、その親または法的保護者が小児または乳幼児に代わって、マイル積算、残高照会および特典のお申し込みに関する手続きを行うことができます。
   5. 会員は、善良なる管理者の注意をもって会員カードおよびカード情報を使用し管理しなければなりません。また、会員は、他人に対し、会員カードを貸与、譲渡、担保提供すること、またはカード情報を使用させることを一切してはなりません。
   6. 会員カードの紛失、盗難、破損、汚損等により会員が希望し、ANA（ANA カードまたは提携カードの場合は提携クレジット会社、または提携カードを発行する提携企業の審査も含む）が審査のうえ承認した場合、カードを再発行します。この場合、会員は所定の再発行手数料を支払うものとします。
   7. 会社は会員カードの名称（以下、'カード名称' という）を別途定めるものとし、同一のカード名称の会員カードを同一会員が複数枚所持することはできません。ただし、会社が認める場合にはこの限りではありません。

6条　提携会社によって提供されるサービス
   1. 提携会社が提供するサービス・商品の品質、性質、価格、宣伝告知などの全ての活動は、提携会社の責任のもとに行われるものであり、ANA がこれを保証するものではありません。会員は、マイル取得時の利用であるか特典としての利用であるかを問わず、自己の判断と責任において提携会社のサービス・商品を利用するものとし、ANA は一切責任を負わないものとします。
   2. 提携航空会社の特典利用によるご旅行や、その他提携会社の特典利用については、各提携会社の規約等の利用条件に従うものとします。

3. 積算されたマイルは、提携会社が提供しているマイルや特典および提携会社の特典と、共有、合算および譲渡することはできません。また、提携会社のサービス・商品ご利用をキャンセルもしくは払い戻し等により積算されたマイルを取り消すことがあります。
4. ANA は、提携会社の AMC からの撤退、および提携会社の特典の取り消し、提携会社利用時の取得マイル数、特典利用に必要なマイル数などの各種条件変更については責任を負いません。
5. ANA は、提携会社との提携を変更または終了する権利を有します。その際、少なくとも 3 ヵ月前に会員に対し、提携会社との提携変更または解消を告知します。提携変更に際しては、ANA と提携会社との契約に従い、会員が提携会社のサービスを利用する場合、その申請期間は告知の日付から 3 ヵ月間とします。発行済みの特典の有効期限は提携解消されても、各々の特典に記載された期限に従います。

第 2 章　マイルの取得

7 条　マイル取得対象

1. マイルは、ANA または提携航空会社の対象フライトを対象ブッキングクラス、対象運賃で、対象飛行区間において利用した場合に取得できるものとします。ANA は、航空会社（提携航空会社）、対象飛行区間、対象地域、対象搭乗クラス、対象ブッキングクラス、対象運賃などマイル取得使用される基準を随時、任意に見直すことができるものとします。
2. マイルは提携会社の商品・サービスの購入時に取得できるものとします。ただし、マイル取得対象としての商品サービスについては、提携会社が指定したものに限ります。なお、当該提携会社の顧客用プログラムポイントをマイルに交換するために、当該プログラムに加入することが条件として求められる場合があります。提携会社は、マイルの取得対象としての商品、サービスを随時、任意に見直すことができるものとします。

8 条　マイル取得方法

1. マイルは、予約され、運賃が支払われ、発券された便のクラスに対して付与されるもので、実際に搭乗したクラスとは関係ありません。ダウングレードの場合はご搭乗クラスに基づきます。会員は、予約した飛行区間を実際に利用しなければ、マイルを取得することができません。なお、運賃種別等によりマイルの積算がなされない場合もあります。
2. マイルの取得は、購入した座席数に関係なく、会員一人、1 フライトにつき一回に限ります。マイルは対象飛行区間を利用した会員に付与されます。
3. 一つのフライトに対するマイルは一つの会員口座に積算され、他のいかなる会員口座にも積算されないものとします。
4. 提携会社の顧客用プログラムにおいて、マイルやポイントなどを取得する場合、特別な断りのない限り、同時に AMC のマイルを取得することはできません。

5. マイルは会員のマイル口座に記録されることで付与されます。マイルがマイル口座に記録された後でなければ会員はそのマイルで特典を利用することができません。
6. マイルが自動的にマイル口座に記録されなかった場合、会員は ANA が定める方法に基づき、マイルを請求することができます
（会員が、当該便の搭乗日の時点で AMC に入会しており、請求は搭乗日もしくはマイル取得に該当する取引があった日から 6 ヵ月以内でなければなりません）。ただし、提携会社によってはマイルの事後登録を受け付けない場合や、受け付ける場合でも受付期間が異なる場合があります。
7. マイルの付与について異議がある場合、会員は、実際の搭乗または利用日から 6 ヵ月以内に AMC サービスセンターに異議の申し立てをしなければなりません。その際に当該飛行区間のフライトを証明する書類（搭乗したと主張する区間の搭乗券および航空券の旅客控を含む）の提出を求められます。
8. 付与されるマイル数は、ANA が定めるマイルチャートに基づき、会員が出発した都市と到着した都市間について計算されます。
9. 小児（国内線は 3 歳〜11 歳、国際線は 2 歳〜11 歳）については、キャンペーン等によるボーナスマイルを除き通常大人（12 歳以上の者）と同様のマイルが積算されます。小児が特典を利用する場合、大人が特典を利用する場合と同じマイルが差し引かれます。
10. 乳幼児（国内線は 3 歳未満、国際線は 2 歳未満）が幼児運賃で旅行する場合には、マイルは積算されません。乳幼児が特典航空券およびアップグレード特典を申し込む場合、大人と同じマイルを使用することにより座席の占有が可能です。なお、アップグレード特典をご利用の場合は、対象となる元のクラスの航空券も座席の占有可能な運賃でご購入いただくことが必要です。
一方、乳幼児が特典を利用せず、特典航空券またはアップグレード特典を利用する大人のお客様に同行する場合は、大人と同じ搭乗クラスの幼児運賃（座席占有不可）または小児運賃（座席占有可）で発券された有償航空券が必要です。
11. 会員は提携会社の提供する商品・サービス購入利用時に、会員番号を申告することで、当該提携会社よりマイルを取得することや特典を受けることができます。

9条　マイルの合算

積算されたマイルを会員間で共有、合算および譲渡することはできません。ただし、ANA カードファミリーマイルおよび AMC ファミリーアカウントサービスは、そのプログラムの特典として、特典利用時に限り、登録している家族間で積算マイルを合算することができます。また、会員死亡時は、法定相続人は 30 条に定める所定の手続きにより、会員のマイル口座に残る有効なマイルを相続することができます。

10条　マイルの有効期限

マイルは、マイルを取得する際にサービス・商品を利用になった月から数えて 36 ヵ月後の月末まで有効です。ANA はマイル失効に関する一切の責任を負いません。

第 3 章　特典の利用

11 条　特典の利用者

特典は、会員の他、指定利用者によっても、一部特典を除きご利用いただけます。ただし、指定利用者の範囲は、会員の配偶者および会員の 2 親等以内親族の方に限られます。また、指定利用者には制限があり、特典申込時に事前申請を行う必要があります。この際、続柄を証明できる書類の提出をお願いする場合があります。

12 条　特典の申し込み

1. 特典の引き換えは、会員本人からの申し込みとし、指定利用者が特典を利用する場合でも会員以外の方からのお申し込みはできません。
2. 特典利用の申し込み時には、所定の本人確認を行います。本人の確認ができない場合は、申し込みをお断りします。
3. 会員への必要事項の連絡および特典の送付は、全て、AMC に登録した住所に対して行われます。会員が転居等の理由で登録した住所より連絡先を変更する場合、その他、登録した個人情報に変更が生じた場合には、AMC サービスセンターに届出を行う必要があります。また、ANA カードまたは提携カードの場合は、この届出を提携クレジット会社または提携カードを発行する提携企業に行う必要があります。この届出が行われなかったために、必要事項の不達および特典の不着など、会員の不利益が生じても、ANA は一切の責任を負いません。

13 条　特典利用上の制限

1. 特典航空券、アップグレード特典の提供にあたっては、利用できない期間や利用座席数等の制限を設ける場合があります。便によっては設定のない場合もあります。ANA は、この利用制限を理由に、特典の払い戻し、マイル口座への払い戻し、または特典の有効期限延長等を行う責任を負いません。
2. 特典航空券・アップグレード特典の利用申し込み後は、搭乗者およびマイル提供者の名義変更はできません。
3. 特典航空券とアップグレード特典の併用はできません。
4. 特典航空券、アップグレード特典を利用する場合は、本人確認をすることがあります。会員カードおよび身分を証明できる書類を必ず携帯してください。もし本人確認ができない場合は、利用をお断りする場合があります。
5. 会員または指定利用者が、提供された特典をいかなる形でも第三者への譲渡をしたり、売買したり金品と交換することを禁止します。
6. 有効期限の設定のある特典については、必ず有効期限内にご利用ください。
7. その他利用にあたっての各種制限または条件については、利用前に必ず確認してください。

14 条　特典の紛失・盗難

AMC が会員に提供するすべての特典について、ANA は、紛失・盗難等を理由とする

再提供の義務を負いません。また、特典の発送以降、配送中に生じた遅延、紛失、損害等のあらゆる事故により会員が特典を利用できない状況となった場合についても、ANAはそれを補償するいかなる責任も負いません。

15条　マイルの口座への払い戻し

未使用特典の払い戻しサービスを除いて特典が利用されなかった場合に、その特典に相当するマイルを会員または指定利用者のマイル口座に払い戻すことや他の特典にかえることは行いません。また、ANAは利用できなかった特典を補償するいかなる責任も負いません。ただし、会社の都合による経路等の変更の場合には、この限りではありません。

16条　税金・使用料・付帯費用

特典の入手および利用にともない発生する税金・空港施設使用料および付帯費用は会員または指定利用者の負担となります。
なお、特典航空券発券に必要な税金・空港使用料等は事前にお支払いいただきます。

17条　他社便への搭乗振り替え

搭乗便の遅延、運航の中止その他の運航イレギュラーなど、いかなる場合もANAは、特典航空券をご利用の会員あるいは指定利用者に対し、他社便への振り替えを行う義務はありません。

18条　送付書類の取り扱い

AMCサービスセンター宛にご送付いただいた書類を管理・処分する権利はANAに帰属するものとし、返却いたしません。必要書類の場合はコピーをとりのうえ、原本を送付してください。

第4章　個人情報の取り扱い

19条　個人情報の利用目的

1. 会員の個人情報は、以下の目的で取得し、利用します。
   （1）航空運送サービスにおける予約、航空券販売、チェックイン、空港ハンドリング、機内サービス
   （2）連帯運送、共同引受、コードシェア、相次運送および受託運送における予約、航空券販売およびチェックイン、空港ハンドリング
   （3）ANAマイレージクラブにおけるサービスの提供
   （4）ANAが取り扱うその他のサービス・商品の案内、提供および管理
   （5）上記（1）〜（4）に付帯・関連するすべての業務
   （6）ANAのサービス・商品等に関するアンケートの実施
   （7）新たなサービス・商品の開発
   （8）各種イベント・キャンペーンの案内、運営、管理および各種情報の提供
   （9）ANAのサービス・商品提供に関する連絡

(10) ANA グループ会社・提携先企業等が取り扱うサービス・商品、各種イベント・キャンペーンの案内、運営、管理および各種情報の提供
(11) 問い合わせ、依頼等への対応
2. ANA は、会員等が入会の申し込みに必要な事項の記載を希望しない場合、または本章に定める個人情報の取り扱いについて承諾できない場合は、入会を断ることや、退会の手続きをとることがあります。
3. ANA が入会を承認しない場合であっても入会申し込みをした事実は、承認をしない理由のいかんを問わず、一定期間利用されますが、それ以外に利用されることはありません。

20 条　適正管理

ANA は、AMC の運営にあたり、会員から提出された個人情報を重要なものと認識し、その取り扱いについて細心の注意を払い厳重に管理しています。なお、社内規定を整備し組織体制を構築するなど必要な体制を確立し、適正で安全な管理を行います。

21 条　共同利用

ANA は、AMC の運営にあたり、以下の通り会員の個人情報を共同利用いたします。

	旅行サービスの提供	航空運送
共同して利用する者の範囲	ANA セールス株式会社各社[※1]	エアーニッポン株式会社 株式会社エアージャパン ANA ウイングス株式会社
利用する者の利用目的	ツアー・ホテル等旅行サービスの提供およびこれらに付随する業務を行うのに必要な情報の提供	航空運送サービスの提供
共同して利用する個人情報の項目	AMC お客様番号、お客様の氏名、住所、電話番号、FAX 番号、E メールアドレス、勤務先（会社名、所属部課、役職、住所、電話番号、FAX 番号）、送付先、会員カード種別、会員サービス資格、所属地区、マイル実績、クレジットカード番号、クレジットカード有効期限、など	AMC お客様番号、お客様の氏名、住所、電話番号、FAX 番号、E メールアドレス、勤務先（会社名、所属部課、役職、住所、電話番号、FAX 番号）、送付先、会員カード種別、会員サービス資格、所属地区、マイル実績、クレジットカード番号、クレジットカード有効期限、搭乗実績など
個人情報の管理について責任を有する者	ANA	ANA

※1 ANA セールス株式会社各社
（ANA セールス株式会社・全日空国際旅行社（中国）有限公司・ANA Sales Americas・ANA Sales Europe Ltd.・ANA Sales France S.A.S）

22条　業務の委託

ANAは、AMCに関する業務の一部を委託し、業務委託先に対して必要な範囲で個人情報を提供することがあります。

23条　個人情報保護法に基づいた開示、訂正、削除、追加、利用停止、消去について

会員の保有個人データについて、会員自身より所定の方法にて開示、訂正、削除、追加、または利用停止、消去のご請求をいただいた場合は、請求者が会員本人であることを確認させていただいたうえで、合理的な期間および範囲で対応をいたします。なお、開示等には所定の手数料が必要です。また、会員の個人情報については、ANAのホームページ上で簡易にご確認いただけます。

24条　ANAカードまたは提携カードにおける個人情報の取り扱い

ANAカードまたは提携カードの会員のAMCに関する個人情報は本章に記載のとおりですが、提携クレジット会社または提携カードを発行する提携企業の個人情報の取扱いについては、各会社によって異なりますので必ずご確認ください。

25条　個人情報の変更届出の必要性

会員の登録した個人情報に変更が生じた場合には、AMCサービスセンターに届出を行う必要があります。ANAカードの場合は提携クレジット会社にも、提携カードの場合は提携カードを発行する提携企業にも、届出をお願いします。

26条　ANAプライバシーポリシー

本章に定めるほか、会員を含むANAのお客様の個人情報の取り扱いについては、ANAプラバシーポリシーにて定められています。ANAプライバシーポリシーはANAのホームページでご確認いただけます。

第5章　会員資格の終了

27条　退会手続き

会員は、AMCサービスセンターに届出を行うことでAMCを退会することができます。ANAカードの場合は、提携クレジット会社にご連絡ください。なお、提携カードの場合は、上記の届出を提携カードを発行する提携企業にも行う必要があります。

28条　会員資格の失効

3年間のマイル取得実績がなかった場合、会員資格が取り消される場合があります。

29条　会員資格・特典の利用停止

マイルの不正取得、特典の不正利用、本規約またはその手続きへの違反、虚偽の通知、19条第2項に該当する等があった場合もしくはその他ANAとの信頼関係を著しく損なう行為等を行った場合には、会員資格の取り消し（「ダイヤモンドサービス」「プラチ

ナサービス」「ブロンズサービス」の停止も含む)、積算マイルの没収、未使用のすべての特典の利用停止、返還請求を行うことがあります。また、それ以後の AMC への参加を認めない場合もあります。

30条　会員の死亡

会員が死亡した場合、法定相続人は会員が取得していたマイルの譲渡を受けることができます。その際、要求者は、会員本人の死亡証明書と裁判所命令等、故人である会員の口座に残っているマイルの相続権を有することを確かに証明する書類を死亡後 6 ヵ月以内に提示する必要があります。相続の申し出が期間内になされない場合は、当該会員の積算マイルはすべて取り消されます。

31条　退会会員のマイル取り扱い

前条に定める場合を除き、退会または資格が失効した会員のマイルを特典に引き換えることはできません。

32条　会員資格終了後の取り扱い

本章各条に定める事由により会員資格が終了した場合は、会員は速やかに会員カードを返却するものとします。

第6章　その他

33条　不正に対する措置

マイルの不正取得、特典の不正利用、本規約またはその手続きへの違反、虚偽の通知その他不正な行為が行われた場合は、29条に定める措置の他、必要に応じて損害賠償等(弁護士費用や訴訟費用を含む)の法的措置をとることがあります。特典航空券やアップグレード特典などの不正利用の場合、正規普通運賃を会員または旅行者に負担していただきます。

34条　終了の告知

1. ANA は任意に AMC を終了することができるものといたします。別途定める場合を除き、AMC 終了時において、会員の未使用マイルは取り消され、未使用の特典の使用も中止されます。
2. AMC を終了する場合、その 3 ヵ月以前に、会員に告知いたします。

35条　プログラムの変更

AMC の規定、特典、取得マイル数、マイル取得条件などの諸条件は、すでに取得されたマイルの価値に影響を及ぼすか否かにかかわらず、予告なしに変更する場合があります。

36条　確認事項の改訂

ANA が発行する各種印刷物に記載の規定および告知内容等の確認事項については、

ANAのホームページに記載された内容が、従来の内容に優先します。最新の印刷物に記載された確認事項と相違する従来の確認事項は、最新の印刷物に記載された内容に改定されたものと見なします。

37条　特定会員へのキャンペーン

積算マイル、居住地、その他AMCへの参加条件の違いにより、ボーナスマイル、特典、その他のキャンペーン特典を、特定の会員にのみ提供する場合があります。

38条　ダイレクトメール送付等の権利

ANAは会員に対し、ダイレクトメール、eメールでのキャンペーン資料、およびその他の宣伝用資料を送る権利を有します。会員からのAMCサービスセンターへのお申し出によりこれらの送付を停止することができます。

39条　電子マネーの利用について

会員カードには、IC（電子マネー）機能付きのものがあります。
電子マネー機能部分は、各カードのバリューイシュアが提供するサービスであり、利用約款など各社の取り決めた規定が適用され、ANAは電子マネーサービスに関する責任を負いません。なお、各カードのバリューイシュアはカード裏面に記載しております。

V　表示に関する規制

1　資金決済法における表示および情報提供の概要

(1) 概要

サーバ型の前払式支払手段が新たに対象として加わったことに伴い前払式証票の規制等に関する法律は廃止となり、「前払式支払手段」の利用者保護を目的とした資金決済法が、その後法として平成22年4月に施行された。

資金決済法13条は、「表示に関する規制」を掲げており、その内容は情報の提供義務として、「表示・情報提供」（同条1項、前払府令21条）。に関するも

のとなっている。また、各種事業者（ASP：アプリケーションサービスプロバイダやウェブサイトを供給する側）はさまざまなコンテンツ・サービスを運営して利用者に提供する代わりに、利用者はその対価の支払いを事業者が発行する前払い式のポイント等を購入することにより利用できる方式をとる場合には、資金決済法上において表示に関する規制を原則として金融庁により受けることになる場合が生じてくる。

　事業者は前払式のポイント等を利用者が購入する前に、資金決済法13条などに掲げられている必要な表示の情報提供を確認できる状態になっているように配慮しなければならないと義務づけられている。また、前払式支払手段は、証票型、ICカード型、サーバ型とさまざまな形態のものが存在することから、それぞれの態様に応じて、適切に情報が提供される必要がある（前払式支払手段事務ガイドラインⅡ-2-1）。

(2) 表示に関する規制

　資金決済法上の表示に関する規制においては、情報提供の手段（商品券、プリカ、コンビニ端末、出力シート、コンテンツ事業者のウェブサイト、約款、商品券、プリカ（ウェブ版含む））の利用者（消費者）に以下の項目を周知することを定めている。

　当該、表示および情報提供項目として定めがあるのは、①発行者名、②支払可能金額、③有効期限（券面必要）、④問合せ先（住所、連絡先）、⑤利用可能な場所、⑥利用上の注意（ⅰサーバ型は必要なし、ⅱカード型は委託可能）[41]、⑦残高およびその確認方法、⑧約款・説明書など[42]、の項目があげられる。

　また、商品券やプリカにはこれらの項目が表示されているが、このうち、「⑤利用可能な場所」と「⑥利用上の注意」の2項目については、主要なもののみが表示され一部は省略することができる。その場合の詳細は約款・説明書などに記載することになっており、当該媒体の購入時に額面などを確認する必

---

41) 新規参入事業者にとっては、委託先機関の専門家に当該相談やアドバイスもしてもらえるという利点もある。
42) 詳細は、第2編第3章および第4章に掲げられている「約款」の項目に詳細な解説がある。

要がある。当該確認方法としては、事業者によってさまざまな方式がとられているが、ネット上で使えるプリカについては、申込時にコンビニ端末から出力されるシート、レジで受け取るシート、スクラッチカード、電子メール、発行者のウェブサイト、チャージ機などのいずれかの方法で上記の項目が確認できるような形式を採っている。

(3) 委託

上記④〜⑧については、発行者に代わって指定された委託協会が情報提供を行っている場合があり、該当の項目が見当たらない場合には、委託協会のウェブサイト「会員の発行する前払式支払手段の表示事項の協会による周知」(http://www.s-kessai.jp/) で閲覧することになる。

2 資金決済法13条の各事項の内容 [43]

(1) 資金決済法13条の各事項

(A) 資金決済法13条1項に基づく表示および情報提供の概要

資金決済法13条1項は、「前払式支払手段発行者は、前払式支払手段を発行する場合には、内閣府令で定めるところにより、次に掲げる事項に関する情報を利用者に提供しなければならない」というものであり、以下に掲げる「表示又は情報の提供［事項］」のことであり、具体的には図表2-2のとおりである（前払府令21条）。

① 氏名、商号または名称（1号）
② 前払式支払手段の支払可能金額等（2号）
③ 物品の購入もしくは借受けを行い、もしくは役務の提供を受ける場合にこれらの代価の弁済のために使用し、または物品の給付もしくは役務の提

---

[43] 衆議院第190回国会でもちあがった議案により、今後による新法案において改正の可能性もある。

供を請求することができる期間または期限が設けられているときは、当該期間または期限（3号）
④　前払式支払手段の発行および利用に関する利用者からの苦情または相談に応ずる営業所または事務所の所在地および連絡先（4号）
⑤　その他内閣府令で定める事項（前払府令22条2項1号～4号）

図表2-2　前払府令で定められている方法および提供方法

内閣府令で定める方法（前払府令21条、22条）	利用者に提供する情報（法13条1項22条2項）
【IC・カード式】 【サーバ型式】 ①　電子メールによる送信、②発行者のHPに当該表示事項を掲載したうえで、利用者がインターネットを通じて閲覧できる状態、③コンビニ端末やチャージ機などにより当該表示事項を掲載し、利用者が閲覧できる状態	13条1項各号 1号：氏名、商号又は名称 2号：支払可能金額等 3号：当該期間又は期限 4号：苦情又は相談の所在地及び連絡先 5号：その他内閣府令で定める事項
［例］コンビニ端末、レジ端末などの出力シート、コンテンツ事業者のHPなど	

　なお、当該書面を電子マネーの購入者に交付しない場合には、①Eメールで送信する方法、②発行者のホームページに掲載する方法、または③発行者が提供するチャージ機等に表示する方法により、これらの情報を利用者に提供しなければならない。

(B) 資金決済法13条2項に基づく表示および情報提供の概要

　資金決済法13条2項は、「前払式支払手段発行者が加入する認定資金決済事業者協会が当該前払式支払手段発行者に係る前項第4号及び第5号に掲げる事項を前払式支払手段の利用者に周知する場合その他の内閣府令で定める場合には、当該前払式支払手段発行者は、同項の規律にかかわらず、当該事項について同項の規定による情報の提供をすることを要しない」というものであり、以下に掲げる認定資金決済事業者協会のことをいう。

①　ここでいう事業者に委託とは、認定資金決済事業者協会（例：一般社団法人日本資金決済業協会）に前払府令 22 条で定める表示項目を委託することをいう。ただし、ウェブサイトに掲げることができるサーバ型の事業者の場合には「当該項目の指南（相談など）が必要な新規参入事業者」以外はなかなか必要とされない傾向にある。
②　また上記にいう省略できる項目としては、「13 条 1 項 4 号の内容（連絡先）、13 条 1 項 5 号の内容（前払府令で定める事項）」が該当している。

3　前払府令 21 条〜23 条の内容（表示、発行保証金の供託その他の義務）

(1)　前払府令 21 条〜23 条の各事項

(A)　資金決済法 13 条 1 項の委任に基づく前払府令 21 条の概要（情報の提供の方法）

(a)　資金決済法 13 条 1 項の委任に基づく前払府令 21 条 1 項の内容

前払府令 21 条 1 項は、「前払式支払手段発行者は、前払式支払手段を発行する場合……には、法第 13 条第 1 項各号に掲げる事項に関する情報を、その発行する前払式支払手段……に表示する方法により、利用者に提供しなければならない。」というものである。

(b)　資金決済法 13 条 1 項の委任に基づく前払府令 21 条 2 項の内容

前払府令 21 条 2 項は、「前払式支払手段発行者は、前払式支払手段を発行する場合……には、法第 13 条第 1 項各号に掲げる事項に関する情報を、次に掲げるいずれかの方法により、利用者に提供しなければならない。」というもの

---

44)　当該前払式支払手段に係る証票等（法第 3 条第 1 項第 1 号に規定する証票等をいう。以下同じ。）又は当該前払式支払手段と一体となっている書面その他の物を利用者に対し交付することがない場合を除く。
45)　当該前払式支払手段と一体となっている書面その他の物を含む。
46)　当該前払式支払手段に係る証票等または当該前払式支払手段と一体となっている書面その他の物を利用者に対し交付することがない場合に限る。

であり、以下に掲げる事項のことをいう。

① 前払式支払手段発行者の使用に係る電子機器と利用者の使用に係る電子機器とを接続する電気通信回線を通じて送信し、当該利用者の使用に係る電子機器に備えられたファイルに記録する方法
② 前払式支払手段発行者の使用に係る電子機器に備えられたファイルに記録された情報の内容を電気通信回線を通じて利用者の閲覧に供し、当該利用者の使用に係る電子機器に備えられたファイルに当該情報を記録する方法
③ 利用者の使用に係る電子機器に情報を記録するためのファイルが備えられていない場合に、前払式支払手段発行者の使用に係る電子機器に備えられたファイル[47]に記録された当該情報を電気通信回線を通じて利用者の閲覧に供する方法

(c) 資金決済法13条1項の委任に基づく前払府令21条3項の内容

前払府令21条3項は、「第1項の規定にかかわらず、発行する前払式支払手段が前払式支払手段発行者の使用に係る電子機器と電気通信回線を介して接続される利用者の使用に係る電子機器[48]…を提示して使用されるものである場合には、法第13条第1項各号に掲げる事項に関する情報を、前項各号に掲げるいずれかの方法により、利用者に提供することができる。」というものである。

(d) 資金決済法13条1項の委任に基づく前払府令21条4項の内容

前払府令21条4項は、「第2項各号に掲げる方法は、次に掲げる技術的基準に適合するものでなければならない。」というものであり、以下に掲げる事項のことをいう。

① 2項1号または第2号に掲げる方法にあっては、利用者がファイルへの記録を出力すること[49]により書面を作成することができるものであること。

---

47) 専ら利用者の用に供するものに限る。第4項第2号において「利用者ファイル」という。
48) 証票等の使用の開始前に、または証票等の使用に際して、当該電子機器と接続される場合における当該証票等を含む。
49) 当該記録を他の電子機器に送信することその他の方法を用いて出力することを含む。

②　2項3号に掲げる方法にあっては、利用者ファイルへの記録がされた情報を、当該利用者ファイルに記録された時から起算して3月間、消去し、または改変できないものであること。

(B) 資金決済法13条2項の委任に基づく前払府令22条の概要（情報提供する事項等）

(a) 資金決済法13条2項の委任に基づく前払府令22条1項の内容

前払府令22条1項は、「法第13条第1項各号に掲げる事項は、前払式支払手段を一般に購入し、又は使用する者が読みやすく、理解しやすいような用語により、正確に情報を提供しなければならない。ただし、専ら贈答用のために購入される前払式支払手段[50]…のうちその購入の目的に合わせて支払可能金額等を明示しないこととしているものに係る法第13条第1項第2号に掲げる支払可能金額等については、符号、図画その他の方法により情報を提供することで足りる。」というものである。

(b) 資金決済法13条2項の委任に基づく前払府令22条2項の内容

前払府令22条2項は、「法第13条第1項第5号に規定する内閣府令で定める事項は、次に掲げる事項とする。」というものであり、以下に掲げる事項のことをいう。

①　前払式支払手段を使用することができる施設または場所の範囲
②　前払式支払手段の利用上の必要な注意
③　電磁的方法により金額または物品もしくは役務の数量[51]を記録している前払式支払手段にあっては、その未使用残高または当該未使用残高[52]を知ることができる方法
④　前払式支払手段の利用に係る約款もしくは説明書またはこれらに類する

---

50)　前条第2項各号に掲げる方法により情報を提供する前払式支払手段を除く。
51)　金額を度その他の単位により換算して表示していると認められる場合の当該単位数を含む。以下この号および第4項において同じ。
52)　法3条第1項第1号の前払式支払手段にあっては代価の弁済に充てることができる金額をいい、同項2号の前払式支払手段にあっては給付又は提供を請求することができる物品又は役務の数量をいう。

書面が存する場合には、当該約款等の存する旨[53]

(c) 資金決済法13条2項の委任に基づく前払府令22条3項の内容

前払府令22条3項は、「前払式支払手段…の面積が狭いために法第13条第1項各号に掲げる事項を明瞭に表示することができないときは、前二項の規定にかかわらず、次の各号に掲げる要件の全てを満たす場合に限り、前項第1号又は第2号に掲げる事項については、これらの事項のうち主要なものの情報を提供することで足りる。」というものであり、以下に掲げる事項のことをいう。[54]

① 約款等に前項第1号および第2号に掲げる事項についての表示があること
② 前払式支払手段が一般に購入される際に当該約款等がその購入者に交付されること

(d) 資金決済法13条2項の委任に基づく前払府令22条4項の内容

前払府令22条4項は、「加算型前払式支払手段…について金額又は物品若しくは役務の数量の記録の加算が行われる場合において、既に当該加算型前払式支払手段に法第13条第1項の規定による情報の提供をしているときは、当該情報の提供をもって、同項の規定による情報の提供をしたものとみなす。」というものである。[55]

(C) 内閣府令23条の概要

前払府令23条は「法第13条第3項に規定する内閣府令で定める場合は、前払式支払手段発行者が加入する認定資金決済事業者協会が当該前払式支払手段発行者に係る同条第1項第4及び第5号に掲げる事項を前払式支払手段の利用者に周知する場合とする。」というものである。以下の指定協会に委託して項目を登録すれば省略することが可能となっており、また以下に掲げる事項のことをいう。

---

53) 以下この条において「約款等」という。
54) 前条第2項各号に掲げる方法により情報を提供する前払式支払手段を除く。
55) 前条第2項各号に掲げる方法により情報を提供する加算型前払式支払手段を除く。

> 【認定資金決済事業者協会一覧】
> 一般社団法人　日本資金決済業協会（http://www.s-kessai.jp/）
> ［千代田区九段南3丁目8番11号（飛栄九段ビル7階（701号室））（03）6272-9255］
> 【掲載周知場所・項目・内容】
> ・問合せ先（住所、連絡先）
> ・利用可能な場所
> ・利用上の注意
> ・残高およびその確認方法
> ・約款・説明書

4　資金決済法13条1項および内閣府令21条2項における各項目の総説——各項目の形式（雛形）の概要

　当該事業者は、サーバ型の電子マネーを発行する場合には、当該電子マネーと一体となっている書面（当該電子マネーを利用する際に提示または交付する必要がある書面）に、表示および情報提供項目（法13条1項、前払府令21条2項）で掲げられている一定の事項（以下①～⑧の項目）を原則として表示しなければならない。

(1)　資金決済法13条の各項目

　①　氏名、商号または名称

> ［例］
> 【IC・カード式】および【サーバ型式】
> （株）○○、○○（株）、発行者の氏名、など

　②　前払式支払手段の支払可能金額等

> [例]
> ① 500円、1000円、2000円、3000円、5000円、1万円、3万円、1500円〜5万円（バリアブル）など
> ② 成人（20歳以上）・未成年（20歳未満）別の料金体系
> [年齢]
> 13歳未満：5000円まで（「購入不可」含む）。
> 13歳以上20歳未満：10000円まで。
> 20歳以下：購入限度額（上限）なし。
> ③ 最大（上限）50000円までチャージすることが可能、など。

③ 物品の購入もしくは借受けを行い、もしくは役務の提供を受ける場合にこれらの代価の弁済のために使用し、または物品の給付若しくは役務の提供を請求することができる期間または期限が設けられているときは、当該期間または期限

> [例]
> ①無期限、②使用期限なし、③発行から6カ月、1年、④2年間使用がない場合は自社（当社）に帰属、など。
> ※注：証票等の使用期限が発行の日から6か月以内の有効期限の場合には、[56]適用除外（本節「5 適用除外」を参照）の規定がある。

④ 前払式支払手段の発行および利用に関する利用者からの苦情または相談に応ずる営業所または事務所の所在地および連絡先

> [例]
> ①○○相談室（TEL）、②E-mail、③営業日、④営業時間、⑤住所、⑥会社or相談営業所（事業所）、など。

⑤ その他内閣府令で定める事項（施設、場所の範囲）（法13条1項5号、前払府令21条2項）

---

[56] 「発行の日」とは、①財産的価値が証票、電子機器その他の物に記載または記録された日、または②利用者に対し証票等、番号、記号その他の符号を交付または付与された日のいずれか遅い日とされている（ガイドラインⅠ-1-3（1））。

> [例]
> ①提供コンテンツ名、②提供サービス名、③会社のコンテンツ・サービスを提供している範囲（複数提供時）、など。

⑥　前払式支払手段の利用上の必要な注意（前払府令21条2項2号）

> [例]
> 各種コンテンツおよびサイトの各販売画面を参照（当該リンク・URL）、など。

⑦　前払式支払手段の当該未使用残高を知る方法（前払府令21条3項）

> [例]
> ①当社インターネット、②URL、③残高は、インターネットにより当社提供コンテンツ・サービスにログイン、など後のマイページ内により照会（確認）が可能。

⑧　前払式支払手段の利用に係る約款（前払府令21条4項）[57]

> [例]
> 当社インターネットHP、詳細（当社のコンテンツ・サービスの利用に当たり、利用者規約・約款の有無。ただし、ご利用されるコンテンツ・サービスにより当該条件が異なる場合がある旨）、など。

(2) 形式（雛型）例

(A) 形式（雛型）の一例

上記①〜⑧までの一定の事項を一覧の形式にすると以下のような雛型（一例）となる。

---

57) 詳しくは、第2章Ⅲ・Ⅳに詳細な解説があるので、そちらを参照されたい。

【HP（Web Site型）の場合】

【資金決済法に基づく表記】
【商号又は名称】 （株）KEISOSHOBO、勁草一郎 【支払可能金額】 ［20歳以上の方］5000円、1万円、1500円〜5万円（バリアブル） ［20歳未満の方］500円、1000円（※ 要保護者の許諾） 【有効期限】 有効期限は、購入又は使用した日の翌日から起算して、1年間有効です。なお、1年間使用がない場合には当該残高は当社に帰属します。 【お問い合わせ先】 所在地：112-0005、東京都文京区水道〇-〇-〇、03-〇〇〇〇-〇〇〇〇 【ご利用可能な場所及び範囲】 KEISOSHOBO（www.keisoshobo.co.jp）内で、ポイントはご利用頂けます。 【ご利用上のご注意】 ① （株）KEISOSHOBOのHPに関する利用上の注意事項につきましては、当社が掲げます「利用規約」（免責事項、準拠法など）及び「約款」に同意されました方のみ、ご利用下さいますようお願い致します。 ② なお、ご利用の際には、当社HPより会員登録をして頂く必要がございます。 【未使用残高の確認方法】 残高に関しましては、当社HPにログイン後に表示されます残高照会画面にてご確認ください。 【利用規約】 KEISOSHOBOのコンテンツ・サービスの利用に当たりましては、利用者規約・約款をお読み下さい。 <div align="right">（以上）</div>

【カード型の場合】

【前払式支払手段（CARD部分）と一体となっている書面部分）】

※原則として、この台紙となる部分に当該①～⑧までの内容（【商号又は名称】、【支払可能金額】、【有効期限】、【お問い合わせ先】、【ご利用可能な場所及び範囲】、【ご利用上のご注意】、【未使用残高の確認方法】、【利用規約】）を表示及び情報提供をしなければならないが、一部省略（内閣府令22条3項1号～2号）して記載することが可能となっている。なお、掲載位置及びレイアウトは、各社のデザインに委ねられているが、「使用する者が読みやすく、理解しやすいような用語により、正確に表示しなければならない」とされている。

［内閣府令22条3項1号～2号］
①使用することができる施設又は場所の範囲（22条2項1号）
②利用上の必要な注意（22条2項2号）
③約款の交付（22条2項4号）

【CARD（カード）本体】
[切り離し可能]

KEISO SHOBO

（B）各形式例（雛型）の解説

　上記（A）における形式（雛型）例（①～⑧）に関して総説をしたい。まず、この「資金決済法に基づく表記（情報提供）」に関しては、「特定商取引法に基づく表示（情報提供）」と重なる部分がいくつか見受けられる。主として、①「氏名、商号又は名称」、④「利用者からの苦情又は相談に応ずる営業所又は事務所の所在地及び連絡」に関しては、特定商取引法に基づく表記との項目に重なるものがある。次に、②「前払式支払手段の支払可能金額等」に関しては、近年、ウェブサイト上の決済時において保護者の同意によらない未成年者による契約行為が相次いだ影響を受けて、年齢別（提供業者により13歳以上から20歳未満の購入上限制限）の支払可能金額が採り入れられる運びとなった。次に、③「物品の購入若しくは借受けを行い、若しくは役務の提供を受ける場合にこれらの代価の弁済のために使用し、又は物品の給付若しくは役務の提供

を請求することができる期間又は期限が設けられているときは、当該期間又は期限」に関しては、証票等の使用期限（有効期限）が発行日（利用日）から6か月以内の場合には適用除外に該当する。次に、⑤「その他内閣府令で定める事項（施設、場所の範囲）」、⑥「前払式支払手段の利用上の必要な注意」、⑧「前払式支払手段の利用に係る約款、説明書」に関しては、前払式支払手段（CARD部分）と一体となっている書面の場合、面積が狭いために資金決済法13条第1項各号に掲げる事項を明瞭に表示することができないときには、(a)使用することができる施設または場所の範囲（法22条2項1号）、(b)利用上の必要な注意（法22条2項2号）、(c)約款の交付（法22条2項4号）の情報を提供することで足りるとされている。最後に、⑦「前払式支払手段の当該未使用残高を知る方法」に関しては、前払式支払手段を採用している各種事業者のウェブサイト上において会員登録をして、電磁的方法（電子メール、ログイン後の会員情報欄）により確認するのが一般的である。

5　資金決済法13条における表示および情報の提供の適用除外規定

　資金決済法13条は、表示および情報の提供の適用除外規定として、証票等の使用期限（有効期限）が発行の日から6か月以内の場合に関する適用除外の規定を定めている。当該適用除外として、資金決済法4条柱書は、「次に掲げる前払式支払手段については、この章の規定は、適用しない。」とし、同条2号で、「発行の日から政令で定める一定の期間内に限り使用できる前払式支払手段」とし、資金決済法施行令4条2項では、「法第4条第2号に規定する政令で定める一定の期間は、6月とする。」と期間を定めている。

図表2-3　表示および情報の提供の適用除外規定

法4条2号、施行令4条2項	適用除外（内容）
発行日から一定期間に限り使用できる前払式支払手段	6か月以内［使用期限］ ①　届出・登録の義務や発行保証金の供託義務は無し（不要）。

	② 発行ポイントを6か月以内で消化する。
	③ 6か月経過した場合を規約で定める。

VI 発行保証金に関する規制

1 はじめに

　前払式支払手段においては、ユーザーによる事前支払いが必須とされることから、その事前に支払った対価についての保護が必要とされる。資金決済法は、前払式支払手段発行者に対し、発行保証金の供託等の義務を課すとともに（法14条以下）、ユーザー（前払式支払手段の保有者）に対し、当該前払式支払手段に係る発行保証金について、「他の債権者に先立ち弁済を受ける権利」を付与する（法31条）。宅地建物業、割賦販売業、旅行業等、取引の相手方が不特定多数であり、取引活動も広範かつ頻繁な業種では、取引の相手方や被害者を保護するため、営業保証供託の制度が設けられているところ、資金決済法も、前払式支払手段発行者に対し、同様の制度を用意することにしている。

　本章VIでは、発行保証金に関する規制につき、概説する。

---

58) ちなみに、「仮想通貨」の場合、そもそもユーザーによる事前支払が存在しない以上、かかるスキームによる保護に拠ることはできない。そこで、改正資金決済法は、仮想通貨交換業者に対し、利用者の保護等に関する措置として、内閣府令で定めるところにより、その取り扱う仮想通貨と本邦通貨または外国通貨との誤認を防止するための説明、手数料その他の仮想通貨交換業に係る契約の内容についての情報の提供その他の仮想通貨交換業の利用者の保護を図り、および仮想通貨交換業の適正かつ確実な遂行を確保するために必要な措置を講じる義務を（法63条の10）、利用者財産の管理として、その行う仮想通貨交換業に関して、内閣府令で定めるところにより、仮想通貨交換業の利用者の金銭又は仮想通貨を自己の金銭または仮想通貨と分別して管理する義務を（法63条の11第1項）、それぞれ課すことにしている。
　前払式支払手段におけるユーザー保護が、発行保証金に対する優先弁済権であるのに対し、仮想通貨の場合は、ひとえに分別管理の問題とされることとなる。

2 発行保証金

　発行保証金は、「基準日未使用残高」と「基準額」（1000万円（令6条））とを対比して決される（法14条1項）。すなわち、「基準日未使用残高」が「基準額」を上回る場合には、当該基準日未使用残高の2分の1の額以上の額が発行保証金として保全されなければならない（図表2-5参照）。裏を返すと、基準日未使用残高基準額が基準額以下の場合には、かかる保全義務は課されないことになる。この点は、資金移動業者が、少なくとも最低要履行保証額（1000万円（令14条））については、常に保全義務が課されること（法43条2項）と規制を異にしている。

図表2-5　発行保証金の算定

基準日未使用残高＞基準額（1000万円）の場合	当該基準日未使用残高の1/2の額以上の額（法14条1項）
基準日未使用残高基準額の場合≦基準額（1000万円）の場合	なし

　また、資金決済法は、所定の要件を満たす銀行、保険会社等が、前払式支払手段発行者である場合にも、その者の信用に鑑み、保全義務を課さないことにしている（法35条、令8条2項、12条2項）。

3 基準日未使用残高の算定

　「基準日未使用残高」は、次の図表2-6におけるAからBを控除したものであるのが原則である（前払府令4条参照）。

図表2-6　前払府令が定める基準日未使用残高の算定（下記AからBを控除したもの）

A	「直近基準日」（当該基準日未使用残高に係る基準日）以前に到来した各基準日に係る前払式支払手段の基準期間発行額の合計額
B	当該直近基準日以前に発行したすべての前払式支払手段の当該直近基準日までにおける回収額（下記のイおよびロの合計額） 　イ　前払式支払手段の使用により代価の弁済に充てられた金額 　ロ　前払式支払手段の使用により請求された物品又は役務の数量を当該直近基準日において金銭に換算した金額

　Aは、各基準日ごとに、前払式支払手段の基準期間発行額を算出し、それを合計して算出する必要がある。

　前払式支払手段事務ガイドラインは、簡便な形として、下記のa＋bの方式により、基準日未使用残高を算定することを許容している（前払式支払手段事務ガイドラインⅠ-2-1（図表2-7）参照）。

図表2-7　前払式支払手段事務ガイドラインが許容する基準日未使用残高の算定

a	当該基準日の直前の基準日における基準日未使用残高
b	「基準期間発行額」－「基準期間回収額」

4　資産保全方法

　前払式支払手段発行者がなすべき資産保全方法としては、下記の3つがある。前払式支払手段発行者は、これらのいずれを使用してもよく、併用してもよい。資金移動業の場合においては、供託、保証金保全契約の併用が認められるが、信託を選択した場合には、他の手段との併用が認められないとされているのと、対照的である。

(1) 発行保証金の供託

　資金決済法は、供託による資産保全を原則的な形態と考えている。前払式支払手段発行者がなすべき供託は、基準日未使用残高が基準額を超えることとなった基準日の翌日から2月以内に（前払府令24条1項）、主たる営業所または事務所の最寄りの供託所に供託しなければならない（法14条1項）。

　前払式支払手段発行者は、権利の実行の手続の終了その他の事実の発生により、発行保証金の額がその事実が発生した日の直前の基準日における要供託額に不足することとなったときは、その事実の発生を知った日から2週間を経過する日までに（前払府令26条1項）、「不足額」について供託を行い、遅滞なく、その旨を内閣総理大臣に届け出なければならない（追加供託（法14条2項））。

　追加供託の「不足額」は、前記の基準日未使用残高から、当該基準日における払戻しの手続（法20条1項）に係る前払式支払手段および権利の実行の手続（法31条1項）に係る前払式支払手段の基準日未使用残高を控除した額の2分の1の額とされる（前払府令25条）。

　発行保証金は、金銭によることが原則だが、金銭に限らず、債券をもってあてることができる（法14条3項）[59]。その一覧および当該債券等の評価額は、図表2-8のとおりである（前払府令28条、29条1項）。株式は対象とされていない。

図表2-8　発行保証金に充てることができる債券の一覧とその評価額

	債券の一覧	評価額
1	国債証券	額面金額
2	地方債証券	額面金額100円につき90円として計算した額

---

59) 円貨に限られ、外貨を含まない。堀・前掲注10) 208頁。

3	政府保証債券（金融商品取引法2条1項3号に掲げる有価証券のうち政府が元本の償還および利息の支払について保証しているもの）	額面金額100円につき95円として計算した額
4	金融庁長官の指定する社債券その他の債券	額面金額100円につき80円として計算した額

なお、振替制度が適用される債券に関しては、前記のうち、国債（振替国債）のみが供託可能財産とされている（前払府令28条1号）。振替社債は、対象となっていない。振替社債を利用する場合は、後掲（3）発行保証金信託契約によらなければならない。

(2) 発行保証金保全契約

前払式支払手段発行者は、「発行保証金保全契約」を締結し、その旨を内閣総理大臣に届け出たときは、当該発行保証金保全契約の効力の存する間、保全金額につき、発行保証金の全部または一部の供託をしないことができる（法15条）。

ここに「発行保証金保全契約」とは、所定の要件（令8条、前払府令31条、32条）を満たす銀行、保険会社等が前払式支払手段発行者のために内閣総理大臣の命令に応じて発行保証金を供託する旨の契約のことであり、以下の内容が含まれなければならない（令7条）。

① 当該発行保証金保全契約を締結した銀行、保険会社等が、金融庁長官の命令を受けた場合、当該前払式支払手段発行者のために、発行保証金を供託する旨を当該前払式支払手段発行者に約していること

② 金融庁長官の承認を受けた場合を除き、当該発行保証金保全契約の全部または一部を解除することができないこと。

(3) 発行保証金信託契約

前払式支払手段発行者は、信託会社等との間で、「発行保証金信託契約」を

締結し、内閣総理大臣の承認を受けたときは、当該発行保証金信託契約に基づき信託財産が信託されている間、当該信託財産の額につき、発行保証金の全部または一部の供託をしないことができる（法16条1項）。

ここに「発行保証金信託契約」とは、信託会社等が内閣総理大臣の命令に応じて信託財産を発行保証金の供託に充てることを信託の目的として当該信託財産の管理その他の当該目的の達成のために必要な行為をすべき旨の信託契約をいう。発行保証金信託契約は、以下をその内容とするものでなければならない（法16条2項、前払府令35条）。

① 発行保証金信託契約を締結する前払式支払手段発行者が発行する前払式支払手段の保有者を受益者とすること。
② 受益者代理人を置いていること。
③ 内閣総理大臣の命令に応じて、信託会社等が信託財産を換価し、供託をすること。
④ 信託契約前払式支払手段発行者（発行保証金信託契約を締結する前払式支払手段発行者）を委託者とし、信託会社等を受託者とし、かつ、当該信託契約前払式支払手段発行者が発行する前払式支払手段の保有者を信託財産の元本の受益者とすること。
⑤ 複数の発行保証金信託契約を締結する場合にあっては、当該複数の発行保証金信託契約について同一の受益者代理人を選任すること。
⑥ 信託契約前払式支払手段発行者が次に掲げる要件に該当することとなった場合には、信託契約前払式支払手段発行者が信託会社等に対して信託財産の運用の指図を行わないこと。
　ⅰ 信託契約前払式支払手段発行者が自家型発行者である場合において、発行の業務の全部または一部の停止を命じられたとき
　ⅱ 信託契約前払式支払手段発行者が第三者型発行者である場合において、登録を取り消されたとき
　ⅲ 破産手続開始の申立て等が行われたとき
　ⅳ 前払式支払手段の発行の業務の全部を廃止したとき
　ⅴ 第三者型前払式支払手段の発行の業務の全部または一部の停止の命令を受けたとき

ⅵ　金融庁長官が供託命令を発したとき
⑦　信託契約前払式支払手段発行者が前号に掲げる要件に該当することとなった場合には、受益者および受益者代理人が信託会社等に対して受益債権を行使することができないこと。
⑧　発行保証金信託契約に基づき信託される信託財産の運用を行う場合にあっては、その運用が次に掲げる方法によること。
　ⅰ　国債証券その他金融庁長官の指定する債券の保有
　ⅱ　銀行等に対する預貯金（信託契約前払式支払手段発行者が当該銀行等である場合には、自己に対する預貯金を除く）
　ⅲ　次に掲げる方法
　　　イ　コール資金の貸付け
　　　ロ　受託者である信託業務を営む金融機関に対する銀行勘定貸
　　　ハ　金融機関の信託業務の兼営等に関する法律第6条の規定により元本の補塡の契約をした金銭信託
⑨　信託契約前払式支払手段発行者が信託財産を債券とし、または発行保証金信託契約に基づき信託される信託財産を⑧ⅰに掲げる方法（国債証券その他金融庁長官の指定する債券の保有）により運用する場合にあっては、信託会社等または信託契約前払式支払手段発行者がその評価額を所定の方法により算定すること。
⑩　発行保証金信託契約が信託業務を営む金融機関への金銭信託契約で元本補塡がある場合にあっては、その信託財産の元本の評価額を当該金銭信託契約の元本額とすること。
⑪　所定の規定により解除を行う場合以外の場合には、発行保証金信託契約の全部または一部の解除を行うことができないこと。
⑫　前号の場合に行う発行保証金信託契約の全部または一部の解除に係る信託財産を信託契約前払式支払手段発行者に帰属させるものであること。
⑬　信託会社等が命令に応じて、信託財産を換価し、金融庁長官が指定する供託所に供託すること。
⑭　信託会社等が命令に応じて供託した場合には、当該発行保証金信託契約を終了することができること。

⑮ 前号の場合であって、当該発行保証金信託契約の全部が終了したときにおける残余財産を信託契約前払式支払手段発行者に帰属させることができること。

⑯ 信託契約前払式支払手段発行者が信託会社等または受益者代理人に支払うべき報酬その他一切の費用および当該信託会社等が信託財産の換価に要する費用が信託財産の元本以外の財産をもって充てられること。

発行保証金信託契約に基づき信託される信託財産の種類および評価額は図表2-10のとおりである（法16条3項）。前述のとおり、発行保証金信託契約においては、供託の場合と異なり、振替社債も対象とすることができる。対象が広いといえる。

図表2-10 発行保証金信託契約に基づき信託される信託財産の種類および評価額（法16条3項、前払府令36条）

1	金銭[60]	
2	銀行等に対する預貯金[61]	
3	国債証券	100分の100
4	地方債証券	100分の90
5	政府保証債券	100分の95
6	金融商品取引法施行令2条の11に規定する債券	100分の90
7	外国の発行する債券	100分の85
8	金融庁長官の指定する社債券その他の債券	100分の80

5 供託命令と還付

内閣総理大臣は、前払式支払手段の利用者の利益の保護のために必要があると認めるときは、発行保証金保全契約もしくは発行保証金信託契約を締結した

---

60) 円貨のみならず、外貨も可能である。堀・前掲注10) 219頁。
61) 信託契約前払式支払手段発行者が当該銀行等である場合には、自己に対する預貯金を除く。

前払式支払手段発行者またはこれらの契約の相手方に対し、保全金額または信託財産を換価した額の全部または一部を供託すべき旨を命ずることができる（法17条）。

そして、前払式支払手段の保有者は、前払式支払手段に係る債権に関し、当該前払式支払手段に係る発行保証金について、他の債権者に先立ち弁済を受ける権利を有する（法31条1項）。これにより、前払式支払手段の保有者の具体的保護が図られることになる。

発行保証金に対する優先弁済権は、一種の還付請求権であると解される。[62]

VII 払戻しに関する規制

1 はじめに

前払式支払手段発行者は、前払式支払手段の発行の業務の全部または一部を廃止する場合等、法令で払戻手続が義務づけられている場合以外には、原則として、前払式支払手段の払戻しを行うことが禁止されている。

これは、前払式支払手段について自由な払戻し（換金、返金等を含む）が認められると、元本の返還が約束されることになり、たとえば、出資法2条1項で禁止される「預り金」に当たるおそれがあること、さらには、当該前払式支払手段が送金手段として利用されると、銀行法の禁止する「為替取引」に当た

---

[62] 文言が先取特権に関する民法303条に似ているところから、特別の先取特権と解する説もあり得るところである。同様の議論は、類似の文言を有する担保物に対する被告の権利（民事訴訟法77条）について争われ、最判平成25・4・26民集67巻4号1150頁は、「被供託者が供託金につき還付請求権を有すること、すなわち、被供託者が、供託所に対し供託金の還付請求権を行使して、独占的、排他的に供託金の払渡しを受け、被担保債権につき優先的に弁済を受ける権利を有することを意味するものと解するのが相当であって、これをもって被供託者に特別の先取特権その他の会社更生法2条10項所定の担保権を付与したものと解することはできない」と判示して、担保権ではなく、還付請求権であるとした。武藤貴明「判批」法曹時報67巻1号207頁。

るおそれがあることがその理由とされている。[63]

以下では、他の法律との関係も含め、前払式支払手段における払戻しに関わる規制について解説する。

2 払戻手続等

(1) 発行業務の廃止等と払戻し

前払式支払手段発行者が、前払式支払手段の発行業務の全部または一部を廃止しようとする場合（相続または事業譲渡、合併もしくは会社分割その他の事由により当該業務の承継が行われた場合を除く）、第三者型発行者の登録を取り消された場合には、それぞれ払戻手続を行わなければならない（法20条1項1号・2号）。

そのほか、払戻手続が必要な場合として「内閣府令で定める場合」があげられているが（同条3号）、今のところ府令にそうした定めはない。

なお、一般社団法人日本資金決済業協会のウェブサイトには、払戻しを行っている発行業者を一覧表示した箇所がある。[64]

(2) 払戻手続の内容

払戻手続は、前払式支払手段の残高を前払式支払手段の保有者に払い戻す手続であり、その内容は法定されている（法20条2～4項、前払府令41条）。

まず、払戻手続において、前払式支払手段発行者が公告すべき事項は、以下のとおりである（前払府令41条5項）。

① 払戻しを行う旨
② 払戻しを行う前払式支払手段発行者の氏名、商号・名称
③ 払戻しに係る前払式支払手段の種類

---

63) 堀・前掲注10) 241頁。この他、高橋・前掲注1) 114頁以下も参照。
64) 詳細は、http://www.s-kessai.jp/cms/payback/list/ を参照。

④　保有者は、60日を下回らない一定の期間内に申出をなすべきこと

⑤　申出をしない保有者は、払戻手続から除斥されるべきこと

⑥　払戻しに関する問い合わせに応ずる営業所または事務所の連絡先

⑦　④に関わる保有者の申出方法

⑧　払戻しの方法

⑨　その他払戻手続に関し参考になるべき事項

　なお、払戻手続を行う前払式支払手段発行者は、少なくとも上記①〜⑤の事項を日刊新聞紙に掲載して公告するとともに、①〜⑨の事項をすべての営業所または事務所および加盟店といった公衆の目のつきやすい場所に掲示することが要求されている（前払府令41条3項）。ただし、前払式支払手段に係る証票等または当該前払式支払手段と一体となっている書面その他の物を利用者に対し交付することがない場合および前払府令21条3項に規定する場合においては、会社法2条34号に規定する電子公告により行うことができる（前払府令41条2項ただし書）。

　また、インターネット等を通じて物品の給付または役務の提供が行われている場合に、前払式支払手段について払戻しを行おうとするときは、営業所等での掲示に代えて、前払式支払手段発行者が利用者に対して通常提供している情報提供方法（前払府令21条2項を参照）により、①〜⑨に掲げられる事項を提供しなくてはならない（前払府令41条4項）。こうした情報提供を行うことで、前払式支払手段保有者が不測の損害を被ることがないようにしている。[65]

　前払式支払手段発行者は、上記の公告を行ったことを金融庁長官に届け出なければならない（金融庁に対する届出書の提出。前払府令41条6項）。

　その他、前払式支払手段発行者の払戻しについては、前払式支払手段事務ガイドラインの内容にも配慮することが求められる。以下がその内容である。

> Ⅱ-3-2　前払式支払手段の払戻し
> 　前払式支払手段の払戻しに関する前払式支払手段発行者の監督に当たっては、例えば、以下の点に留意するものとする。

---

65)　堀・前掲注10) 271頁。

Ⅱ-3-2-1　主な着眼点
① 法第20条第1項に基づく払戻しについて
　　イ．法第20条第2項各号に規定する項目について、すべての営業所又は事務所及び加盟店において適切に掲示が行われるよう、例えば、加盟店へ掲示内容や掲示期間の周知を行うとともに掲示状況の確認を行うなど、適切な措置を講じているか。日刊新聞紙による公告については、払戻手続の対象となる前払式支払手段を使用することができる施設の所在する都道府県をすべて網羅する形で行われているか。（注）

　　　なお、内閣府令第41条第4項に規定する場合においては、前払式支払手段発行者は、営業所又は事務所及び加盟店における掲示に代えて、内閣府令第21条第2項各号の方法のうち、少なくとも法第13条第1項に規定する情報の提供義務を履行するために通常使用している方法により、所要の事項について情報の提供を行う必要がある。
　　ロ．前払式支払手段発行者は、払戻しを行うに当たり、利用者保護の観点から、以下のような措置を講じることが望ましい。
　　　a．利用終了の周知
　　　　前払式支払手段の利用機会を一定期間確保する観点から、利用終了日を決定した場合には、速やかに自社ホームページや店頭ポスターでの掲示等により利用終了について周知する。
　　　b．払戻しに係る申出期間
　　　　法令で定める60日間は、最低限の申出期間であり、利用者が払戻しを受ける機会を確保する観点から、十分な申出期間を設定する。
　　　c．払戻しの周知方法
　　　　法令で求められている方法に加えて、例えば、自社ホームページ、加盟店ホームページ、所属する業界団体等のホームページ、認定資金決済事業者協会ホームページや、独立行政法人国民生活センターホームページにおいても掲示を行う。
　　　　なお、払戻しの実効性を確保する観点から、利用終了の周知、払戻しに係る申出期間及び周知方法の設定については、画一的に行わず、払戻しの対象となる前払式支払手段の発行規模（未使用残高、枚数等）や使用態様等の特性を踏まえ、適切な設定となるよう留意する必要がある。
　　ハ．払戻しの申出を行った利用者について、もれなく払戻しが行われているか。

(注1)「利用終了」とは、前払式支払手段の発行の業務の全部又は一部の廃止（相続又は事業譲渡、合併若しくは会社分割その他の事由により、当該事業の承継が行われた場合を除く）をいう。

(注2) 公告や営業所または事務所及び加盟店における掲示の実施状況に照らして、前払式支払手段発行者が法第20条第2項に規定する措置を十分に講じたと認められない場合には、同条第1項に規定する払戻手続が適切に実施されたとは認められず、当該期間中に現実に払戻しが行われなかった前払式支払手段については、未使用残高から控除することができないことに留意する必要がある。

② 法第20条第5項に基づく払戻しについて

　イ．払戻金額の総額が内閣府令第42条において定める額を超える場合には期中であっても払戻しができなくなることを踏まえ、必要に応じて期中にあっても払戻実績を把握することとするなど、法令に定める上限を越えて払戻しが行われることを防止するための態勢を整備しているか。

　ロ．法第20条第5項及び内閣府令第42条第1号又は第2号に基づき、利用者からの払戻請求に応じている場合には、利用者に対して払戻手続について適切に説明を行っているか。例えば、利用者が、「常に払戻しが可能である」と誤認するおそれのある説明を行っていないか。

Ⅱ-3-2-2　監督手法・対応

　内閣府令第41条第4項及び第5項による届出書の内容等を確認した結果、法第20条第1項に基づく払戻手続が適正に行われたか否かについて、疑義がある場合には、法第18条第4号に基づき発行保証金の取戻しの承認を行う前に、必要に応じて法第24条に基づき報告書を徴収することなどにより、当該払戻手続が適正に行われたことを確認することとする。

　その他、検査の指摘事項等によって把握された前払式支払手段の払戻しに関する課題等については、上記の着眼点に基づき、原因及び改善策等について、深度あるヒアリングを実施し、必要に応じて法第24条に基づき報告書を徴収することにより、前払式支払手段発行者における自主的な業務改善状況を把握することとする。

　更に、前払式支払手段の利用者の利益の保護の観点から重大な問題があると認められるときには、前払式支払手段発行者に対して、法第25条に基づく業務改善命令を発出することとする。また、重大、悪質な法令違反行為が認めら

れるときには、法第 26 条又は第 27 条に基づく業務停止命令等の発出を検討するものとする（行政処分を行う際に留意する事項はⅢ-3 による。）。

(3) 払戻しを行うべき金額

払戻しを行うべき前払式支払手段の残高は、払戻しをする旨の公告をした日において、利用者が保有する前払式支払手段の未使用残高の全額である（前払府令 41 条 1 項）。以下のようになる。

① 払戻手続に係る公告を行った日（払戻基準日）以前に到来した直近の基準日における基準日未使用残高
② 直近の基準日の翌日から払戻基準日までに発行した前払式支払手段の合計額
③ 直近の基準日の翌日から払戻基準日までに代価の弁済に充てられた金額
④ 直近の基準日の翌日から払戻基準日までに請求された物品・役務の数量を払戻基準日において金銭に換算した額

①と②の合計額から③と④の合計額を控除した額が、払戻しを行うべき金額となる。

(4) 払戻し

前払式支払手段発行者は、払戻しが完了したときは、前払府令別紙様式第 25 号に従って、払戻完了報告書を金融庁長官に提出しなければならない（前払府令 41 条 7 項）。

前払式支払手段発行者は、払戻手続終了後、一定の要件を満たす場合には、発行保証金を取り戻すことができる（法 18 条 4 号、令 9 条 2 項 1・2 号）。

払戻しの原資不足等により、払戻しが完了することができないときは、速やかに、前払府令別紙様式第 26 号により作成した届出書を金融庁長官に提出しなくてはならない（前払府令 41 条 8 項）。この場合、権利実行の手続が開始され、前払式支払手段保有者に対して、供託されている発行保証金の中から還付

が行われることになる（法31条）。

(5) 払戻手続完了後の債権債務関係

払戻手続の対象となる前払式支払手段の保有者のうち、払戻手続に従って申出を行った者は、当該払戻手続の中で払戻しを受けることになるが、反対に、申出を行わなかった者は、申出期間が終了した時点で除斥されることとなる。除斥された前払式支払手段については、未使用額から控除され（前払府令4条）、権利実行の手続（法31条）の対象からも除かれるが、保有者が前払式支払手段発行者に対して私法上有する債権そのものを消滅させるものではないと解されている[66]。

この点、一般的な利用約款に基づけば、前払式支払手段の保有者は、前払式支払手段の発行者に対し、当該前払式支払手段を自己または加盟店で商品または役務の代価の弁済に使用することができる権利や、これと引き換えに商品または役務の提供を請求する権利を有し、発行者は保有者に対して当該債務を負担していると考えられることから、こうした私法上の法律関係の下で、前払式支払手段の発行業務が廃止された場合には、本来的な前払式支払手段の利用ができなくなることから、保有者の発行者に対する当該債務の履行請求権は履行不能により消滅し、以後は、債務不履行に基づく損害賠償請求権や契約解除に基づく原状回復請求権が発生すると解されている[67]。

3 前払式支払手段と預り金や預金との関係

(1) 問題点

前払式支払手段は、商品・サービスの前払いによる支払手段とされ、発行者は、契約に基づいて一定範囲の金銭債務の弁済に充てることを予定して金銭を

---

66) 堀・前掲注10) 273頁。
67) 詳細は、堀・前掲注10) 273～274頁を参照。

受け入れることから、金銭の返還を予定する預り金、預金には該当しないと解されている[68]。しかし、前払式支払手段について払戻しが行われる場合には、預り金や預金との関係が問題になる。

払戻しとは、発行者（および契約によって、商品・サービスを提供する加盟店）が、いったん発行された前払式支払手段について、商品・サービスの提供に代えて、金銭を払い戻すことをいう[69]。券面金額の一部について、財・サービスを提供し、残額について金銭を渡すこと（釣銭の支払）は、払戻しの一類型とされる。前払式支払手段を金銭に換えることは、一般に「換金」といわれるが、発行者が行うことを払戻しとしている。

なお、前払式支払手段の購入契約が取消され、代金を返却する場合までも払戻しとするものではないが、一般的な払戻しを禁じる場合には、脱法的にこの方式が利用されることは禁じられるべきと解されている[70]。

(2) 出資法の預り金

前払式支払手段について一般的な払戻しを認めた場合、元本の返還が約束されたものといえ、預り金に当たる可能性がある。前払式証票規制法には払戻しに関する規制はないが、一般的な払戻しが行わなければ、出資法等に違反するものではないとの認識があり、事業者が慎重に対応し、やむを得ないような場合には、払戻しに応じているのが実態とされている[71]。

出資法は、一般大衆を保護し、社会の信用制度と経済秩序の維持・発展を図るため、詐欺的な勧誘により出資金の受入れを禁じており（1条）、さらに、免許等を受けた金融機関等のみに預り金の受入を行わせ、その他の者が預り金を受け入れることを禁じている（2条）。

預り金とは、預金等と同様の経済的性質を有し、金融庁「事務ガイドライン（第三分冊：金融会社関係　2.預り金関係）」によれば、以下の要件に該当す

[68) 高橋・前掲注3) 58頁。
[69) 高橋・前掲注3) 58頁。
[70) 高橋・前掲注3) 58頁。
[71) 高橋・前掲注3) 58頁。

るものとされる。[72]

> 2-1　出資法第2条における金融庁の権限等
> 　2-1-1　出資法第2条について
> (1) 一般大衆から預り金の受入れを行い、その業務がひとたび破綻をきたすようなことがあれば、一般大衆に不測の損害を及ぼすばかりでなく、社会の信用制度と経済秩序を乱すこととなる。
> 　このため、出資の受入れ、預り金及び金利等の取締りに関する法律（以下「出資法」という。）第2条は、一般大衆の保護と信用秩序の維持の観点から、他の法律において特別の規定のある者（例えば、銀行法に基づく銀行等）を除き、「預り金」を禁止しているものである。
> (2)「預り金」とは、同条第2項において、預金等と同様の経済的性質を有するものとされており、次の4つの要件のすべてに該当するものとされている。
> ①　不特定かつ多数の者が相手であること
> ②　金銭の受け入れであること
> ③　元本の返還が約されていること
> ④　主として預け主の便宜のために金銭の価額を保管することを目的とするものであること

　また、預り金の意義につき、最高裁は、「（イ）不特定多数の者からの金銭の受入で、（ロ）預金、貯金、掛金、その他何等の名義をもってするを問わず、これらと同様の経済的性質を有するものをいうのであって、たとい本件におけるがごとく出資金又は融資金等の名義を用いたとしても、元本額又はそれ以上の額を弁済期に返還することを約旨として不特定多数の者から金銭を受入れることは、同条にいわゆる預り金に当るものといわなければならない。」としている（最決昭和31・8・30判タ63号50頁）。

(3) 銀行法の預金

　預金の受入業務は銀行業に該当し（銀行法2条2項1号、3条）、銀行免許

---

[72]　金融庁ウェブサイト（http://www.fsa.go.jp/common/law/guide/kaisya/02.pdf）を参照。

を受けずに銀行業を行うことは禁じられている（同法 4 条 1 項）。

　預金の定義につき、銀行法には何ら規定が置かれていないが、一般には、同額の金銭の返還を受ける約束の下で他人に金銭を預けることをいい、その性格は消費寄託（民法 666 条）と解されている。より詳しく述べると、預金とは、①受け入れる側が、不特定かつ多数の者を相手として行う営業であること、②金銭の預け入れであること、③元本保証があること、④主として預け主の便宜のためになされるものであること、などとされている。

（4）前払式支払手段の払戻しの問題点

（A）一般大衆保護・信用秩序維持

　預り金や預金の受入れを行うことができるのが銀行等に限られるのは、一般大衆の保護と信用秩序維持のためと解されている。

　前者の一般国民の保護については、元本保証を行って資金を募る詐欺的な資金募集を防止するためといえる。前払式支払手段については、たとえば、払戻しが可能な前払式支払手段について、利用可能金額を下回る金額で発行（ディスカウントあるいはプレミアム付発行）すれば、支払手段としてではなく、投資対象として利用されるおそれがあり、利用者を保護することが必要となる。

　また、後者の信用秩序維持の問題については、システミックリスクの回避や信用創造機能の保護が問題になる。この点、前払式支払手段については、部分準備である 50％ 以上の資産保全が必要であり、預金と異なり前払式支払手段そのものを利用した貸付が行われる可能性が低いなど、システミックリスクの

---

73) 高橋・前掲注 3) 62 頁。
74) 小山嘉昭『詳解銀行法（全訂版）』（金融財政事情研究会、2004）116 頁。しかし、現実には、銀行預金についての権利義務は、約款・慣習・取締規定（行政法規）によって規律されており、民法の規定の重要性は小さいという（内田貴『民法 II（第 3 版）』（東京大学出版会、2011）307 頁を参照）。
75) 小山・前掲注 74) 117 頁以下。
76) 高橋・前掲注 3) 62〜63 頁。
77) この点、未使用発行残高の 2 分の 1 以上の資産保全の規定、金融当局による監督規定があるものの、銀行ほどの監督規制となっておらず、自由な払戻しを認めるのは妥当でないとする（高橋・前掲注 3) 63 頁を参照）。

第 2 章　前払式支払手段の概要

顕在化の可能性や信用創造機能が高いとは考えにくいとされ、一般的な払戻しを認めても預金と同じ経済的機能はないものと解されている。[78]

(B) 事業者対策

事業者からは、一般的な払戻しを可能とすることを求める必要性はないが、前払式支払手段の払戻しは利用者にとって利便性が高いことから、一般的な払戻しを認めることや払戻しを義務づけることも考えられる。しかし、一般的な払戻しを認めるには、強力な規制が必要となり、これは、新たな預金に相当する支払手段を創設することになるため、不適当と解されている。特に、これまでの前払式証票規制法が、わが国における前払式支払手段の発達を阻害せず、その発達を促進するものであったことから、一般的な払戻しに対する規制強化は、前払式支払手段の利便性の低下や今後のシステムの発展を阻害することにもなりかねないため、前払式支払手段については、原則として、法律で払戻しを規制するものの、利用者の利便性も考慮して、例外的な場合に払戻しを認めることが適当であるという。[79]

4 払戻しの義務づけ

前払式支払手段は少額のものが多いことから、所有の事実について忘却され、死蔵されることがままあるという。[80]こうした死蔵金につき、有効期限が定められているものについては、期限の到来により資産保全の義務の対象から外れるが、有効期限の定めのないものについては、使用されるまで資産保全義務の対象となる。前払式証票規制法では、基準日未使用残高の計算において、回収額として「有効期限の到来その他の理由により代価の弁済に充てられなくなった金額を含む」（旧施行規則2条）とされていたことから、前払式証票について消滅時効が完成した場合に、この「有効期限の到来その他の理由」に当たるのか、当たるとした場合に消滅時効の完成はいつかという問題が生じていた。[81]

---

78) 髙橋・前掲注3) 63頁。
79) 髙橋・前掲注3) 63〜64頁。
80) 髙橋・前掲注3) 95頁。

資金決済法では、原則として、前払式支払手段の払戻しを行うことが禁止されているが（20条5項）、払戻しが認められる場合につき、以下のように規定する。すなわち、①基準日を含む基準期間における払戻金額の総額が、当該基準日の直前の基準期間において発行した前払式支払手段の発行額の20％を超えない場合、②基準日を含む基準期間における払戻金額の総額が、当該基準期間の直前の基準日における基準日未使用残高の5％を超えない場合、③保有者のやむを得ない事情により、当該前払式支払手段の利用が著しく困難となった場合のいずれかとされる（前払府令42条）。こうしたことから、消滅時効の問題と離れて、払戻手続を行えば発行者は供託の義務を免れることになるという。[82]

5　払戻しの禁止

(1) 預り金や預金との関係

　前払式支払手段と預り金や預金との関係は、先に述べたとおりであるが、資金決済法は、預り金との関係を整理するため、前払式支払手段の払戻しを禁止している。

　しかし、前払式支払手段について、払戻しを一切認めないとすれば、利用者や発行者にとって不便なものになりかねないことから、払戻しが少額である場合のほか、発行業務の適正な実施に支障が生じないと認められる場合には、例外的に任意の払戻しを行うことができる（法20条5項ただし書）。

　前払式支払手段における払戻しの実態は、ケースバイケースであり、セーフハーバールールとして払戻金額が少額な場合を規定することが考えられ、その水準については、出資法や銀行法の趣旨を損ねない（あるいは信用秩序に与える影響が軽微である程度）ようにする必要があるという。[83]したがって、金融当

---

81) 髙橋・前掲注3) 95頁。
82) なお、払込手続は消滅時効について定める規定ではなく、前払式支払手続の保有者は、払戻手続が受けられなかった後であっても、消滅時効の完成の有無にかかわらず、発行者が消滅時効を援用しない限り、払戻手続とは別にその利用や払戻しを請求することできる（髙橋・前掲注3) 95頁を参照)。

局は、発行者が払戻しをする場合における登録等の審査や立ち入り検査の際に、払戻しを認める理由や形態、実際の運用等について確認をなすものと解される。[84]

　なお、払戻しの具体例として、一般社団法人日本資金決済業協会によれば、商品券やプリカペイドカード（プリカ）やインターネット上で使えるプリカについては、原則として払戻しは認められていないが、払戻金額が少額の場合や利用者のやむを得ない事情の場合等、発行者の業務の健全な運営に支障をきたすおそれがない場合には、例外として払戻しが認められているという。

　ここにいう「利用者のやむを得ない事情」とは、引越しや海外移住等の理由で、利用場所が限定された商品券やプリカが使えなくなるなど、利用者のやむを得ない事情から利用が困難になった場合は、例外として払戻しが認められるとされる（やむを得ない事情と認められるか否かは発行者の判断に委ねられる）。[85]

(2) 為替取引規制との関係

　第三者型の前払式支払手段については、通常、①発行者から利用者への「発行」、②利用者の加盟店での「使用」、③発行者と加盟店との間での「精算」という仕組みが予定されており、登録の対象となる「発行の業務」は、単に債務の負担にとどまらず、①〜③の仕組みを指すものと解されている。こうした発行の業務は、当座勘定機能に類似した金融機能を有することから、特に、一般的な払戻しが可能であるものについては、銀行法における為替取引規制との関係で問題になりえるという。[86]

　こうしたことから、一般的な払戻が可能な前払式支払手段については、為替取引（資金移動業）として規律を受ける方が妥当と判断し、一般的な払戻しを禁止している（法20条1項）。一般的な払戻しが可能なものも対価を得て発行

---

83)　高橋・前掲（注3）97頁。
84)　詳細は、高橋・前掲（注3）97頁を参照。
85)　詳細は、一般社団法人日本資金決済業協会のウェブサイト（http://www.s-kessai.jp/consumer/giftcard_prica_netprica/prepaid_user_protection.html〔最終アクセス日／2018年12月1日〕）を参照。
86)　高橋編・前掲注3）97頁。

されるという点で前払式支払手段に該当するものの、一般的な払戻しが可能な前払式支払手段は、資金移動業の登録を受けて行うものと整理されている[87]。

前払式支払手段発行者が払戻し禁止規定に違反する場合、銀行法（為替取引規制）違反となるのではなく、払戻し禁止規定違反として対処されるが、無登録で一般的な払戻しが自由な前払式支払手段を発行する場合には、銀行法違反（場合によっては出資法違反）になる可能性があるという[88]。

6　銀行による前払式支払手段の発行

銀行は、銀行法の「その他の付随業務」（10条2項本文）として、前払式支払手段を発行することができると解されている。銀行が前払式支払手段を発行する場合、発行保証金の供託に関する特例に従うこととされる（法35条。詳細は、本書Ⅹ5を参照）が、発行保証金の供託の例外のほか、銀行が前払式支払手段を発行する場合の特例は設けられておらず、銀行が発行する前払式支払手段であっても、一般的な払戻しを行うことはできないとされている。

前払式支払手段の一般的な払戻しが禁止されるのは、一般的な払戻しが行われる場合には、預金や為替取引との区別が困難であることなどから、一般的な払戻しを行う前払式支払手段の発行を資金移動業として整理するものであり、本来、預金の受入れや為替取引を行うことができ、運営の健全性が監督される銀行については、前払式支払手段の一般的な払戻しを禁止する必要はないとすることもできる。この場合、銀行が一般的な払戻しが可能な前払式支払手段を発行することは、為替取引を行うことに当たると解されるため、預金保険法によって、全額保護の対象となる決済債務に当たり（69条の2第1項、施行令14条の8第1号）、犯罪収益移転防止法の対象にもなるという（4条1項）[89]。

しかし、上記に対しては、①預金保険法による決済債務の全額保護は決済機能の保護のためのものであり、一般的な払戻し可能な前払式支払手段を念頭に

---

87)　高橋編・前掲注3）97頁。
88)　高橋編・前掲注3）97頁。なお、一般的な払戻しが禁止されても、第三者型の前払式支払手段における精算は金融機能を有するものであるから、自家型の前払式支払手段よりも参入条件が厳しく、加盟店に対する支払の履行の適切性が求められる（法10条1項4号）。
89)　高橋・前掲注3）100頁。

おいたものではないこと、②資金移動業者が発行するマネーオーダーには上限があるのに対し、銀行が発行する一般的な払戻し可能な前払式支払手段については上限がないこと、③非健全行が発行する場合には、発行保証金の供託義務と預金保険法による保険料の支払義務が重複すること、などの問題が存するという[90]。

銀行に一般的な払戻しが可能な前払式支払手段の発行を認める場合には、預金保険法の適用によって利用者保護を認めるのではなく、為替取引（同法施行令に基づく）から、銀行による一般的な払戻し可能な前払式支払手段の発行を除外した上で、資金決済法20条5項の払戻しの例外とし、銀行破綻の際には、資金決済法による還付手続の対象とすることが適当であるという[91]。

したがって、銀行が一般的な払戻し可能な前払式支払手段の発行を行うことについては、禁止するか、禁止しない場合には、規定を整備したうえで、銀行に対し為替取引として行うのか（預金保険法の適用）、前払式支払手段として発行するのか（資金決済法の適用）を明らかにさせる必要があるようである[92]。

7 その他の論点

前払式支払手段については、事業者が自主的に上限額を設けていることから、概ね少額にとどまっている。これは、事業者側のセキュリティ等の問題や、利用者側の利用ニーズや紛失等の不安に対処するためと解されている[93]。このような状況を踏まえ、また、一般的な払戻しを規制することで、マネーロンダリング等への不正利用のおそれも大きくはないと考えられることから、資金決済法においては、前払式支払手段の利用上限に関わる規制が設けられていないという[94]。

---

90) 髙橋・前掲注3）100頁。
91) 髙橋・前掲注3）101頁。
92) 詳細につき、髙橋・前掲注3）100頁を参照。
93) 髙橋・前掲注3）101頁。
94) 髙橋・前掲注3）101頁。

Ⅷ　情報管理に関する規制

1　はじめに

　前払式支払手段発行者は、法令等を遵守し、健全かつ適切な業務運営を行うため、適切な社内体制を整備することが必要とされる。特に、資金決済法では、発行者が前払式支払手段の業務に関わる登録審査を受ける際に、登録申請書の提出や実地調査等がなされることから、前払式支払手段の発行業務を適法・健全かつ適切に行うためには、金融庁が公表する前払式支払手段発行者関係に関わる前払式支払手段事務ガイドラインの内容にも配慮しつつ、発行者が行おうとする前払式支払手段の発行の業務の規模および特性に照らし、最適な社内体制を構築することが求められる[95]。

　以下では、前払式支払手段発行者が整備すべき社内体制のうち、情報管理に関わる問題について、資金決済法の規定や前払式支払手段事務ガイドラインの内容等も取り上げながら、解説することとする[96]。

---

[95]　たとえば、すでに他の業務を行っている会社であれば、当該業務において構築された社内体制を前提に、前払式支払手段発行者に求められる体制を付加すればよく、会社法上の大会社には、内部統制システムの構築が求められていることから（指名委員会等設置会社と監査等委員会設置会社については、大会社であるか否かを問わず、当該システムの構築が求められる）、当該システムを活用することも可能であろう。

[96]　なお、一般社団法人日本資金決済業協会も資金決済法等の規定に基づき「前払式支払手段自主規制規則」を策定・公表している。詳細は、http://www.s-kessai.jp/pdf/about/statutes/maebarai140904.pdf を参照。

2 前払式支払手段発行者が整備すべき情報管理の態様

(1) システム管理

　前払式支払手段発行者が発行の業務を行うに際しては、コンピュータシステムの停止や誤作動等といったシステムの不備等により、または、コンピュータが不正に使用されることにより、利用者や前払式支払手段発行者が損失を被るリスクが存在することを認識し、適切にリスク管理を行う必要がある。[97]

　特に、金額の情報が利用者の手元になく、発行者のコンピュータサーバで管理されているサーバ型前払式支払手段については、前払式支払手段ごとの価値情報が発行者のサーバに記録され、前払式支払手段の使用についてもシステムを介して行われる。また、ICカードを用いた前払式支払手段等についても、システムが担う役割は重大である。[98]

　この点、資金決済法では、前払式支払手段発行者は、内閣府令の定めるところにより、その発行の業務に係る情報の漏えい、滅失または毀損の防止その他の当該情報の安全管理のために必要な措置を講じなくてはならない旨規定する（21条）。ここで求められる情報は、個人情報に限らず、金額の情報や取引の情報といった発行業務に関わるすべての情報が含まれる。[99]

　しかし、内閣府令は、「前払式支払手段発行者は、その業務の内容及び方法に応じ、前払式支払手段の発行の業務に係る電子情報処理組織の管理を十分に行うための措置を講じなければならない。」（前払府令43条）と規定するのみで、具体的な内容については、下記の前払ガイドラインに詳細が規定されている。

> Ⅱ-3-1　システム管理
> 　前払式支払手段の発行の業務を行うに当たっては、コンピュータシステムの

---

[97] 堀・前掲注10) 236〜237頁。
[98] 堀・前掲注10) 237頁。
[99] 堀・前掲注10) 237頁。

ダウンや誤作動等、システムの不備等により、又は、コンピュータが不正に使用されることにより利用者や前払式支払手段発行者が損失を被るリスク（以下「システムリスク」という。）が存在することを認識し、適切にシステムリスク管理を行う必要がある。

　特に、ICカードを用いた前払式支払手段やサーバ型前払式支払手段については、発行者が使用するシステムに障害が発生した場合には、発行額、回収額、未使用残高の把握ができなくなるおそれや、前払式支払手段の発行業務が継続不可能となるなど利用者に多大な損害を及ぼすおそれがあることから、特にシステムリスク管理を適切に行う必要がある。

　以下の着眼点はICカードを用いた前払式支払手段やサーバ型前払式支払手段の発行者を想定しているが、字義どおりの対応がなされていない場合にあっても、当該前払式支払手段発行者の規模、前払式支払手段の発行の業務におけるコンピュータシステムの占める役割などの特性からみて、利用者保護の観点から、特段の問題がないと認められれば、不適切とするものではない。

　なお、磁気型・紙型の前払式支払手段を発行する場合にあっても、システム障害により前払式支払手段の発行の業務に支障を来すおそれがある場合には、必要に応じたシステム管理に係る態勢整備を行う必要がある。

　さらに、主な着眼点としてあげられる項目としては、下記のように、システムリスクに対する認識等、システムリスク管理態勢、システムリスク評価、情報セキュリティ管理、サイバーセキュリティ管理、システム企画・開発・運用管理、システム監査、外部委託管理、コンティジェンシープラン、データ管理態勢、障害発生時の対応等がある（前払式支払手段事務ガイドラインⅡ-3-1-1）。

Ⅱ-3-1-1　主な着眼点
（1）システムリスクに対する認識等
①　自らが営む前払式支払手段の発行の業務においてシステムの占める役割に応じ、当該業務におけるシステムリスクについて、経営者をはじめ役職員がその重要性を十分認識し、必要に応じて、定期的なレビューの実施やリスク管理の基本方針の策定等が行われているか。
②　経営者は、システム障害やサイバーセキュリティ事案（以下「システム障

害等」という。）の未然防止と発生時の迅速な復旧対応について、経営上の重大な課題と認識し、態勢を整備しているか。

　　（注）「サイバーセキュリティ事案」とは、情報通信ネットワークや情報システム等の悪用により、サイバー空間を経由して行われる不正侵入、情報の窃取、改ざんや破壊、情報システムの作動停止や誤作動、不正プログラムの実行やDDoS攻撃等の、いわゆる「サイバー攻撃」により、サイバーセキュリティが脅かされる事案をいう。

③　経営陣は、システムリスクの重要性を十分に認識した上で、システムを統括管理する役員を定めているか。なお、システム統括役員は、システムに関する十分な知識・経験を有し業務を適切に遂行できる者であることが望ましい。

④　経営陣は、システム障害等発生の危機時において、果たすべき責任やとるべき対応について具体的に定めているか。
　　また、自らが指揮を執る訓練を行い、その実効性を確保しているか。

(2) システムリスク管理態勢

① 経営陣は、コンピュータシステムのネットワーク化の進展等により、リスクが顕在化した場合、その影響が連鎖し、広域化・深刻化する傾向にあるなど、経営に重大な影響を与える可能性があるということを十分踏まえ、リスク管理態勢を整備しているか。

② システムリスク管理の基本方針が定められているか。システムリスク管理の基本方針には、セキュリティポリシー（組織の情報資産を適切に保護するための基本方針）及び外部委託先に関する方針が含まれているか。

③ システムリスク管理態勢の整備に当たっては、その内容について客観的な水準が判定できるものを根拠としているか。
　また、システムリスク管理態勢は、システム障害等の把握・分析、リスク管理の実施結果や技術進展等に応じて、不断に見直しを実施しているか。

(3) システムリスク評価

① システムリスク管理部門は、顧客チャネルの多様化による大量取引の発生や、ネットワークの拡充によるシステム障害等の影響の複雑化・広範化など、外部環境の変化によりリスクが多様化していることを踏まえ、定期的に又は

適時にリスクを認識・評価しているか。
また、洗い出したリスクに対し、十分な対応策を講じているか。
② システムリスク管理部門は、例えば１日当たりの取引可能件数などのシステムの制限値を把握・管理し、制限値を超えた場合のシステム面・事務面の対応策を検討しているか。
③ ユーザー部門は、新サービスの導入時又はサービス内容の変更時に、システムリスク管理部門と連携するとともに、システムリスク管理部門は、システム開発の有無にかかわらず、関連するシステムの評価を実施しているか。

(4) 情報セキュリティ管理
① 情報資産を適切に管理するために方針の策定、組織体制の整備、社内規程の策定、内部管理態勢の整備を図っているか。また、他社における不正・不祥事件も参考に、情報セキュリティ管理態勢のPDCAサイクルによる継続的な改善を図っているか。
② 情報の機密性、完全性、可用性を維持するために、情報セキュリティに係る管理者を定め、その役割・責任を明確にした上で、管理しているか。また、管理者は、システム、データ、ネットワーク管理上のセキュリティに関することについて統括しているか。
③ コンピュータシステムの不正使用防止対策、不正アクセス防止対策、コンピュータウィルス等の不正プログラムの侵入防止対策等を実施しているか。
④ 前払式支払手段発行者が責任を負うべき利用者の重要情報を網羅的に洗い出し、把握、管理しているか。
　利用者の重要情報の洗い出しにあたっては、業務、システム、外部委託先を対象範囲とし、例えば、以下のようなデータを洗い出しの対象範囲としているか。
　　・通常の業務では使用しないシステム領域に格納されたデータ
　　・障害解析のためにシステムから出力された障害解析用データ　等
⑤ 洗い出した利用者の重要情報について、重要度判定やリスク評価を実施しているか。
　また、それぞれの重要度やリスクに応じ、以下のような情報管理ルールを策定しているか。
　　・情報の暗号化、マスキングのルール

  　　・情報を利用する際の利用ルール
  　　・記録媒体等の取扱いルール等
⑥　利用者の重要情報について、以下のような不正アクセス、不正情報取得、情報漏えい等を牽制、防止する仕組みを導入しているか。
  　　・職員の権限に応じて必要な範囲に限定されたアクセス権限の付与
  　　・アクセス記録の保存、検証
  　　・開発担当者と運用担当者の分離、管理者と担当者の分離等の相互牽制体等
⑦　機密情報について、暗号化やマスキング等の管理ルールを定めているか。また、暗号化プログラム、暗号鍵、暗号化プログラムの設計書等の管理に関するルールを定めているか。
  　　なお、「機密情報」とは、暗証番号、パスワード、クレジットカード情報等、利用者に損失が発生する可能性のある情報をいう。
⑧　機密情報の保有・廃棄、アクセス制限、外部持ち出し等について、業務上の必要性を十分に検討し、より厳格な取扱いをしているか。
⑨　情報資産について、管理ルール等に基づいて適切に管理されていることを定期的にモニタリングし、管理態勢を継続的に見直しているか。
⑩　セキュリティ意識の向上を図るため、全役職員に対するセキュリティ教育（外部委託先におけるセキュリティ教育を含む。）を行っているか。
⑪　定期的に、データのバックアップを取るなど、データがき損した場合に備えた措置を取っているか。

(5) サイバーセキュリティ管理
①　サイバーセキュリティについて、経営陣は、サイバー攻撃が高度化・巧妙化していることを踏まえ、サイバーセキュリティの重要性を認識し必要な態勢を整備しているか。
②　サイバーセキュリティについて、組織体制の整備、社内規程の策定のほか、以下のようなサイバーセキュリティ管理態勢の整備を図っているか。
  　　・サイバー攻撃に対する監視体制
  　　・サイバー攻撃を受けた際の報告及び広報体制
  　　・組織内CSIRT（Computer Security Incident Response Team）等の緊急時対応及び早期警戒のための体制

・情報共有機関等を通じた情報収集・共有体制等
③ サイバー攻撃に備え、入口対策、内部対策、出口対策といった多段階のサイバーセキュリティ対策を組み合わせた多層防御を講じているか。
・入口対策（例えば、ファイアウォールの設置、抗ウィルスソフトの導入、不正侵入検知システム・不正侵入防止システムの導入　等）
・内部対策（例えば、特権ID・パスワードの適切な管理、不要なIDの削除、特定コマンドの実行監視等）
・出口対策（例えば、通信ログ・イベントログ等の取得と分析、不適切な通信の検知・遮断　等）
④ サイバー攻撃を受けた場合に被害の拡大を防止するために、以下のような措置を講じているか。
・攻撃元のIPアドレスの特定と遮断
・DDoS攻撃に対して自動的にアクセスを分散させる機能
・システムの全部又は一部の一時的停止　等
⑤ システムの脆弱性について、OSの最新化やセキュリティパッチの適用など必要な対策を適時に講じているか。
⑥ サイバーセキュリティについて、ネットワークへの侵入検査や脆弱性診断等を活用するなど、セキュリティ水準の定期的な評価を実施し、セキュリティ対策の向上を図っているか。
⑦ インターネット等の通信手段を利用した非対面の取引を行う場合には、例えば、以下のような取引のリスクに見合った適切な認証方式を導入しているか。
・可変式パスワードや電子証明書などの、固定式のID・パスワードのみに頼らない認証方式
・取引に利用しているパソコンのブラウザとは別の携帯電話等の機器を用いるなど、複数経路による取引認証
・ログインパスワードとは別の取引用パスワードの採用　等
⑧ インターネット等の通信手段を利用した非対面の取引を行う場合には、例えば、以下のような業務に応じた不正防止策を講じているか。
・不正なIPアドレスからの通信の遮断
・利用者に対してウィルス等の検知・駆除が行えるセキュリティ対策ソフトの導入・最新化を促す措置

- ・不正なログイン・異常な取引等を検知し、連絡可能な利用者に対して速やかに連絡する体制の整備
- ・前回ログイン（ログオフ）日時の画面への表示　等

⑨　サイバー攻撃を想定したコンティンジェンシープランを策定し、訓練や見直しを実施しているか。また、必要に応じて、業界横断的な演習に参加しているか。

⑩　サイバーセキュリティに係る人材について、育成、拡充するための計画を策定し、実施しているか。

(6) システム企画・開発・運用管理

①　現行システムに内在するリスクを継続的に洗い出し、その維持・改善のための投資を計画的に行っているか。

　なお、システムの企画・開発に当たっては、経営戦略の一環としてシステム戦略方針を明確にした上で、経営陣の承認を受けた中長期の開発計画を策定することが望ましい。

②　開発案件の企画・開発・移行の承認ルールが明確になっているか。

③　開発プロジェクトごとに責任者を定め、開発計画に基づき進捗管理されているか。

④　システム開発に当たっては、テスト計画を作成し、ユーザー部門も参加するなど、適切かつ十分にテストを行っているか。

⑤　現行システムの仕組みに精通し、システム企画・開発・運用管理について専門性を持った人材を確保しているか。

　なお、現行システムの仕組み及び開発技術の継承並びに専門性を持った人材の育成のための具体的な計画を策定し、実施することが望ましい。

(7) システム監査

①　システム部門から独立した内部監査部門が、システム関係に精通した要員による定期的なシステム監査を行っているか。

　（注）外部監査人によるシステム監査を導入する方が監査の実効性があると考えられる場合には、内部監査に代え外部監査を利用して差し支えない。

②　監査対象は、システムリスクに関する業務全体をカバーしているか。

③　システム監査の結果は、適切に経営陣に報告されているか。

(8) 外部委託管理
① 外部委託先（システム子会社を含む。）の選定に当たり、選定基準に基づき評価、検討のうえ、選定しているか。
② 外部委託契約において、外部委託先との役割分担・責任、監査権限、再委託手続き、提供されるサービス水準等を定めているか。また、外部委託先の役職員が遵守すべきルールやセキュリティ要件を外部委託先へ提示し、契約書等に明記しているか。
③ システムに係る外部委託業務（二段階以上の委託を含む。）について、リスク管理が適切に行われているか。
　　特に外部委託先が複数の場合、管理業務が複雑化することから、より高度なリスク管理が求められることを十分認識した体制となっているか。
　　システム関連事務を外部委託する場合についても、システムに係る外部委託に準じて、適切なリスク管理を行っているか。
④ 外部委託した業務（二段階以上の委託を含む。）について、委託元として委託業務が適切に行われていることを定期的にモニタリングしているか。
　　また、外部委託先任せにならないように、例えば委託元として要員を配置するなどの必要な措置を講じているか。
　　さらに、外部委託先における顧客データの運用状況を、委託元が監視、追跡できる態勢となっているか。
⑤ 重要な外部委託先に対して、内部監査部門又はシステム監査人等による監査を実施しているか。

(9) コンティジェンシープラン
① コンティンジェンシープランが策定され、緊急時体制が構築されているか。
② コンティンジェンシープランの策定に当たっては、その内容について客観的な水準が判断できるもの（例えば「金融機関等におけるコンティンジェンシープラン（緊急時対応計画）策定のための手引書」（公益財団法人金融情報システムセンター編））を参考としているか。
③ コンティンジェンシープランの策定に当たっては、災害による緊急事態を想定するだけではなく、前払式支払手段発行者の内部又は外部に起因するシステム障害等も想定しているか。
　　また、バッチ処理が大幅に遅延した場合など、十分なリスクシナリオを想

定しているか。
④　コンティンジェンシープランは、他の前払式支払手段発行者におけるシステム障害等の事例や中央防災会議等の検討結果を踏まえるなど、想定シナリオの見直しを適宜行っているか。
⑤　コンティンジェンシープランに基づく訓練を定期的に実施しているか。
　　なお、コンティンジェンシープランに基づく訓練は、全社レベルで行い、外部委託先等と合同で、実施することが望ましい。
⑥　業務への影響が大きい重要なシステムについては、オフサイトバックアップシステム等を事前に準備し、災害、システム障害等が発生した場合に、速やかに業務を継続できる態勢を整備しているか。

(10) 障害発生時等の対応
①　システム障害等が発生した場合に、利用者に対し、無用の混乱を生じさせないよう適切な措置を講じているか。
　　また、システム障害等の発生に備え、最悪のシナリオを想定した上で、必要な対応を行う態勢となっているか。
②　システム障害等の発生に備え、外部委託先を含めた報告態勢、指揮・命令系統が明確になっているか。
③　業務に重大な影響を及ぼすシステム障害等が発生した場合に、速やかに経営陣に報告するとともに、報告に当たっては、最悪のシナリオの下で生じうる最大リスク等を報告する態勢（例えば、利用者に重大な影響を及ぼす可能性がある場合、報告者の判断で過小報告することなく、最大の可能性を速やかに報告すること）となっているか。
　　また、必要に応じて、対策本部を立ち上げ、経営者自らが適切な指示・命令を行い、速やかに問題の解決を図る態勢となっているか。
④　システム障害等の発生に備え、ノウハウ・経験を有する人材をシステム部門内、部門外及び外部委託先等から速やかに招集するために事前登録するなど、応援体制が明確になっているか。
⑤　システム障害等が発生した場合、障害の内容・発生原因、復旧見込等について公表するとともに、利用者からの問い合わせに的確に対応するため、必要に応じ、コールセンターや相談窓口の設置、認定資金決済事業者協会の協会員の場合には同協会に対応を依頼するなどの措置を迅速に行っているか。

> また、システム障害等の発生に備え、関係業務部門への情報提供方法、内容が明確になっているか。
> ⑥　システム障害等の発生原因の究明、復旧までの影響調査、改善措置、再発防止策等を的確に講じているか。
> また、システム障害等の原因等の定期的な傾向分析を行い、それに応じた対応策をとっているか。
> ⑦　システム障害等の影響を極小化するために、例えば障害箇所を迂回するなどのシステム的な仕組みを整備しているか。
> （参考）システムリスクについての参考資料として、例えば「金融機関等コンピュータシステムの安全対策基準・解説書」（公益財団法人金融情報システムセンター編）などがある。

(2) 利用者情報管理

利用者情報管理については、先の前払府令43条のほか、次の2つの規定がおかれている。すなわち、「前払式支払手段発行者は、その取り扱う個人である前払式支払手段の利用者に関する情報の安全管理、従業者の監督及び当該情報の取扱いを委託する場合にはその委託先の監督について、当該情報の漏えい、滅失又はき損の防止を図るために必要かつ適切な措置を講じなければならない。」（前払府令44条）、「前払式支払手段発行者は、その取り扱う個人である前払式支払手段の利用者に関する人種、信条、門地、本籍地、保健医療又は犯罪経歴についての情報その他の特別の非公開情報（その業務上知り得た公表されていない情報をいう。）を取り扱うときは、適切な業務の運営の確保その他必要と認められる目的以外の目的のために利用しないことを確保するための措置を講じなければならない。」（前払府令45条）、である。

このほか、前払式支払手段発行者は、個人情報保護法、金融分野における個人情報保護法ガイドライン、個人情報保護実務指針の規定に基づく適切な措置を確保しなくてはならない（前払式支払手段事務ガイドラインⅡ-2-3）。[100]

---

[100]　個人情報保護法ガイドラインや個人情報保護実務指針の内容については、金融庁のウェブサイトを通じて閲覧できる（詳細は、http://www.fsa.go.jp/common/law/kj-hogo/ を参照）。

入手した利用者情報は、あらかじめ定めた規定に従い、不正アクセス、不正持ち出し等を防止し、情報の漏えいや滅失、毀損を防止する必要がある。利用者の情報の漏えい等が発生した場合には、二次被害等の発生防止の観点から、対象となった利用者への連絡、当局への報告および公表が迅速かつ適切に行われる体制が必要とされる。

Ⅱ-2-3-1　主な着眼点
(1) 利用者に関する情報管理態勢
① 経営陣は、利用者に関する情報管理の適切性を確保する必要性及び重要性を認識し、適切性を確保するための組織体制の確立（部門間における適切なけん制機能の確保を含む。）、社内規程の策定等、内部管理態勢の整備を図っているか。
② 利用者に関する情報の取扱いについて、具体的な取扱基準を定めた上で、研修等により役職員に周知徹底を図っているか。特に、当該情報の第三者への伝達については、上記の法令、保護法ガイドライン、実務指針の規定に従い手続きが行われるよう十分な検討を行った上で取扱基準を定めているか。
③ 利用者に関する情報へのアクセス管理の徹底（アクセス権限を付与された本人以外が使用することの防止等）、内部関係者による利用者に関する情報の持ち出しの防止に係る対策、外部からの不正アクセスの防御等情報管理システムの堅牢化などの対策を含め、利用者に関する情報の管理状況を適時・適切に検証できる態勢となっているか。
　　また、特定職員に集中する権限等の分散や、幅広い権限等を有する職員への管理・けん制の強化を図る等、利用者に関する情報を利用した不正行為を防止するための適切な措置を図っているか。
④ 利用者に関する情報の漏えい等が発生した場合に、適切に責任部署へ報告され、二次被害等の発生防止の観点から、対象となった利用者への説明、当局への報告及び必要に応じた公表が迅速かつ適切に行われる態勢が整備されているか。
　　また、情報漏えい等が発生した原因を分析し、再発防止に向けた対策が講じられているか。更には、他社における漏えい事故等を踏まえ、類似事例の再発防止のために必要な措置の検討を行っているか。
⑤ 独立した内部監査部門において、定期的に又は随時に、利用者に関する情

報管理に係る幅広い業務を対象とした監査を行っているか。

また、利用者に関する情報管理に係る監査に従事する職員の専門性を高めるため、研修の実施等の方策を適切に講じているか。

(2) 個人情報管理

① 個人である利用者に関する情報については、内閣府令第44条の規定に基づきその安全管理及び従業者の監督について、当該情報の漏えい、滅失又はき損の防止を図るために必要かつ適切な措置として以下の措置が講じられているか。

　　（安全管理について必要かつ適切な措置）

　　イ．保護法ガイドライン第10条の規定に基づく措置

　　ロ．実務指針Ⅰ及び別添2の規定に基づく措置

　　（従業者の監督について必要かつ適切な措置）

　　ハ．保護法ガイドライン第11条の規定に基づく措置

　　ニ．実務指針Ⅱの規定に基づく措置

② 個人である利用者に関する人種、信条、門地、本籍地、保健医療又は犯罪経歴についての情報その他の特別の非公開情報（注）を、保護法ガイドライン第6条第1項各号に列挙する場合を除き、利用しないことを確保するための措置が講じられているか。

　　（注）その他特別の非公開情報とは、以下の情報をいう。

　　イ．労働組合への加盟に関する情報

　　ロ．民族に関する情報

　　ハ．性生活に関する情報

③ 個人である利用者に関する情報の取扱いを委託する場合には、当該委託先の監督について、当該情報の漏えい、滅失又はき損の防止を図るために必要かつ適切な措置として、保護法ガイドライン第12条の規定に基づく措置及び実務指針Ⅲ 18 の規定に基づく措置が講じられているか。

④ クレジットカード情報等については、以下の措置が講じられているか。

　　イ．クレジットカード情報等について、利用目的その他の事情を勘案した適切な保存期間を設定し、保存場所を限定し、保存期間経過後適切かつ速やかに廃棄しているか。

　　ロ．業務上必要とする場合を除き、クレジットカード情報等をコンピュータ画面に表示する際には、カード番号を全て表示させない等の適切な措

　　　　置を講じているか。
　　ハ．独立した内部監査部門において、クレジットカード情報等を保護するためのルール及びシステムが有効に機能しているかについて、定期的又は随時に内部監査を行っているか。

(3) 苦情処理等

　前払式支払手段発行者が、利用者からの相談・苦情・紛争等（まとめて「苦情処理」とする）に誠実に対応して利用者の理解を得ることは、業務を遂行するうえでも重要な課題といえる。

　前払式支払手段は資金稼働業と異なり、金融 ADR 制度の対象とされていない。しかし、前払式支払手段発行者についても、①苦情等に関わる処理態勢を整備し、加盟店や委託先の苦情についても直接連絡を受ける体制を設けること、②利用者に対し十分に説明ができるようにすること、③苦情等の内容が正確かつ適切に保存・記録されること、④蓄積された苦情等の情報を分析することで、新たな顧客に対する勧誘態勢や事務処理態勢の改善、再発防止策の策定等に十分活用されること、などが必要とされる。詳細は、下記のとおりである（前払式支払手段事務ガイドラインⅡ-2-4-1）。[101]

　Ⅱ-2-4-1　主な着眼点
　①　苦情等に対する業者の取組み
　　　経営陣は、利用者からの苦情等によって、自社の信用失墜等の不利益を被るおそれがあることを認識し、適切な方策を講じているか。
　②　苦情等処理体制の整備
　　　苦情等に対し迅速かつ適切な処理・対応ができるよう、苦情等に係る担当部署や処理手続が定められているか。苦情等の内容が経営に重大な影響を与えうる事案であれば内部監査部門や経営陣に報告するなど、事案に応じ必要な関係者間で情報共有が図られる体制となっているか。
　③　加盟店における前払式支払手段の使用に係る苦情等について、利用者等か

---

[101]　堀・前掲注10) 239 頁。

ら前払式支払手段発行者への直接の連絡体制を設けるなど適切な苦情相談態勢が整備されているか。
④　委託業務に関する苦情等について、利用者等から委託元である前払式支払手段発行者への直接の連絡体制を設けるなど適切な苦情相談態勢が整備されているか。
⑤　利用者に対する説明の履行
　　利用者に対する説明の履行申出のあった内容に関し、利用者に対し十分に説明が行われているか。また、苦情等の対応状況について、適切にフォローアップが行われているか。
⑥　フィードバック
　　苦情等の内容は、正確かつ適切に記録・保存されるとともに、蓄積と分析を行うことによって、勧誘態勢や事務処理態勢の改善、再発防止策の策定等に十分活用されているか。
⑦　認定資金決済業者協会の会員である前払式支払手段発行者については、当該協会における解決に積極的に協力するなど迅速な紛争解決に努めることとしているか。

3　加盟店の情報管理

　第三者型発行者においては、利用者に商品や役務（サービス）を提供するのが主に加盟店であるため、前払式支払手段発行者は、前払式支払手段に係る不適切な使用を防止するため、加盟店が販売・提供する商品や役務の内容について、公の秩序または善良の風俗を害し、または害するおそれがあるものでないことを確保するための必要な措置を講ずることが求められている（法10条1項3号）。いわゆる加盟店に対する情報管理態勢の整備である。
　また、前払式支払手段の決算手段としての確実性を確保するため、第三者型発行者は、加盟店に対する支払いを適切に行うために必要な体制を整備することが求められる（法10条1項4号）。
　加盟店の管理態勢に関わる詳細は、下記のとおりである（前払式支払手段事務ガイドラインⅡ-3-3-1）。

> Ⅱ-3-3-1　主な着眼点
> ①　加盟店契約を締結する際には、当該契約相手先が公序良俗に照らして問題のある業務を営んでいないかを確認しているか。
> ②　加盟店契約締結後、加盟店の業務に公序良俗に照らして問題があることが判明した場合、速やかに当該契約を解除できるようになっているか。
> ③　加盟店契約締結後、加盟店が利用者に対して販売・提供する物品・役務の内容に著しい変更があった場合等には当該加盟店からの報告を義務付けるなど、加盟店契約締結時に確認した事項に著しい変化があった場合に当該変化を把握できる態勢を整備しているか。
> ④　各加盟店に対して、前払式支払手段の使用実績について、一定期間ごとに報告を求めているか。また、加盟店からの使用実績について管理している部署とは別の部署が、当該報告を受けた支払金額の正確性について検証する態勢となっているか。

　上記の態勢を構築するためには、加盟店との間で加盟店契約を締結する際に、加盟店の実在、商品や役務の内容について確認するため、実地やヒアリング・ウェブサイト等の閲覧によって調査し、①～④を満たす内容の加盟店契約を締結する必要がある[102]。また、加盟店契約後も継続して調査を行い、商品や役務の内容に変更がないか等を確認する必要があるとされる[103]。

　このほか、前払式支払手段発行者は、加盟店における前払式支払手段の使用に係る苦情等について、利用者等から前払式支払手段発行者への直接の連絡体制を設けるなど適切な苦情相談態勢を整備することが求められる（前払式支払手段事務ガイドラインⅡ-2-4-1③）。

4　外部委託先の情報管理

　前払式支払手段発行者は、その業務を第三者に委託する場合には、前払式支払手段発行者自身が負う法令上の義務を委託先においても同様に遵守させるこ

---

102)　堀・前掲（注10）244～245頁。
103)　堀・前掲（注10）245頁。

とが必要である。以下が、その内容である。

(1) 利用者情報の管理

外部委託先の利用者情報の管理態勢につき、前払支払事務ガイドラインは、以下のような定めをおいている。

Ⅱ-2-3-1　主な着眼点
(1) 利用者に関する情報管理態勢（上記152頁の続き）
⑥　外部委託先の管理について、責任部署を明確化し、外部委託先における業務の実施状況を定期的又は必要に応じてモニタリングする等、外部委託先において利用者に関する情報管理が適切に行われていることを確認しているか。
⑦　外部委託先において情報漏えい事故等が発生した場合に、適切な対応がなされ、速やかに委託元に報告される体制になっていることを確認しているか。
⑧　外部委託先による利用者に関する情報へのアクセス権限について、委託業務内容に応じて必要な範囲内に制限しているか。
　その上で、外部委託先においてアクセス権限が付与される役職員及びその権限の範囲が特定されていることを確認しているか。
　さらに、アクセス権限を付与された本人以外が当該権限を使用すること等を防止するため、外部委託先において定期的又は随時に、利用状況の確認（権限が付与された本人と実際の利用者との突合を含む。）が行われている等、アクセス管理の徹底が図られていることを確認しているか。
⑨　二段階以上の委託が行われた場合には、外部委託先が再委託先等の事業者に対して十分な監督を行っているかについて確認しているか。また、必要に応じ、再委託先等の事業者に対して自社による直接の監督を行っているか。
⑩　認定資金決済事業者協会会員については、情報の適切な取扱いを確保するために認定資金決済事業者協会で主催する研修又は同等の内容の研修に役職員を定期的に参加させているか。
　認定資金決済事業者協会非会員についても、上記と同等の内容の研修に役職員を定期的に参加させているか。

このほか、前払式支払手段発行者が、個人である利用者に関する情報の取扱

いを外部に委託する場合には、当該委託先の監督について、情報の漏えい、滅失および毀損の防止を図るために必要かつ適切な措置として、金融分野ガイドライン10条の規定に基づく措置および個人情報保護実務指針Ⅲの規定に基づく措置を講じることが求められている（前払式支払手段事務ガイドラインⅡ-2-3-1（2）③を参照）。

(2) システム管理

外部委託先のシステム管理態勢につき、前払式支払手段事務ガイドラインは、以下のような定めをおいている。

> Ⅱ-3-1-1 主な着眼点
> (8) 外部委託管理
> ① 外部委託先（システム子会社を含む。）の選定に当たり、選定基準に基づき評価、検討のうえ、選定しているか。
> ② 外部委託契約において、外部委託先との役割分担・責任、監査権限、再委託手続き、提供されるサービス水準等を定めているか。また、外部委託先の役職員が遵守すべきルールやセキュリティ要件を外部委託先へ提示し、契約書等に明記しているか。
> ③ システムに係る外部委託業務（二段階以上の委託を含む。）について、リスク管理が適切に行われているか。
>   特に外部委託先が複数の場合、管理業務が複雑化することから、より高度なリスク管理が求められることを十分認識した体制となっているか。
>   システム関連事務を外部委託する場合についても、システムに係る外部委託に準じて、適切なリスク管理を行っているか。
> ④ 外部委託した業務（二段階以上の委託を含む。）について、委託元として委託業務が適切に行われていることを定期的にモニタリングしているか。
>   また、外部委託先任せにならないように、例えば委託元として要員を配置するなどの必要な措置を講じているか。
>   さらに、外部委託先における顧客データの運用状況を、委託元が監視、追跡できる態勢となっているか。
> ⑤ 重要な外部委託先に対して、内部監査部門又はシステム監査人等による監

査を実施しているか。

(3) 苦情相談態勢

　外部委託先の苦情相談等の態勢につき、前払式支払手段事務ガイドラインは、「委託業務に関する苦情等について、利用者等から委託元である前払式支払手段発行者への直接の連絡体制を設けるなど適切な苦情相談態勢が整備されているか。」（Ⅱ-2-4-1 ④）といった内容をおいている。加盟店に対する場合と同様に、前払式支払手段発行者には、外部委託先に対する情報管理が強く求められているといえる。

Ⅸ　監督に関する規制

1　前払式支払手段発行者に対する監督規制の概要

(1) 前払式支払手段発行者の区分

　前払式支払手段は、商品・サービスの前払いによる支払手段であり、発行者は契約に基づき一定範囲の金銭債務の弁済に充てることを予定して金銭を受け入れるものである。これは、自家型と第三者型に分けられる[104)][105)]
　自家型は、発行者が前払式支払手段の利用者に商品やサービスを自ら給付す

104）これは出資法に定める、不特定多数の者を相手として金銭の返還を予定する預り金や預金には当たらないと解されている（高橋・前掲注3）58〜65頁）。
105）堀・前掲注10）21頁、179〜180頁、279〜280頁。

るものである。すなわち、自家型前払式支払手段とは、前払式支払手段の発行者または当該発行と密接な関係を有する者（発行者等）から物品の購入もしくは借受けを行い、もしくは役務の提供を受ける場合に限り、これらの代価の弁済のために使用することができる前払式支払手段または前払式支払手段を発行する者に対してのみ、物品の給付もしくは役務の提供を請求することができる前払式支払手段をいう（法3条4項）。これは誰でも発行することができる（法人、人格のない社団、財団、また個人でも可）が、基準日（毎年3月31日と9月30日）においてその未使用残高が1000万円を超えた場合には、内閣総理大臣（具体的には財務（支）局長）に対する「届出」が必要となる（法5条1項）。届出を行った後には、自己型発行者として資金決済法の適用を受けることとなる（法3条6項）。

これに対して、第三者型は、発行者以外の加盟店等がいったん利用者に対して商品・サービスを給付したうえで発行者から資金を回収するものである。すなわち、第三者型前払式支払手段とは、自家型前払式支払手段以外の前払式支払手段をいう（法3条5項）。発行者等以外から物品の購入もしくは借受けを行い、もしくは役務の提供を受ける場合に、これらの代価の弁済のために使用することができる前払式支払手段、または発行者等以外（加盟店）から、物品の給付もしくは役務の提供を請求することができる前払式支払手段ということになる。第三者型前払式支払手段の発行の業務は、内閣総理大臣の「登録」を受けた法人でなければ、行ってはならない（法7条）。登録を受けた法人は第三者型発行者として資金決済法の適用を受ける（法3条7項）。

(2) 発行者に対する監督規制の概要

(1)で述べたように、前払式支払手段発行者のうち資金決済法の適用を受けるのは、届出を行った自家型発行者と、登録した第三者型発行者である。これらの者に対して、帳簿書類の作成・保存、報告書の作成・提出、当局による立入検査・報告徴求、業務改善命令等の監督規制が適用される。その規制について、まず自家型と第三者型に共通の規制を取り扱った後に、それぞれに特有の規制とに分けて解説する。

2 自家型・第三者型発行者に共通の監督規制

(1) 帳簿書類の作成・保存

前払式支払手段発行者は、内閣府令で定めるところにより、その前払式支払手段の発行の業務に関する帳簿書類を作成し、これを保存しなければならない（法22条）。

（A）業務に関する帳簿書類とその保存期間
前払式支払手段の発行の業務に関する帳簿書類は、図表2-11の①～③である（前払府令46条1項）。

図表2-11　帳簿書類の種類と保存期間

帳簿書類の種類	保存期間
①前払式支払手段およびその支払可能金額等の種類ごとの発行数、発行量および回収量を記帳した管理帳	帳簿の閉鎖の日から少なくとも5年間保存（前払府令46条5項）[106]
②資金決済法3条1項2号に掲げる前払式支払手段に係る物品または役務の一単位当たりの通常提供価格を記帳した日記帳	
③前払式支払手段およびその支払可能金額等の種類ごとの在庫枚数管理帳	

このうち①について、詳しく解説しておきたい。

前払式支払手段およびその支払可能金額等の種類ごとの「発行量」とは、これらの種類ごとに、資金決済法3条1項1号に掲げる前払式支払手段にあって

---

[106] この「帳簿の閉鎖の日」とは、各事業年度の最終日に帳簿を締める日を指し、前払式支払手段の発行に係る業務等の廃止等により、最後の記帳が発生した日を指すわけではないと解されている（渡邉雅之＝井上真一郎『Q&A資金決済法・改正割賦販売法──新しい決済サービスに関する法制の横断的解説──』（金融財政事情研究会、2010）143頁）。

はその発行時において代価の弁済に充てることができる金額（その発行後に加算型前払式支払手段に加算された金額（金額を度その他の単位により換算していると認められる場合にあっては、当該単位数を金銭に換算した金額）を含む）を、同項2号に掲げる前払式支払手段にあってはその発行時において給付または提供を請求することができる物品または役務の数量（その発行後に加算型前払式支払手段に加算された物品または役務の数量を含む）を合計した数値とする（前払府令46条2項）。

　前払式支払手段およびその支払可能金額等の種類ごとの「回収量」とは、これらの種類ごとに、資金決済法3条1項1号に掲げる前払式支払手段にあっては代価の弁済に充てられた金額を、同項第2号に掲げる前払式支払手段にあっては当該前払式支払手段の使用によって請求した物品または役務の数量を合計した数値とする（前払府令46条3項）。この「回収量」を前払式支払手段の支払可能金額等の種類ごとに把握することが困難と認められる場合には、前払式支払手段の種類ごとにまとめて記帳することをもって足りることになる（前払府令46条4項）。

（B）帳簿書類の作成・保存に関するガイドライン

　前払式支払手段発行者が負うべき帳簿書類の作成・保存については、ガイドラインが示されている（前払式支払手段事務ガイドライン）。そのⅡ-2-2-1①によれば、主な着眼点として、前払式支払手段の発行の業務に関する帳簿書類の作成・保存が適正に行われるような態勢の整備を行っているかが掲げられている。また、帳簿書類の記載内容の正確性については、内部監査部門等、帳簿作成部門以外の部門において検証を行っているか（Ⅱ-2-2-1②）、帳簿書類を電磁的に作成している場合には、一定期間ごとにバックアップをとるなど、データがき損した場合に、帳簿書類を復元できる態勢となっているか（Ⅱ-2-2-1③）が掲げられている。

　実務上はこれらに従った帳簿書類を作成し、それを保管する体制を整備しておくことが必要である。

(C) 帳簿書類の作成・保存規制に違反した場合の制裁

帳簿書類の作成・保存規制に違反した場合には、刑事罰が適用される。

図表 2-12　帳簿書類の作成・保存違反者に対する制裁

要件	罰則	規定
資金決済法 22 条の規定による帳簿書類の作成・保存をせずまたは虚偽の帳簿書類の作成をした者	6 月以下の懲役もしくは 50 万円以下の罰金 またはこれを併科	112 条 5 号
法人（人格のない社団・財団であって代表者・管理人の定めのあるものを含む）の代表者・管理人または法人・人の代理人、使用人その他の従業者が、その法人または人の業務に関し、資金決済法 112 条の規定の違反行為をしたとき	その行為者を罰するほか その法人に対して 1 億円以下の罰金刑 その人に対して 50 万円以下の罰金刑	115 条 1 項 3 号

(2) 報告書の作成・提出

前払式支払手段発行者は、基準日（毎年 3 月 31 日と 9 月 30 日）ごとに、内閣府令（前払式支払手段府令 47 条)[107]で定めるところにより、次に掲げる事項を記載した前払式支払手段の発行の業務に関する報告書（基準日報告書）を作成し、内閣総理大臣（金融庁長官）に提出しなければならない（法 23 条 1 項、前払式支払手段の発行に関する報告書別紙様式第 27 号）。これは当該基準日の翌日から 2 月以内に提出しなければならないため（前払府令 47 条 1 項）、提出期限は「3 月 31 日」を基準日とする報告書であれば 5 月 31 日まで、「9 月 30 日」を基準日とする報告書であれば 11 月 30 日までである。この報告書には、財務に関する書類その他の内閣府令で定める書類を添付しなければならない（法 23 条 2 項）。

(A) 報告書の記載事項と添付書類

資金決済法 23 条 1 項各号において、報告書の記載事項（①〜④）を列記し

ている。

① 当該基準日を含む基準期間において発行した前払式支払手段の発行額（基準期間において発行した前払式支払手段の発行額は、次の（ア）・（イ）に掲げる額の合計額とする（前払府令48条））。

(ア) 当該基準期間において発行されたすべての前払式支払手段の価額（次のイおよびロに掲げる前払式支払手段の区分に応じ当該イおよびロに定める額をいう）の合計額

　　イ　資金決済法3条1項1号に掲げる前払式支払手段
　　　　発行時において代価の弁済に充てることができる金額
　　ロ　資金決済法3条1項2号に掲げる前払式支払手段

---

107) 前払府令47条に定める報告書の様式等に関する規制の詳細は次のとおりである。

(1)	報告書の様式	前払式支払手段府令別紙様式27号による（1項）
	作成期日	当該基準日の翌日から2月以内（1項）
(2)	添付書類	当該報告書にその写し2通ならびに最終の貸借対照表（関連する注記を含む）および損益計算書（関連する注記を含む）を添付（2項）。
(3)	供託書の添付	資金決済法14条1項の規定による供託（未使用残高が1000万円を超えた場合に当該日未使用残高の2分の1の額以上の額に相当する額の発行保証金の供託）をした前払式支払手段発行者は、この報告書に、供託に係る供託書正本の写しを添付して提出しなければならない（3項）。
		金融庁長官は、必要があると認めるときは、この発行保証金に関する供託書正本の提出を命ずることができる（6項）。
(4)	発行保証金保全契約の届出	資金決済法15条の規定による届出（発行保証金保全契約の届出）をした前払式支払手段発行者が発行保証金保全契約の内容の変更（当該発行保証金保全契約の一部の解除を除く）をし、または発行保証金保全契約を更新した場合には、この報告書に、その契約書またはその旨を証する書面の写しを添付して提出しなければならない（4項）。
		金融庁長官は、必要があると認めるときは、この発行保証金保全契約に関する契約書の正本の提出を命ずることができる（6項）。
(5)	発行保証金信託契約の届出	信託契約前払式支払手段発行者（資金決済法16条の発行保証金信託契約を締結する前払式支払手段発行者）は、この報告書に、信託会社等が発行する基準日における信託財産の額を証明する書面を添付して提出しなければならない（5項）。

　　　　発行時において給付または提供を請求することができる物品または役務の数量を当該基準期間の末日において金銭に換算した金額
　（イ）当該基準期間において加算型前払式支払手段に加算された金額（金額を度その他の単位により換算していると認められる場合にあっては、当該単位数を金銭に換算した金額）および加算された物品または役務の数量を当該基準期間の末日において金銭に換算した金額の合計額
② 当該基準日における前払式支払手段の基準日未使用残高
③ 当該基準日未使用残高に係る発行保証金の額
④ その他内閣府令で定める事項（次の（ア）〜（ウ）の事項が掲げられている（前払府令49条）。
　（ア）資金決済法23条1項1号の発行額についての前払式支払手段およびその支払可能金額等の種類ごとの内訳
　（イ）資金決済法23条1項2号の基準日未使用残高についての前払式支払手段の種類ごとの内訳
　（ウ）資金決済法23条1項の報告書に係る基準日を含む基準期間における前払式支払手段の回収額ならびに当該回収額についての前払式支払手段およびその支払可能金額等の種類ごとの内訳

(B) 基準日報告書の取扱い

　基準日報告書の取扱いについては、次の点が留意事項である。

　基準日報告書の提出を受けた場合、財務（支）局は、基準日未使用残高が前基準日未使用残高に比べて、急激に増加又は減少している場合には、必要に応じてヒアリングを実施するなど、その原因を把握するものとされている（前払式支払手段事務ガイドラインⅢ-2-4（1）①）。

　また、財務（支）局は、当該基準日報告書に添付される財務書類を確認し、当期純損失の計上、債務超過など、前払式支払手段発行者の経営状態に著しい変化が見られた場合には、今後の経営状況の見通しおよび前払式支払手段の発行の業務に係る今後の計画等について、ヒアリング等を通じて確認するものとされている（前払式支払手段事務ガイドラインⅢ-2-4（1）②）。

(C) 報告書の作成規制に違反した場合の制裁

帳報告書の作成規制に違反した場合には、刑事罰が適用される。

図表2-13　報告書の提出規制違反者に対する制裁

要件	罰則	規定
資金決済法23条1項の規定による報告書もしくは同条2項の規定による添付書類を提出せず、または虚偽の記載をした報告書・添付書類を提出した者	6月以下の懲役もしくは50万円以下の罰金またはこれを併科	112条6号
法人（人格のない社団・財団であって代表者・管理人の定めのあるものを含む）の代表者・管理人または法人・人の代理人、使用人その他の従業者が、その法人または人の業務に関し、資金決済法112条の規定の違反行為をしたとき	その行為者を罰するほかその法人に対して1億円以下の罰金刑その人に対して50万円以下の罰金刑	115条1項3号

(3) 立入検査等

(A) 前払式支払手段発行者に対する立入検査等

　内閣総理大臣は、前払式支払手段発行者の発行の業務の健全かつ適切な運営を確保するために必要があると認めるときは、当該前払式支払手段発行者に対し当該前払式支払手段発行者の業務もしくは財産に関し参考となるべき報告もしくは資料の提出を命じ、または当該職員に当該前払式支払手段発行者の営業所、事務所その他の施設に立ち入らせ、その業務もしくは財産の状況に関して質問させ、もしくは帳簿書類その他の物件を検査させることができる（法24条1項）。

　内閣総理大臣は、前払式支払手段発行者から、基準日（毎年3月31日と9月30日）ごとに報告書を受けており（法23条）、通常はこの報告書をもとに前払式支払手段の発行の業務の実施状況や財産内容等を把握することになるが、必要に応じて随時立入検査等を行うことができることにしているのである。[108)]

(B) 業務受託者に対する立入検査等

　内閣総理大臣は、前払式支払手段発行者の発行の業務の健全かつ適切な運営を確保するため特に必要があると認めるときは、その必要の限度において、当該前払式支払手段発行者から業務の委託を受けた者（その者から委託（2以上の段階にわたる委託を含む）を受けた者を含む）を受けた者を含む）に対し当該前払式支払手段発行者の業務もしくは財産に関し参考となるべき報告もしくは資料の提出を命じ、または当該職員に当該前払式支払手段発行者から業務の委託を受けた者の施設に立ち入らせ、当該前払式支払手段発行者の業務もしくは財産の状況に関して質問させ、もしくは帳簿書類その他の物件を検査させることができる（法24条2項）。

　前払式支払手段発行者が前払式支払手段の発行業務の一部を外部に委託することができるため、帳簿作成の不備等の業務委託先に関連する問題の発生を防止するため、立入検査等を行うことができるようにしたものである[109]。

　2016（平成28）年6月に公布された資金決済法改正により、前払式支払手段発行者から業務の委託を受けた者のみならず、「その者から委託（2以上の段階にわたる委託を含む）を受けた者を含む」こととして、規制対象者の範囲を明確化した[110]。

　もっとも、前払式支払手段発行者から業務の委託を受けた者は、正当な理由があるときは、この規定による報告もしくは資料の提出または質問若しくは検査を拒むことができる（法24条3項）。

(C) 立入検査等の規制に違反した場合の制裁

　立入検査等の規制に違反した場合には、刑事罰が適用される。

---

108) 高橋・前掲注1）125頁。
109) 高橋・前掲注1）126頁。
110) 佐藤則夫監修『逐条解説2016年銀行法、資金決済法等改正』（商事法務、2017）144頁。

図表 2-14 立入検査等規制違反者に対する制裁

要件	罰則	規定
資金決済法24条1項・2項の規定による報告・資料の提出をせず、または虚偽の報告・資料の提出をした者	6月以下の懲役もしくは50万円以下の罰金またはこれを併科	112条7号
資金決済法24条1項・2項の規定による当該職員の質問に対して答弁をせず、もしくは虚偽の答弁をし、またはこれらの規定による検査を拒み、妨げ、もしくは忌避した者	6月以下の懲役もしくは50万円以下の罰金またはこれを併科	112条8号
法人(人格のない社団・財団であって代表者・管理人の定めのあるものを含む)の代表者・管理人または法人・人の代理人、使用人その他の従業者が、その法人または人の業務に関し、資金決済法112条の規定の違反行為をしたとき	その行為者を罰するほかその法人に対して1億円以下の罰金刑その人に対して50万円以下の罰金刑	115条1項3号

(4) 業務改善命令

(A) 前払式支払手段発行者に対する業務改善命令

　内閣総理大臣は、前払式支払手段発行者の前払式支払手段の発行の業務の運営に関し、前払式支払手段の利用者の利益を害する事実があると認めるときは、その利用者の利益の保護のために必要な限度において、当該前払式支払手段発行者に対し、当該業務の運営の改善に必要な措置をとるべきことを命ずることができる（法25条）。前払式支払手段の発行業務の適正化を図ろうとする規制である。

　業務改善命令の対象となるのは、たとえば、発行保証金が不足しているときに不足する分の供託の履行を求める場合（法14条2項に基づき追加供託を行わなかった場合を含む）や、表示等の義務を履行していない場合に、その義務の履行を求める場合、情報管理体制の整備を求める場合が考えられている[111]。

(B) 業務改善命令に対する報告書

前払式支払手段発行者に対する業務改善命令が発出された場合、当該前払式支払手段発行者には、当該命令に基づく前払式支払手段発行者の業務改善に向けた取組みをフォローアップし、その改善努力を促すため、原則として、業務改善計画の履行状況の報告が求められる（前払式支払手段事務ガイドラインⅢ-3（5））。

業務改善命令に対する行政処分については、3（2）（B）で後述するところと同じである。

(C) 業務改善命令の規制に違反した場合の制裁

業務改善命令の規制に違反した場合には、刑事罰が適用される。

図表2-15　業務改善命令規制違反者に対する制裁

要件	罰則	規定
資金決済法25条の規定による命令に違反した者	30万円以下の罰金	114条4号
法人（人格のない社団・財団であって代表者・管理人の定めのあるものを含む）の代表者・管理人または法人・人の代理人、使用人その他の従業者が、その法人または人の業務に関し、資金決済法114条の規定の違反行為をしたとき	その行為者を罰するほかその法人に対して30万円以下の罰金刑 その人に対して30万円以下の罰金刑	115条1項4号

3　自家型発行者向けの監督規制

2で述べた前払式支払手段発行者に共通の規律に加え、自家型発行者向けの監督規制に係る規律もみられる。

111）　高橋・前掲注1）127頁。

(1) 基準日報告書の作成・提出義務の免除

2 (2)で述べたように、前払式支払手段発行者は、基準日ごとに、基準日報告書を作成し、内閣総理大臣（金融庁長官）に提出しなければならないとされている。もっとも、1 (1)で述べたように、前払式支払手段発行者のうち自家型発行者については、基準日においてその未使用残高が1000万円を超えた場合には、内閣総理大臣に対する届出が必要となり、その場合に、自己型発行者として資金決済法の適用を受けることとなるにすぎない。

そこで、自家型発行者については、基準日未使用残高が基準額以下となった基準日の翌日から当該基準日以後の基準日であって再び基準日未使用残高が基準額を超えることとなった基準日の前日までの間の基準日については、資金決済法23条1項の規定する報告書の提出は要求されない（法23条3項）。

資金決済法では、自家型発行者は、その定義（法3条6項）上、いったん基準日未使用残高が基準額を超えれば、その発行の業務の全部を廃止し、資金決済法20条1項の払戻手続を完了するまでは、監督規制の対象となるが、基準日未使用残高が基準額を下回っている間は、供託義務がかからず資産保全義務の履行状況を確認する必要がないことから、この間に限り報告書の提出義務を免除するものである。[112]

(2) 自家型発行者に対する業務停止命令

(A) 規制の概要

内閣総理大臣は、自家型発行者が次の①・②のいずれかに該当するときは、6月以内の期間を定めてその発行の業務の全部または一部の停止を命ずることができる（法26条）。

① この法律もしくはこの法律に基づく命令またはこれらに基づく処分に違反したとき。

---

[112] 高橋・前掲注1) 123頁。

② その発行する前払式支払手段に係る資金決済法31条1項（発行保証金の還付）の権利の実行が行われるおそれがある場合において、当該前払式支払手段の利用者の被害の拡大を防止することが必要であると認められるとき。

　この規定は、自家型発行者に対し、その発行の業務の適切性を確保するために業務停止命令を規定するものである。①の要件は、法令違反や業務改善命令等の処分に違反している場合に、利用者保護のために業務停止命令の対象とするものである。

　②の要件は、要供託額の計算の基礎となる基準日未使用残高は、その計算期間が6月ごとであるため、計算期間中に発行が大幅に増加して供託等の額と実際の未使用残高が乖離する可能性があり、倒産目前の資金繰りに困窮した発行者が資金調達目的で前払式支払手段を短期間の内に大量に発行する場合には、「利用者の被害の拡大」を防止する必要性があるので、業務停止命令の対象とするものである。[113]

　1（1）で述べたように、自己型発行者については、基準日未使用残高が1000万円を超えた場合に、届出を行った場合に資金決済法の適用を受けることとなるから、そのような発行者への監督を強化するものである。

　内閣総理大臣は、資金決済法26条の規定による処分をしたときは、内閣府令（前払府令50条）で定めるところにより、その旨を官報に公告しなければならない（法29条）。前払式支払手段発行者に対する処分であることを一般人に周知させるための規制である。

(B) 業務停止命令に対する監督

　業務改善命令、業務停止命令、登録取消し（法25条、26条、27条）に対する行政処分については、検査結果やオフサイト・モニタリングへの対応として、報告内容（追加報告を含む）を検証した結果、利用者の利益の保護に関し重大な問題があると認められる場合等においては、①当該行為の重大性・悪質性、②当該行為の背景となった経営管理態勢および業務運営態勢の適切性、③軽減

---

[113] 髙橋・前掲注1）129頁。

事由等の要素を勘案したうえで、(ア) 改善に向けた取組みを前払式支払手段発行者の自主性に委ねることが適当かどうか、(イ) 改善に相当の取組みを要し、一定期間業務改善に専念・集中させる必要があるか、(ウ) 業務を継続させることが適当かどうか、等の点について検討を行い、最終的な行政処分の内容を決定するものとされている（前払式支払手段事務ガイドラインⅢ-3（3））。

(C) 業務停止命令の規制に違反した場合の制裁

自家型発行者に対する業務停止命令の規制に違反した場合には、刑事罰が適用される。

図表2-16　業務停止命令違反者に対する制裁

要件	罰則	規定
資金決済法26条の規定による業務の全部または一部の停止の命令に違反した者	1年以下の懲役もしくは100万円以下の罰金またはこれを併科	110条
法人（人格のない社団・財団であって代表者・管理人の定めのあるものを含む）の代表者・管理人または法人・人の代理人、使用人その他の従業者が、その法人または人の業務に関し、資金決済法110条の規定の違反行為をしたとき	その行為者を罰するほかその法人に対して1億円以下の罰金刑 その人に対して100万円以下の罰金刑	115条1項3号

4　第三者型発行者向けの監督規制

さらに、第三者発行者向けの監督規制にかかる規律をみていくことにする。

(1) 第三者型発行者に対する登録の取消し等

(A) 登録の取消し・業務停止命令

内閣総理大臣は、第三者型発行者が次の①〜④のいずれかに該当するときは、

資金決済法 7 条の登録を取り消し、または 6 月以内の期間を定めてその第三者型前払式支払手段の発行の業務の全部若しくは一部の停止を命ずることができる（法 27 条 1 項）。

① 資金決済法 10 条 1 項各号の登録拒否事由に該当することとなったとき。
② 不正の手段により資金決済法 7 条の第三者型前払式支払手段発行業務の登録を受けたとき。
③ この法律もしくはこの法律に基づく命令またはこれらに基づく処分に違反したとき。
④ その発行する前払式支払手段に係る資金決済法 31 条 1 項（発行保証金の還付）の権利の実行が行われるおそれがある場合において、当該前払式支払手段の利用者の被害の拡大を防止することが必要であると認められるとき。

この規定は、第三者型発行者に対し、その発行の業務の適切性を確保するために登録の取消しや業務停止命令を規定するものである。①の要件は、申請者に登録拒否事由があったにもかかわらず、登録申請書類にその事実が記載されず登録を受けたことが登録後に判明した場合や、申請時には登録拒否事由に当たらないと判断されても、法令違反が繰り返される等、後日、登録拒否事由が生じた場合等には、第三者型発行者としての適格性が備わっていないことから、該当要件とされたものである[114]。

また、②の要件は、申請者に登録拒否事由があったにもかかわらず、登録申請書類への虚偽記載、故意の不記載等によって登録が行われた場合に、このような事実が判明した場合が該当するものであり、そのような場合には、登録の前提となった第三者型発行者の適格性が正しく確認されていないことから、該当要件とされたものである[115]。

その他③・④の要件については、3（2）（A）で述べた自家型発行者に対する業務停止命令の場合と同様の理由による。

資金決済法 27 条 1 項の規定による処分をしたときは、内閣総理大臣はその旨を官報に公告しなければならない（法 29 条）点は 3（2）（A）の場合と同

---

114) 高橋・前掲注 1) 131 頁。
115) 高橋・前掲注 1) 131 頁。

じである。

(B) 不在者である場合の登録の取消等

内閣総理大臣は、第三者型発行者の営業所もしくは事務所の所在地を確知できないとき、または第三者型発行者を代表する役員の所在を確知できないときは、内閣府令（前払府令50条）で定めるところにより、その事実を官報に公告し、その公告の日から30日を経過しても当該第三者型発行者から申出がないときは、当該第三者型発行者の資金決済法7条の登録を取り消すことができる（法27条2項）。そして、この処分については、行政手続法第3章の規定（不利益処分をしようとする場合の手続規定）は、適用されないこととされている（法27条3項）。

登録取消しに対する行政処分については、3（2）（B）で述べたところと同じである。資金決済法27条2項の規定による処分をしたときは、内閣総理大臣はその旨を官報に公告しなければならない（法29条）点は3（2）（A）の場合と同じである。

(C) 登録の取消し等の規制に違反した場合の制裁

第三者型発行者に対する登録の取消し等の規制に違反した場合には、刑事罰が適用される。

図表2-17 業務停止命令違反者に対する制裁

要件	罰則	規定
資金決済法27条1項の規定による業務の全部または一部の停止の命令に違反した者	1年以下の懲役もしくは100万円以下の罰金またはこれを併科	110条
法人（人格のない社団・財団であって代表者・管理人の定めのあるものを含む）の代表者・管理人または法人・人の代理人、使用人その他の従業者が、その法人または人の業務に関し、資金決済法110条の規定の違反行為をしたとき	その行為者を罰するほかその法人に対して1億円以下の罰金刑その人に対して100万円以下の罰金刑	115条1項3号

(D) 登録の抹消、監督処分の公告

内閣総理大臣は、(A)・(B)で述べた第三者型発行者に対し資金決済法27条1項もしくは2項の規定により同法7条の登録を取り消したとき、または同法33条2項の規定（第三者型前払式支払手段の発行業務の全部廃止）により7条の登録がその効力を失ったときは、当該登録を抹消しなければならない（法28条）。

これらにより登録が取り消された場合や効力を失った場合には、第三者型発行者登録簿からの抹消時期にかかわらず第三者型発行者でなくなるが、その発行した前払式支払手段に係る債務の履行を完了する目的の範囲内においてはなお第三者型発行者とみなされる（法34条）点は注意が必要である。

X　雑則

1　基準日に係る特例

資金決済法29条の2は、2016（平成28）年改正により新設された。

資金決済法29条の2第1項は、前払式支払手段発行者が基準日を変更する届出書を提出した場合に、届出書を提出した日後における基準日を毎年3月31日および9月30日から毎年3月31日、6月30日、9月30日および12月31日へと変更する特例基準日制度を認めている（前払府令50条の2）。

発行保証金の額の算定の柔軟化の観点からの改正である。[116]

また、基準日を変更する届出書を提出した前払式支払手段発行者は、資金決済法29条の2第1項の適用を受けるのをやめようとする旨の届出書を提出す

---

116)　堀・前掲注10) 206頁。

ることによって、基準日を毎年3月31日および9月30日へと変更するもこととも可能となっている（法29条の2第2項）。その場合には、政令で定める期間を経過しない限り、資金決済法29条の2第1項の適用を受けるのをやめようとする旨の届出書を提出できない（法29条の2第3項、令9条の3）。

2　自家型前払式支払手段の発行業務の承継に係る特例

(1) 意義

　資金決済法30条は、相続または事業譲渡、合併もしくは会社分割その他の事由によって、前払式支払手段発行者以外の者が前払式支払手段発行者から自家型前払式支払手段の発行の業務を承継した場合における自家型前払式支払手段の発行業務の承継について定めたものである。

　自家型前払式支払手段の発行業務を承継させる場合には、①他の自家型発行者に承継させる場合、②他の第三者型発行者に承継させる場合、③前払式支払手段発行者以外の者に承継させる場合がある。①と②の場合は、承継する者が前払式支払手段発行者であり、従前の監督が継続して行われることになる。もっとも、③の場合には、承継する者に対する監督が行われていない（図表2-18参照）。そこで、③の場合について、承継した前払式支払手段の基準日未使用残高が基準額を超えるときは、自家型発行者とみなし、自家型発行者としての規制を課すこととした。

図表2-18　特例の適用範囲

	①自家型発行者に承継	②第三者型発行者に承継	③前払式支払手段発行者以外の者に承継
資金決済法上の監督	自家型発行者としての監督	第三者型発行者としての監督	監督なし ＊資金決済法30条の適用

第三者型前払式支払手段の発行業務を承継させる場合には、①他の第三者型発行者に承継させる場合、②自家型発行者を含む第三者型発行者以外の者に承継させる場合とがある。もっとも、第三者型前払式支払手段の発行業務は、自家型前払式支払手段の発行業務と異なり、登録制であるため（法7条）、①の場合には従前より第三者型発行者としての監督を受け、②の場合には、承継に際して事前に第三者型としての登録が必要となる。そのため、第三者型前払式支払手段の場合には、自家型前払式支払手段の場合と異なり、発行業務の承継に関する特段の規定は設けられていない。

(2) 届出

資金決済法30条1項の規定により自家型発行者とみなされた者は、遅滞なく、届出書を提出しなければならない（法30条2項）。

届出事項は、自家型前払式支払手段の発行業務を承継した旨（法30条2項1号）以外、資金決済法5条1項における届出事項と同様である。承継日の直前の基準日未使用残高の額（法30条2項3号）は、基準日未使用残高の額（法5条1項5号）に代わるものである。

前払府令別紙様式第30号の届出書を金融庁長官に提出することになる（前払府令51条）。

届出書には、財務に関する書類その他の内閣府令で定める書類として、以下の書類を添付しなければならない（法30条3項、前払府令51条）。

① 前払府令11条各号（1号ロおよび2号ハを除く）に掲げる書類。
② 当該届出をしようとする者が個人であって、当該個人の婚姻前の氏名を当該個人の氏名に併せて当該届出書に記載した場合において、前払府令51条1号に掲げる書類（前払府令11条1号イに掲げる書類に限る）が当該婚姻前の氏名を証するものでないときは、当該婚姻前の氏名を証する書面。
③ 当該届出をしようとする者が法人であって、その代表者または管理人の婚姻前の氏名を当該代表者または管理人の氏名に併せて当該届出書に記載した場合において、前払府令1号に掲げる書類（前払府令11条2号ロに

掲げる書類に限る）が当該婚姻前の氏名を証するものでないときは、当該婚姻前の氏名を証する書面。
　④　業務の承継の事実を証する次に掲げる書面。
　　ⅰ　当該届出に係る業務の承継が譲渡または合併によるものである場合は、当該譲渡または合併に係る契約書の写しおよび法人にあっては、登記事項証明書。
　　ⅱ　当該届出に係る業務の承継が会社分割によるものである場合は、当該会社分割に係る新設分割計画書または吸収分割契約書の写しおよび法人にあっては、登記事項証明書。
　　ⅲ　当該届出に係る業務の承継が相続によるものである場合は、当該相続の事実を証する書面の写し。

　資金決済法30条により自家型発行者とみなされた者の届出事項に変更があった場合には、遅滞なく、内閣総理大臣に届け出なければならない（法30条4項）。

　自家型前払式支払手段の発行業務を承継させる場合、承継元の前払式支払手段発行者は、廃止届出（法33条1項）や変更届出（法5条3項、11条1項）が必要となる。

　届出書を提出しなかったり、虚偽の記載をしたりした場合には、罰則がある（法114条、115条）。

　なお、前払式支払手段事務ガイドラインにおいては、①自家型前払式支払手段の発行の業務の承継の事由が、相続または合併以外のものである場合には、譲受人が法令により義務づけられた供託義務を果たすことが担保されていること、②譲受人が提供する物品・役務の内容に照らして、利用者にとって当該発行の業務の承継が行われる前と同様の利便性が確保されていることが求められている（Ⅱ-4-1）。

3　発行保証金の還付と還付への協力

(1) 発行保証金の還付

　資金決済法31条は、前払式支払手段の利用者の発行保証金に対する優先弁済権とその実効手続について規定している。

(A) 利用者の優先弁済権
　前払式支払手段の保有者は、供託されている発行保証金につき、他の債権者に先立ち弁済を受ける権利を有している（法31条1項）。また、前払式支払手段発行者が破産手続開始の申立て等に入った場合、前払支払手段の保有者は、発行保証金に対する権利を実行することが可能となっている（法31条2項）。これらの規定により、前払式支払手段の利用者保護が図られている。
　資金決済法31条1項にいう「保有者」には、サーバ型前払式支払手段の場合に、前払式支払手段をもって商品・サービスの提供を請求することができる権利を有する者も含まれる。[117]
　資金決済法31条1項にいう「債権額」は、金額表示が行われるものであれば利用可能額、数量等での表示が行われるものであれば、金銭に換算した額となる。[118]
　本来的には、保有者が発行保証金に対する優先弁済権について自ら権利行使をすべきであるが、保有者が権利の実行手続に不慣れなことが想定される。そこで、資金決済法31条においては、行政が保有者に代わって権利の実行手続を実施することとされている。
　保有者が資金決済法31条の還付手続によって債権全額の弁済を受けられない場合、保有者は、破産手続等に参加し、前払式支払手段発行者の一般財産から、破産手続内での配当を受けることになる。

---

117)　高橋・前掲注1）139頁。
118)　高橋・前掲注1）139頁。

(B) 優先弁済権の実行手続

資金決済法31条2項において、内閣総理大臣は、①権利の実行の申立てがあったとき、または②前払式支払手段発行者について破産手続開始の申立て等（法2条11項参照）が行われたときにおいて、前払式支払手段の保有者の利益の保護を図るために必要があると認めるときは、発行保証金の権利を有する者に対し、60日を下らない一定の期間内に内閣総理大臣に債権の申出をすべきことおよびその期間内に債権の申出をしないときは当該公示に係る発行保証金についての権利の実行の手続から除斥されるべきことを公示しなければならないとされている。

優先弁済権の実行手続（還付手続）において、保有者が債権の申出をしない場合があり、発行保証金と破産時における未使用残高の2分の1とは一致せず、発行保証金の履行が完全に行われないこともあることから、保有者に還付される率が各保有者によって異なることがある。発行保証金の額が債権の合計額に足りない場合には、保有者に対する分配は、債権額に応じての比例按分となる。

具体的な還付手続は、以下のとおりである（法31条6項参照）。

(a) 権利の実行の申立て

前払式支払手段の保有者は、まず、その保有する前払式支払手段に関し、金融庁長官に対して、その権利の実行の申し立てることになる（令11条1項）。

権利の実行の申立てをしようとする者は、発行保証金規則様式第8により作成した申立書に当該申立てに係る前払式支払手段または当該申出に係る権利を有することを証する書面を添えて、金融庁長官に提出しなければならない（発行保証金規則5条）。

(b) 公示と通知

金融庁長官は、資金決済法31条2項の公示をしたときは、その旨を資金決済法施行令11条1項の申立てをした者（申立人）および当該前払式支払手段を発行した前払式支払手段発行者に通知することになる（令11条2項）。

資金決済法31条2項の公示があった後は、申立人がその申立てを取り下げ

た場合においても、権利の実行の手続の進行は、妨げられない（令11条3項）。

(c) 権利の調査

　金融庁長官は、資金決済法31条2項の期間が経過した後、遅滞なく、権利の調査を行い、あらかじめ、期日および場所を公示し、かつ、当該前払式支払手段発行者に通知して、申立人、当該期間内に債権の申出をした者および当該前払式支払手段発行者に対し、権利の存否およびその権利によって担保される債権の額について証拠を提示し、意見を述べる機会を付与することになる（令11条4項）。

(d) 配当表の作成

　金融庁長官は、調査の結果に基づき、期間の末日までに供託された発行保証金について、遅滞なく、配当表を作成し、これを公示し、かつ、当該前払式支払手段発行者に通知する（令11条5項）。

　債券が供託されている場合において、権利の実行に必要があるときは、これを換価することができ、換価の費用は、換価代金から控除することになる（令11条8項）。

　配当表の作成に際しては、発行保証金の額から公示の費用、権利実行事務代行者の報酬その他の発行保証金の還付の手続に必要な費用（令11条8項の換価の費用を除く）の額を控除した額について配当表を作成することができる（令11条9項）。

(e) 配当

　配当は、公示をした日から110日を経過した後、配当表に従い実施する（令11条6項）。

　前払式支払手段発行者の営業所または事務所の所在地を確知できないときは、当該前払式支払手段発行者への通知を不要とすることができる（令11条7項）。

(C) 優先弁済権の実行手続の権利実行事務代行者

　優先弁済権の実行手続は、内閣総理大臣が行うこととされているが、権利実

行の手続に関する事務（債権の申出の受付、配当表の作成等。前払府令52条）を権利実行事項代行者に委託することも可能となっている（法31条3項）。大規模な前払式支払手段発行者が経営破綻した場合において、行政外から人的資源を確保すること等により機動的な対応をする必要があるためである。[119]

権利実行事務代行者によっては法律で業務が制限されている場合も想定されるため、そのような場合であっても、権利実行手続の業務の委託が可能となるようにすべく、権利実行事務代行者は、他の法律の規定にかかわらず、委託を受けた業務を行うことが可能となっている（法31条4項）。

権利実行事務代行者となる者は、銀行等（法2条17項に定義規定）、信託会社等（法2条16項に定義規定）、当該前払式支払手段発行者について破産手続が開始された場合における破産管財人、当該前払式支払手段発行者について更生手続が開始された場合における管財人、当該前払式支払手段発行者について再生手続が開始された場合における管財人（当該再生手続において管財人が選任されている場合に限る）である（令10条）。

権利実行事務代行者やその役職員で、委託を受けた業務に従事する者は、還付手続の公正性を担保するため、刑法その他の罰則の適用について、公務員とみなされ（法31条5項）、収賄罪等の適用を受けることになる。

(2) 優先弁済権の権利実行への協力義務

資金決済法32条は、優先弁済権の権利実行における関係者の協力義務について規定している。

優先弁済権の権利の実行に際して、とりわけ、IC型やサーバ型の前払式支払手段においては、事業者の状況により、監督当局のみでの対応できず、業務委託先やシステムベンダー等の関係者の協力が必要となる場合が想定される。

そこで、資金決済法31条は、前払式支払手段発行者から発行業務の委託を受けた者、密接関係者、加盟店その他の関係者に対し、権利実行の手続につき、内閣総理大臣から必要な協力を求められた場合の努力義務を規定している。

---

119) 高橋・前掲注1) 141頁。

4　廃止の届出等と登録の取消し等に伴う債務の履行の完了等

(1) 廃止の届出等

(A) 意義

　資金決済法33条1項は、前払式支払手段発行者が、前払式支払手段の発行業務を廃止した場合等についての届出等について規定している。

　前払式支払手段発行者が前払式支払手段の発行業務を廃止する場合には、払戻しを行う必要があり（法20条1項）、破産手続開始の申立て等が行われたときは還付手続の開始事由となる（法59条2項2号）。そのため、前払式支払手段の発行の業務の全部または一部を廃止したとき、および破産手続の申立て等が行われたときには、監督当局が事実関係を把握する必要があるため、当該前払式支払手段発行者には届出が必要とされる。

　前払式支払手段の発行業務の廃止には、廃業のほかに、解散や清算を行う場合、事業譲渡、合併または会社分割その他の事由により業務を承継させ、自らは前払式支払手段の発行業務を行わなくなる場合も含まれる。[120]

　前払式支払手段の発行業務の「一部」の廃止とは、発行者が複数の種類の前払式支払手段を発行している場合に、そのうちの1つまたは複数の種類の前払式支払手段を廃止する場合をいい、原則として登録申請書に記載された種類ごとに判断される。[121]もっとも、同一の種類の前払式支払手段であっても、発行日等により区別が可能な場合で、当該区別に従って一部の利用を廃止する場合も、「一部」の廃止に含まれる。[122]

　前払式支払手段の発行業務の「廃止」とは、当該前払式支払手段の発行および使用の双方を取りやめる場合を指す（前払式支払手段事務ガイドラインⅢ-2-2（1）（注2））。

---

[120]　高橋・前掲注1）143頁。
[121]　堀・前掲注10）269頁。
[122]　堀・前掲注10）269頁。

第三者型発行者が第三者型前払式支払手段の発行業務の全部を廃止したときは、登録はその効力を失うことになる（法33条2項）。全部の廃止をした後に、再び第三者型前払式支払手段を発行する場合には、再度第三者型発行者としての登録を行うことが必要となる。

(B) 廃止の届出書の提出

　廃止の届出をしようとする者は、前払府令別紙様式第31号により作成した届出書に、当該届出書の写し2通を添付して、金融庁長官に提出することになる（前払府令53条1項）。

　そして、廃止の届出書には、以下の事項を記載することになる（前払府令53条2項）。

① 氏名、商号または名称（1号）
② 自家型発行者にあっては、資金決済法5条1項の届出書の提出年月日（2号）
③ 第三者型発行者にあっては、登録年月日および登録番号（3号）
④ 届出事由（4号）
⑤ 資金決済法33条1項各号のいずれかに該当することとなった年月日（5号）
⑥ 前払式支払手段の発行の業務の全部または一部を廃止したときは、その理由（6号）
⑦ 前払式支払手段の発行の業務の一部を廃止したときは、当該廃止に係る前払式支払手段を特定するに足りる事項（7号）
⑧ 事業譲渡、合併または会社分割その他の事由により前払式支払手段の発行の業務の全部または一部を廃止したときは、当該業務の承継方法およびその承継先（8号）

前払式支払手段発行者が事業譲渡、合併または会社分割その他の事由により前払式支払手段の発行の業務の全部または一部を廃止したときは、届出書に、当該業務の承継に係る契約の内容および当該業務の承継方法を記載した書面の添付が必要となる（前払府令53条3項）。

　前払式支払手段事務ガイドラインにおいては、資金決済法33条1項1号の

規定に基づき前払式支払手段発行者より廃止等届出書が提出された場合（相続または事業譲渡、合併もしくは会社分割その他の事由により、他の財務局長に届出を行った自家型発行者（法30条1項により、自家型発行者とみなされた者を含む）または登録を受けた第三者型発行者に対する当該事業の承継が行われた場合に限る）には、当該廃止等届出書の提出を受けた財務局長は、当該事業の譲渡先の前払式支払手段発行者の届出を受理または登録を行っている財務局長に対し、別紙様式18により作成した事業譲渡通知書に、当該廃止等届出書、自家型発行者名簿または第三者型発行者登録簿のうち当該届出者に係る部分の写しおよび直前基準日の発行に関する報告書の写しを送付するものとされている（Ⅲ-2-2（2））。

また、通知書の送付のあった財務局長は、遅滞なく、当該事業を譲り受けた前払式支払手段の発行者について、当該事業に係る変更届出書の提出等、必要な措置がとられているかについて、確認するものとされている（前払式支払手段事務ガイドラインⅢ-2-2（3））。

(2) 登録の取消し等に伴う債務の履行の完了等

資金決済法34条は、第三者型発行者の登録の取消しが行われた場合等におけるみなし第三者型発行者についての規定である。

資金決済法7条にいう「登録を受けた法人」である第三者型発行者は、登録が取り消され、または前払式支払手段の発行業務を廃止して登録が失効すると、資金決済法上の第三者型発行者でなくなる。もっとも、資金決済法上の第三者型発行者でなくなることで資産保全義務がなくなり、監督処分ができなくなるのは不都合である。そこで、資金決済法34条は、第三者型発行者の登録が取り消された者等につき、前払式支払手段に係る債務の履行を完了する目的の範囲内において第三者型発行者とみなし、資金決済法上の規制を及ぼすこととしている。

「第三者型前払式支払手段に係る債務の履行を完了する目的」とは、一定の払戻手続を行うこと（法20条1項）や基準日未使用残高がゼロとなるまで回収に当たること等である。なお、自家型発行者は、第三者型発行者と異なり、

[123]

登録を受けておらず、資金決済法 20 条 1 項の払戻手続が完了するまで自家型発行者であるため、特段の規定はない。

5　銀行等の関する特例

(1) 意義

資金決済法 35 条は、銀行等の一定の者が前払式支払手段を発行する場合の特例について規定している。

資金決済法 35 条における「政令で定める要件」を満たす銀行等、「その他政令で定める者」は、前払式支払手段を発行する場合において、資金決済法の適用を受けるが、供託義務（法 14 条 1 項）が免除される。

銀行等も破綻する可能性があることから、銀行等の破綻時における前払式支払手段の保有者の保護の必要性はある。もっとも、十分な規制および監督が行われ、自己資本比率が一定以上であるなど一定の健全性基準を満たしている銀行は、直ちに破綻する可能性は低い。そこで、資金決済法 35 条は、銀行等のうち他の規制で十分な監督を受けている一定の者について、供託義務を免除することとしている。

(2)「政令で定める要件」および「その他政令で定める者」

資金決済法 35 条における「政令で定める要件」は、銀行法 14 条の 2 その他これに類する他の法令の規定に規定する基準を勘案して内閣府令で定める健全な自己資本の状況にある旨の区分に該当することである（令 12 条 1 項、8 条 1 項）。

資金決済法 35 条における「政令で定める者」は、保険業法 130 条に規定する基準を勘案して内閣府令で定める健全な保険金等の支払能力の充実の状況に

---

123)　高橋・前掲注1) 144 頁。

ある旨の区分に該当する保険会社その他の内閣府令で定める者である（令12条2項、8条2項1号）。

（3） 供託以外の義務と供託義務が生じる場合

　銀行等は、前払式支払手段を発行する場合には、資金決済法上の供託以外の義務を遵守する必要がある[124]。

　また銀行等は、政令の要件を満たさなくなった場合には、資金決済法上の供託義務を直ちに履行する必要が生じる[125]。

6　外国において発行される前払式支払手段の勧誘の禁止

　資金決済法36条は、外国において前払式支払手段を発行する者が、国内にある者に対して、その外国において発行する前払式支払手段の勧誘を行うことを禁止している。

　紙型・IC型前払式支払手段は、有体物である証票等が利用者に交付されるなど、国内において発行されることが明らかである場合が多い。他方、インターネットを利用するサーバ型前払式支払手段などは、国内において発行があるか否かが明らかでない場合がある。そのような場合に、資金決済法の適用がないとすると、利用者の保護に欠けることになる。そのため、資金決済法36条は、外国において前払式支払手段の発行業務を行う者は、国内にある者に対し、その外国において発行する前払式支払手段の勧誘を行うことを禁止する。

　資金決済法36条にいう「勧誘」には、一般の者に対して前払式支払手段の購入・利用を勧めることをいい、加盟店となることの勧誘や共同発行の勧誘は含まない[126]。

　資金決済法36条にいう「勧誘」の該当性の判断基準については、前払式支払手段事務ガイドラインによって指針が示されている。

　124）　高橋・前掲注1）145〜146頁
　125）　高橋・前掲注1）146頁
　126）　高橋・前掲注1）147頁。

外国において前払式支払手段の発行の業務を行う者がホームページ等にその発行する前払式支払手段に関する広告等を掲載する行為は、原則として、「勧誘」行為に該当する（前払式支払手段事務ガイドラインⅡ-5-2）。
　もっとも、以下のような、日本国内にある者による当該前払式支払手段の購入につながらないような合理的な措置が講じられている限り、日本国内にある者に向けた「勧誘」に該当しないことになる（前払式支払手段事務ガイドラインⅡ-5-2）。

(1) 担保文言

　日本国内にある者が当該外国において発行する前払式支払手段を購入できない旨の文言（以下、「担保文言」という）が明記されていることである。
　担保文言が明記されているか判断する際には、以下の事項に注意が必要となる。
　① 担保文言を判読するためには、広告等を閲覧する以外の特段の追加的操作を要しないこと。
　② 担保文言が、当該サイトを利用する日本国内にある者が合理的に判読できる言語により表示されていること。

(2) 取引防止措置等

　日本国内にある者による当該外国において発行する前払式支払手段の購入を防止するための措置が講じられていることである。
　取引防止措置が十分に講じられているかを判断する際には、以下の事項に注意が必要となる。
　① 販売に際して、購入希望者より、住所、郵送先住所、メールアドレス、支払い方法その他の情報を提示させることにより、その居所を確認できる手続を経ていること。
　② 明らかに日本国内にある者による当該外国において発行する前払式支払手段の購入に係る行為であると信ずるに足る合理的な事由がある場合には、

当該日本国内にある者からの注文に応ずることがないよう配意しているこ
　　と。
③　日本国内に利用者向けのコールセンターを設置する、あるいは日本国内
　　にある者を対象とするホームページ等にリンクを設定する等を始めとして、
　　日本国内にある者に対し当該外国において発行する前払式支払手段の購入
　　を誘引することのないよう配意していること。

　以上に掲げる措置はあくまでも例示であり、これらと同等もしくはそれ以上の措置が講じられている場合には、当該広告等の提供は、日本国内にある者向けの「勧誘」行為に該当しないものとなる（Ⅱ-5-2）。

　国外の発行者が国内の者に対して、勧誘を行っても、これに対する罰則はない。もっとも、違反者を外国当局に通知し改善を促すための連帯を図るなどの処置を講ずることを可能にするために、本条は規定されている。[127]

---

127)　高橋・前掲注 1) 147 頁。

コラム　電子マネーから仮想通貨まで

岡田仁志

　本稿では、電子マネーの黎明期から仮想通貨の登場に至るまでの歴史を振り返る。日本を中心とした電子マネーの歴史は、およそ次のような時代区分で論じるのがよいだろう。ただし、それぞれの電子マネーは時代をまたいで進化しているため、この時代区分は思考の整理のための物差しである。あらゆる発想と試行が現れては消えながら、やがて大きなうねりが造り出される様子は、あたかも文明の興亡を見るかのようである。世紀末を挟んだ変化の時代を経て、貨幣的価値は物理的媒体から電子的媒体へと姿を変え、やがてアトムを持たない純粋なデータへと昇華した。果たして、電子マネーの普及は人びとの価値観にどのような変化をもたらしたのか。仮想通貨の登場は、国家・社会・経済のあり方を根底から覆すのだろうか。いま再び、金融を変革するチャレンジの時代であるからこそ、貨幣の本質について考えた先人の知恵に学びたいと思う。

　　第1の時代（1994年以前）　：理論的チャレンジの時代
　　第2の時代（1995年から）　：電子マネーの実証実験
　　第3の時代（2000年から）　：電子マネーのスタート期
　　第4の時代（2008年から）　：電子マネー時代の幕開け
　　第5の時代（2013年以降）　：仮想通貨の登場

理論的チャレンジの時代──第1の時代（1994年以前）

　あらゆる電子マネーは試行錯誤の時代を経験している。すでに1980年代半ばには、電子マネーを実現させる理論的チャレンジが試みられていた。ネットワーク型電子マネーの草分けとなったのは、暗号学者であるDavid Chaum博士が中心となって開発したeCashであった。そこで使われたブラインド署名の技術は、匿名性の実現に強くこだわっていた。

　だが、1995年に商用サービスを開始したeCashが、クリティカル・マスを越える利用者を得ることはなかった。およそネットワーク外部性の存在するサービスにおいては、顧客数の増加が先か、店舗数の充実が先かという、いわゆるニワトリと卵の関係が妥当する。この電子マネーはインターネットの通貨となることを指向していたが、市場はいまだ黎明期にあって商用サービスへの需要は限られていた。

この時代は、中央銀行が独占的に発行量をコントロールしてきた通貨を、民間の機関が自由に発行することの意義が議論された時期でもあった。欧州においては、電子マネーの開発者が各国の中央銀行と対話の機会を持ち、貨幣の将来について非公式に議論したこともあった。この時代に貨幣の本質について議論を深めたことは、やがて仮想通貨の登場を迎えた時に、思考のヒントとして役立つことになる。

電子マネーの実証実験——第2の時代（1995年から1999年）
　1990年代後半になると、国内外でさかんに実証実験が行われた。それはまた、海外の事例からヒントを学ぼうとする視察旅行の時代でもあった。電子商取引の普及を推進する任意団体などが中心となって、米国、欧州、および東アジア諸国における先端的な取組を知るための調査ツアーが複数回にわたって企画された。

　米国のClinton-Gore政権は電子商取引の普及に重点を置き、1997年に第2次政権が発足するとAl Gore副大統領はGlobal ECの9原則を提示する。第2原則として、決済の技術を過度に規制せず、政府として技術革新をサポートする立場を明確にした。

　これに前後して、電子マネーという概念はようやく形を現し、国内外の各地で実証実験が実施された。それらの多くは、インターネットよりも実店舗での利用を前提としていた。英国のSwindonで実証実験が行われたMondex、ベルギーのProton、デンマークのDanmontなどの電子マネーがその代表例であった。

　さらには、ドイツのGeldkarte、フランスのMoneoのように国家的プロジェクトとして推進された大規模な電子マネー実験も登場した。この時代の電子マネーの多くは接触型ICカードを採用していた。これらは、タッチして支払う非接触型ICカードではなく、現在でいうICチップ付きクレジットカードと同じような接触型ICカードであった。

　日本においても、Super Cash新宿共同実験や、VISA Cash渋谷実験など、各地で電子マネーの実証実験が行われた。筆者は、1999年12月に、現金を使わずにSuper Cashだけで生活するという利用実験を一週間にわたって試みた。Super Cashをチャージするためには、実験に参加した銀行店舗内に設置された専用のATM、またはエリア内に設置された専用ISDN公衆電話から、回線経由でICカードに貨幣的価値をダウンロードする作業を行う。それらは、現在からみても実にユニークな方式であった。

ATM から IC カードに貨幣的価値をダウンロードするという行為は、銀行キャッシュカードによって ATM から現金を引き出す行為を擬制している。そのため、利用者は IC カードのチップに現金に代わる貨幣的価値が入っているのだと理解しやすい。すなわち、ATM から引き出した現金の代わりに、IC カードのチップに電子のお金が入ったのだと考える。この時代の接触型 IC カードは、次の時代に登場する非接触型 IC カードと比べると、現金のハンドリングに近い動作を忠実に表現していた。

電子マネーのスタート期——第 3 の時代（2000 年から 2007 年）
　1990 年代後半に国内外で実証実験が繰り返された後に、電子マネーはついにスタート期を迎える。この時代の日本では、非接触型 IC カードが実用レベルに到達し、世界に先駆けて電子マネーが本格普及期を迎えた。これを可能にしたのが FeliCa 方式の非接触 IC カード技術であった。第 1 の時代から続けられてきた研究開発がついに実を結んだ瞬間であった。
　実のところ、非接触 IC カードによる電子マネーの運用は、方式を異にするものの、東アジアの交通カードにおいては早くから見られた。プサンの Hanaro Card やソウルの地下鉄カードがその代表例である。だが、これらは汎用性の高い電子マネーへと変容することはなかった。地下鉄とバスの間での共用や、高速道路の料金収受への応用など、交通利用を中心とした展開にとどまっていた。
　FeliCa 方式の交通カードを先行導入したのは、香港の Octopus Card であった。八達通とも表記される Octopus Card は、地下鉄、バス、そしてフェリーなど、香港エリアの陸と海で広く使える交通カードとして機能していたが、やがて汎用の電子マネーへと姿を変えていく。公共施設や商業施設で電子マネーとして利用できるようになり、その利便性が受け入れられて利用範囲はたちまち拡大していった。
　香港における経験は、技術の安定性と可用性を証明した。一般論として、監視カメラと係員の常駐する地下鉄駅などの公共施設と比べて、不特定多数の店舗に端末を置いて電子マネーを受け入れることは、不正利用のリスクを増大させる。アジアの人口集約都市として最大級である香港における利用に耐えたことは、本格的な電子マネー時代の到来を予感させるものであった。
　日本における電子マネーの発展は、交通カードから出発して汎用の電子マネーへと拡大していく流れと、専業の電子マネーとして小売店舗を中心に広がっていく流れの 2 系統で進化していく。前者は、香港における電子マネーの発達

の過程と類似しているが、規模の大きさと普及の速度において異次元である。日本で観測された電子マネーの初期発展速度は、ネットワーク外部性の観測値としても稀に見るものであった。後者は、専業の電子マネーが普及していく規模と密度において、やはり歴史に残るものであった。

　かくして、各国の実証実験の多くが本格運用に至らなかった電子マネーは、日本において成功を遂げ、たちまちクリティカル・マスを越えて自律的増加のフェーズに入った。ここで、ニワトリが先か、卵が先かという議論が再来する。顧客数が自然に増加してクリティカル・マスを越えるのを待つのではなく、クリティカル・マスに相当する数の利用場所を最初から提供したことは、新しいサービスに参加することで得られる利益が移行コストを上回ることを雄弁に語った。

　新しいサービスの意図が的確に伝わらないことは、潜在的な利用者にとって最大の利用障壁となる。電子マネーが抵抗なく受容された背景には、複雑なサービスを単純明快にアピールする技術の美しさと、普及の確信を抱かせる適正な規模があった。

電子マネー時代の幕開け——第4の時代（2008年から2012年）

　第4の時代は、コンビニエンスストアやショッピングセンターなどの流通事業者が発行主体として電子マネーを流通させることにより、それまで利便性の道具であった電子マネーがポイントなどの利得性を提供する道具へと変化した時期である。FeliCa方式の電子マネーが国内全域で利用されるようになり、電子マネー元年と呼ばれる時を迎えた。

　一般に、新しいサービスが普及していく過程は、Everett M. Rogers が提唱した Diffusion of Innovation のモデルによって説明される。Rogers のモデルは、新しいサービスを受容する利用者群を Innovators, Early Adopters, Early Majority, Late Majority, Laggards の5段階に分けて説明する。Innovators というのは、発売前日から自発的に行列して新製品を購入する行動にみられるように、新しさに価値を見出す人たちである。電子マネーが規格化された印刷カードとして様式の美を備えていれば、こうした現象を誘発しやすい。

　次いで Early Adopters は、新しさを享受するだけでなく、新しいサービスのどこが優れているのかを説明しようと試みる。彼らの発信した情報をきっかけとして、続いて Early Majority が登場する。この段階では、サービスを利用する合理的な理由が求められる。異質なモノに寛容ではない社会においては、

新しいモノに飛びつく行為を正当化しなければならない。このケースでは、タッチするだけで貨幣的価値が移転するという利便性こそが正当化の根拠であった。そして、非接触ICカードを使いこなす所作の美しさは、新しいサービスを受容することへの批判を回避する補完的な役目を果たした。

新しいモノに飛びつくことが、はしたないとされる非寛容の社会においても、Early Majorityが形成される頃からは、新しいモノを受け入れないことに対する非寛容の態度が強まる。この時期を見計らって、Late Majorityが登場する。排除されるべき異質なモノではなくなり、受容するか否かは一人ひとりの自由意思に委ねられる。この段階では、既存のサービスとは何が違うのかという比較が問われる。電子マネーの歴史では、第4の時代がこれにあたる。現金と比較して、ポイントの貯まるお得なカードであると特徴づけて、電子マネーの利得性をアピールした。この説明は功を奏し、短期的な費用を上回るだけの長期的な利用者を得ることに成功した。

最後に残されたのが、かつて自動織機が発明された当時に、手工業を守るために機械を打ちこわしたラッダイト運動に象徴されるような、新しいモノを積極的に好まない層である。社会インフラの基礎となるようなサービスでは、全員が利用することを条件として新しい社会的役割が生じることもあるので、提供者としてはなるべく多くの人に利用してもらいたい。だが、Laggardsと呼ばれる人たちに受け入れてもらうことは容易ではない。

この段階に至ると、利便性や利得性はインセンティブとしての役目を果たさない。唯一、社会のために役立つという利他性の観点だけが共感を得られやすい。日本における電子マネーの普及は、既にこの段階にある。これからは、利便性や利得性をさらに強調したサービスと、公共性を視野に入れたサービスへと分岐していくだろう。両者がバランスをとりながら、全体として緩やかに利用者を拡げてゆくのが理想的である。

第5の時代──仮想通貨の登場（2013年以降）

この時代になって、予期されずに登場したのが仮想通貨である。2008年に基本構想が提案された仮想通貨は、2009年1月に最初の取引を記録する。長きにわたって実験レベルの時期が続くが、2013年にキプロスで金融恐慌が発生した際に、資産の避難先として仮想通貨が選ばれたことをきっかけとして、法定通貨との交換レートが急上昇する。この時期を境として、仮想通貨は世界的に流通する新しい貨幣的価値として認知されるようになる。

仮想通貨とは、「決済手段」「転々流通性」「国家の裏づけの不在」の3つの

要素を備える新しい「お金」である。その中でも特異な構造を有するのが、Bitcoin システムに代表されるような分散型仮想通貨である。Bitcoin システムには、中心となる発行主体や運用主体が存在せず、ノードとノードを対等に結びつける Peer to Peer で構成される。従来の電子マネーが集中的であったのに、Bitcoin システムは分散的な構造を有する。

　Bitcoin システムにおいて貨幣的価値を表現するのは、ブロックチェインによって非可逆性が保証された状態の「取引記録」である。ブロックチェインは Bitcoin システムのネットワーク全体で運営されている分散型ファイル・システムであるから、その中に管理されている「取引記録」はいわゆる電磁的記録ではなく、より抽象的な「情報」とみなすべきである。

　ここで、Bitcoin システムの参加者は、ブロックチェインによって表現された「取引記録」を貨幣的価値そのものと見做しているのであって、他の何らかの貨幣的価値との交換を前提にしているのではない。Fiat Currency との交換は可能であるが、Fiat Currency の裏づけがあるわけではない。Bitcoin システムの利用者は、仮想通貨を国際通貨の列に新たに加わった通貨の一つと見做しているのである。

　では、仮想通貨と電子マネーの違いはどこにあるのか。一つは、明確な発行主体が存在せず、オープンソフトウェアとして記述されたアルゴリズムに従って半自動的に発行されることである。仮想通貨は信頼できる第三者機関の存在なしに、取引の正しさを自律的に担保する。信頼の対象が存在しない貨幣的価値というのは、われわれが慣れ親しんできた信頼醸成の感覚からは、あまりにもかけ離れている。

　もう一つの特徴は、人から人への転々流通性を備えていることである。受け取った仮想通貨は、誰かにそのまま送ることができる。仮想通貨には店舗用端末も IC カードも不要である。そもそも店舗と消費者という区分はなく、仮想通貨の利用者は初期状態ではフラットである。利用者はただスマートフォンやパソコンなどの汎用端末に専用のアプリケーションを設定すればよい。このとき、秘密鍵と公開鍵のペアは利用者の端末上で生成され、同時にグローバルなアドレスが生成される。驚くべきことに、店舗側の端末も等しくこれだけの操作によって完成する。もっとも、仮想的な発行主体を置く手法や、店舗と顧客を色分けする技術も存在するが、ここでは言及しないことにする。

　さて、未知なる仮想通貨の登場は、社会と経済にどのような影響を及ぼすのか。ここで思い出されるのが、第 1 の時代に議論された貨幣にまつわる議論の数々である。中央銀行の発行する紙幣に代替する貨幣的価値が発行されること

の是非、通貨流通量の制御を困難にすることへの懸念、貨幣の流通速度が変化することへの怖れなど、あらゆる根源的な疑問が議論された。実際に日本で普及した電子マネーは法定通貨を対価としていたので、幸いにしてこれらの懸念は杞憂に終わった。

　ところが、仮想通貨が登場したことによって、状況は一変する。Friedrich A. von Hayek が提唱した貨幣発行自由化論の構想は、仮想通貨によって現実のものとなったのだろうか。それを判断するには、仮想通貨の歴史はあまりにも浅く、儚い。仮想通貨を発行する神はアルゴリズムであるが、アルゴリズムを定義するのは一握りの神官である。CODE を支配する者が国家・社会・経済を独占することは、Justice as Fairness の理念に適うのであろうか。貨幣発行という公器を担うのは国家であるべきか、民間が担当した場合にも社会的コストの配分は公正に行われるのか。国民国家の時代に形成された中央銀行と法定通貨という社会システムは、いま再考の好機を迎えている。

第3章　資金移動の概要

I 意義

1 はじめに

　資金決済法は、資金決済についてのみならず、資金移動についても規制を置く。本章では、その資金移動について解説する。

　資金をある者Aから別の者Bへ移動させる手段として、真っ先に思い浮かぶのは、銀行振込であろう。ことほどさように、資金移動については、AからBへ「現金」という物理的デバイスの受け渡しをする方法（現金書留等）を別にすれば、資金移動は、銀行を介するのが一般である。

　だが、近時の社会の進展は、必ずしも銀行を介在させない資金移動に対するニーズを生じさせている。それには、大きく分けて2つの流れがある。1つには、ネット社会の普及に伴い、一般消費者サイドから、より便利かつ安価な資金移動へのニーズが生じている。たとえば、公共料金のコンビニ決済といった収納代行サービス、ネット通販商品の代金引換による受取りといった代金引換サービスをあげることができる。もう1つには、社会のグローバル化に伴い、外国人労働者のための使い勝手のよい海外送金の手段が必要とされるに至っている。

　現時点では、これらのいずれの流れに対して、銀行は、十分に対応できていない。前者についていえば、銀行もネットバンキングサービスを提供しているものの、前者のニーズのすべてを賄うには至っていない（ネット通販商品の決済手段としては、クレジットカードの利用が勝っている）。後者については、

---

1) そのほかに手形（特に為替手形）を介在させた資金移動も考えられる。ただ、実務上、銀行提供にかかる「統一手形用紙」を用いるのが通例であり、ここにも間接的ながら、銀行の介在が生じている。

必ずしも日本語に長けているわけではない外国人にとって、銀行口座開設等の一連の手続が、煩瑣であることに加え、そもそもすべての外国人労働者に銀行口座開設が期待できるわけではなかろう。

このような現状を踏まえ、資金決済法は、資金移動業に関し、規制を設けることにした。

2　資金移動業の意義

資金移動業とは、銀行等以外の者が為替取引（少額の取引として政令で定めるものに限る）を業として営むことをいう（法2条1項）。資金移動を業として行うためには、登録（法37条）を受けなければならず、この登録を受けた者を資金移動業者という（法2条2項。なお、外国資金移動業者につき、法2条4項参照）。

資金決済法は、銀行との役割分担の見地から、為替取引の中でも、「少額の取引」（100万円に相当する額以下。令2条）に限定が付されているが、肝心の「為替取引」について規定をおいていない。そして銀行法にも定義はない。

ただ、為替取引の意義について判示する判例（最決平成13・3・12刑集55巻2号97頁）が存在するので、これに依拠することが可能である。これは、株式会社A（被告会社）およびB（被告人）の下記行為が、銀行法の定める無免許銀行業の罪に該当するかが争われた事例である。

> 株式会社Aの代表取締役であるBは、Aの業務に関し、本邦内にある送金依頼人らから、大韓民国内にある受取人らへの送金の依頼を受け、送金資金として本邦通貨を受領した上、直接現金を大韓民国内に輸送せずに、同国在住の共犯者Cに対し、ファクシミリで送金依頼人の氏名、送金受任額、送金先銀行口座等を連絡して支払方を指図し、同国内のAに帰属する銀行口座の資金を用いて送金依頼人の指定する受取人名義の銀行口座等に送金受任額相当額を同国通貨で入金させた。

かかる事案に対し、最高裁は、「銀行法2条2項2号は、それを行う営業が銀行業に当たる行為の一つとして「為替取引を行うこと」を掲げているところ、

同号にいう「為替取引を行うこと」とは、顧客から、隔地者間で直接現金を輸送せずに資金を移動する仕組みを利用して資金を移動することを内容とする依頼を受けて、これを引き受けること、又はこれを引き受けて遂行することをいうと解するのが相当である」旨判示し、Bの上記各行為が同号にいう「為替取引を行うこと」に当たり、ABに無免許銀行業の罪の成立を認めた原判決の判断を正当として是認した。

資金決済法は、かかる最高裁判決の解釈に依拠することを前提として、あえて為替取引につき明文規定を設けなかった。[2]　そして為替取引の中には、順為替、逆為替、内国為替、外国為替、円貨建て、外貨建てを問わず、マネーオーダーによる送金も含まれると解されている。[3]

3　資金移動業にかかる資金決済法の規制

資金決済法が規制する資金移動に関する規制は、大きくは、登録、資産保全義務、情報の安全管理のための措置、監督に大別することができる。詳しくは、本章Ⅱ以下を参照されたい。これらを通覧すれば、サービスの具体的内容について、資金決済法は何も語らず、実務の発展に広く委ね、利用者保護の観点から一定の規制を施そうとしていることが理解できる。

(1)　登録（本章Ⅱ参照）

資金決済法は、37条以下で、資金移動業者としての登録に関する手続につき規定する。

(2)　資産保全義務（本章Ⅲ参照）

資金決済法は、43条以下で、履行保証金等の制度を整備し、資金移動業者にその順守を強制している。これは、資金移動業者に倒産等の事態が生じた場

---

2)　高橋康文編著『逐条解説　資金決済法（増補版）』（金融財政事情研究会、2010）148頁。
3)　高橋・前掲注2) 149頁。

合における、ユーザー保護のための規制であり、おおむね前払式支払手段発行者における発行保証金と同様の制度である。

(3) 情報の安全管理のための措置等（本章Ⅳ参照）

資金決済法は、49条以下で、資金移動業者に対し、資金移動業に係る情報の漏えい、滅失又はき損の防止その他の当該情報の安全管理のために必要な措置、委託先に対する指導、利用者の保護等に関する措置を講じることを義務づけている。おおむね前払式支払手段発行者におけると同様の規制である。

(4) 監督（本章Ⅴ参照）

資金決済法は、52条以下で、資金移動業者に対し、帳簿等の保存を義務づけるとともに、資金移動業者に対する監督についても規制を置く。

4 留意点

以上概要のみ述べたが（詳細は、本章Ⅱ以下を参照されたい）、資金移動業者に対する規制は、おおむね前払式支払手段発行者における規制とパラレルなものである。ただ、下記の2点については、留意しておく必要がある。

(1) 収納代行サービス、代金引換サービス

資金決済法における資金移動業者に対する規制は、収納代行サービス、代金引換サービスの普及を契機としたものであるものの、結果として、資金決済法は、これらのサービスにつき、特段の言及をしていない[4]。特段の言及をしていないということは、これらのサービスを「セーフハーバー」の中に入れ、直ちに適法として許容する趣旨ではない[5]。業務の態様によっては、同法の資金移動

---

4) 高橋・前掲注2）42頁。
5) 高橋・前掲注2）149頁。

業者に該当しうるのみならず、前掲最決平成13・3・12の判示に照らせば、場合によっては、銀行法に抵触する可能性も否定できない。資金移動業者としての登録、銀行としての免許を受けなければならない可能性があることには留意が必要である。

(2) 他の法令への留意

第2に、資金移動業を営むにあたっては、資金決済法のみならず、他の法令への留意が必要である。たとえば、反復継続的に為替取引を行う場合には、犯罪収益移転防止法への対応が必要であるし、国外取引を行う際には、外為法への配慮が欠かせない。

II 資金移動業者

1 資金移動業者への規制の必要性

(1) 資金移動業と資金移動業者

インターネット上のAのショップで販売した商品をBが購入し、その代金をAに支払う場合を考えてみる。店舗販売のような対面取引ではBは現金でAに支払うことができるが、ネットショップの場合はそれができないため、別の方法を考える必要がある。たとえば、①BがC（銀行）に現金を持ち込み、AがCの店舗の窓口でそれを受け取る方法（送金）、②それをAの取引銀行DにあるAの口座に振り込み、Aが口座から現金を受け取る方法（口座振込）、③BがE（ゆうちょ銀行）に現金を持ち込み、証書（普通為替証書）

を発行してもらい、それをAに郵送し、Aが証書を持参してEの窓口で受け取る方法（証書による送金）、等さまざまな方法がある。

このように送金や振込等の隔地者間における資金の移動や金銭債権・債務関係の決済を、現金の輸送によらずに金融機関を介して行う方法または仕組みを「為替」といい、それについて依頼を受けてこれを引き受けることまたはこれを引き受けて実行することが「為替取引」とされてきた[6]。金融機関が為替取引を担うのは、取引の安全を重視し、送金ミスや遅延を生じさせない高い水準のサービスを利用者に提供しようとする仕組みとも考えられる。

もっとも、Aの商品を配送する運送業者FがBの代金の支払いを受け取る代金引換や、商品をコンビニ店舗に配送しBがコンビニで代金の支払いをする収納代行等新たな決済方法が登場してきており、為替取引の間口を広げる必要性が出てきた。他方、一般事業者が誰でも参入できるとすると反社会的勢力に利用される懸念もあるため、一定の規制が必要であると考えられる。

そこで、資金決済法は、銀行等（2条17号）以外の者が為替取引（少額の取引として政令で定めるものに限る）を業として営むことを「資金移動業」と定義づけ、内閣総理大臣の登録を受けた者が「資金移動業者」として資金移動業を行うことができることとした（2条3号）。資金移動業として認められるのは、100万円に相当する額以下の資金の移動に係る為替取引である（令2条）。これについて資金移動業者は銀行が行う為替取引と同様のことを行うことができることになるため、AやBのような利用者の利便性の向上が期待される。

(2) 金融機関と資金移動業者への規制の相違

(1)で述べたように為替取引は銀行等の金融機関が行うこととされてきたが、

---

[6] 高橋和之ほか編『法律学小辞典（5版）』（有斐閣、2016）154〜155頁。為替取引とは銀行法に銀行業の一つとして規定されているが（銀行法2条2項2号）、用語の定義を定めてはいない。これについて判例では、「『為替取引を行うこと』とは、顧客から、隔地者間で直接現金を輸送せずに資金を移動する仕組みを利用して資金を移動することを内容とする依頼を受けて、これを引き受けること、又はこれを引き受けて遂行することをいう」と解されている（最決平成13・3・12刑集55巻2号97頁）。

2009（平成 21）年制定の資金決済法（2010（平成 22）年 4 月 1 日施行）により資金移動業者が 100 万円相当額以下の為替取引を行うことが認められることになった。もっともそれまでは銀行等の金融機関のみが為替取引を行うこととなっていたこともあり、どの程度まで規制すべきかが問題となる。銀行と資金移動業者との間の為替取引に関する規制の必要性を整理すると図表 3-1 のようにまとめられよう。[7]

図表 3-1　銀行・資金移動業者間の為替取引に関する規制の必要性

	銀行	資金移動業者
為替取引	預金を用いる	預金を用いない
信用創造機能	ある	ない、あっても限定的
継続性	預金を提供するため長期的継続性が必要。参入には収支見込みが良好であることが必要	その都度の送金であるため必ずしも必要としない
金融庁等の監督指針	必要（反社会的勢力に対応するためのチェック体制も含む）	反社会的勢力に対応するための最小限の算入規制・チェック体制でよい

　このようにみると、銀行は預金者に対し高水準のサービスが提供され、送金ミスや遅延が起こらないのは当然と認識され、そのためにシステム上のトラブルが起こらないよう銀行側に十分な処理能力とチェック体制を備えることが求められているといえる。これに対し、資金移動業者にも同水準のサービスを求めるとすればかえって資金移動業者への新規参入が困難になると考えられるため、相応の遅延等防止策は必要としても、その規制は銀行より簡易なものとすべきことになろう。以下ではこのような点を考慮して、資金決済法における資金移動業者の規制のポイントを解説することとしたい。

---

[7]　この対比については、高橋康文編著『詳説　資金決済に関する法制』（商事法務、2010）219〜221 頁。

2　資金移動業者の要件

(1) 登録規制

　まず、資金移動業者の要件として、「登録」に関する規制をみてきたい。
　1 (1) で述べたように、銀行等（法2条17号）以外の者が少額の為替取引を業として営む資金移動業を行う「資金移動業者」は、内閣総理大臣の登録を受けることが必要である（法2条3号、37条）。
　1 (1) で述べたように、隔地者間における資金の移動や金銭債権・債務関係の決済を、現金の輸送によらずに依頼を受けてこれを引き受けることまたはこれを引き受けて実行することを「為替取引」というが、これに相当する取引はさまざまなものがある。たとえば、順為替（並為替）・逆為替、内国為替・外国為替、円貨建てまたは外貨建てのマネーオーダーによる送金が含まれよう[8]。
　このように為替取引の範囲が広いため、資金移動や決済に関する新しい事業を行う事業者は、その事業が為替取引に該当するのかどうか明らかでない場合に、後から為替取引に当たるとして処罰されるおそれがあるとすれば安定的に事業を行うことができなくなる。そのような事態にならないためには、あらかじめ銀行免許をとるか、資金移動業者として登録しておくことが必要となる。資金移動業者の登録の審査の際には、為替取引によって負担する債務と他のサービスに係る債務がはっきりと区分される体制が整備されているかどうか等について確認されることになるため[9]、実務上この点に注意する必要がある。

---

[8] 為替には、債務者が債権者に送金する（つまり為替と資金の移動方向が並行する）順為替（並為替＝振込や送金）と、債権者が債務者から取り立てる逆為替（代金取立て）に分けることができる。また、債権者と債務者が同一国内にいる内国為替と、どちらかが他の国にいる外国為替に分けることができる。用いる通貨の区分により、円貨建てまたは外貨建てのマネーオーダー（国際送金為替や国際郵便小切手）という分類もある。

[9] 高橋・前掲注2) 149〜150頁。

(2) 登録を行わない者への罰則

それでは、資金移動業者として登録をしないで資金移動業を行った者には何らかの制裁があるのであろうか。資金決済法107条2号は不正の手段により37条の登録を受けた者は、3年以下の懲役もしくは300万円以下の罰金に処し、またはこれを併科する、と規定するが、無登録事業者についての罰則は設けられていないようである。[10]

これに関しては次の規制がある。資金決済法37条は、資金移動業者として内閣総理大臣の登録を受けた者は、銀行法4条1項（銀行業には内閣総理大臣の免許を要する旨の規制）・47条1項（外国銀行が日本において内閣総理大臣の免許を要する旨の規制）にかかわらず、資金移動業を営むことができる、と規定する。銀行業には為替取引が含まれるため、為替取引だけを業として行う場合も銀行法に抵触することとなるが、その特則として資金決済法は、資金移動業者の登録を受ければ為替取引を行うことを認めている。したがって、銀行以外の者で資金移動業の登録を受けずに為替取引を行っている者は、一般則である銀行法4条1項に違反する「無免許業者」として銀行法上の罰則の適用を受ける（銀行法61条）。[11]

3 資金移動業者の登録申請

(1) 登録申請書の記載事項

それでは、資金移動業者が登録申請書に具体的にどのような事項を記載するかをみておきたい。それは図表3-2のとおりである（法38条1項）。[12]資金移

---

10) これに対し、無登録で第三者型前払式支払手段の発行の業務を行った者や無免許で資金清算業を行った者には罰則が規定されている（法107条1号、5号）。
11) 高橋・前掲注2）150頁。
12) 説明については、高橋・前掲注（注2）152〜154頁を参照した。

業者（会社法に基づいて設立された株式会社に限られる。法2条3項、40条1項1号）と外国資金移動業者（資金決済法に相当する外国の法令の規定により当該外国において37条の登録と同種類の登録（当該登録に類する許可その他の行政処分を含む）を受けて為替取引を業として営む者（国内に営業所を有する外国会社に限られる）。法2条4項、40条1項1号）の場合で申請書に記載する事項に違いがある。

図表3-2　資金移動業者登録申請書の記載事項

①	商号および住所	資金移動業者	株式会社については商号と本店所在地（会社法4条）
		外国資金移動業者	名称と本国における本店の所在地
②	資本金の額	資金移動業者	設立または株式の発行に際して株主となる者が当該法人に対して払込みまたは給付をした財産の額（会社法445条1項）
		外国資金移動業者	これに相当する出資の額
③	資金移動業に係る営業所の名称および所在地	営業所とは、資金移動業者が行う為替取引の主要な活動の場所	
④	役員関係	資金移動業者	(1) 取締役および監査役（監査等委員会設置会社：取締役、指名委員会等設置会社：取締役および執行役）の氏名 (2) 会計参与設置会社：会計参与の氏名または名称
		外国資金移動業者	(1) 取締役および監査役に準ずる者の氏名 (2) 国内における代表者の氏名
⑤	資金移動業の内容および方法	この事項を記載させるのは、資金移動業にはさまざまなものがあるため、財産的基礎や監督体制等について登録審査を行いやすくするためである	
⑥	資金移動業を第三者に委託する場合にあっては、当該委託に係る業務の内容ならびにその委託先の氏名または商号もしくは名称および	資金移動業の一部を第三者に委託することができるが、その場合には委託先に対する指導等の監督を行う必要がある（資金決済法50条）。そのため、委託業務の内容や委託先（個人または法人）を記載する。	

	住所	
⑦	他に事業を行っているときは、その事業の種類	資金移動業を専業とすることも、兼業とすることもできるので、兼業する場合に資金移動業を適正に行うことができるか判断することができるように記載する。他に行う事業が公益に反すると認められる法人については登録を拒否される（資金決済法40条1項9号）ため、その判断につながるものとなる。
⑧	その他内閣府令で定める事項（資金移動業者に関する内閣府令5条）	(1) 各営業日における未達債務の額（資金決済法43条2項に規定する未達債務の額）の算出時点およびその算出方法 (2) 資金移動業の利用者からの苦情または相談に応ずる営業所の所在地および連絡先 (3) 加入する認定資金決済事業者協会の名称

(2) 添付書類

登録申請書の内容を補完するために、次の添付書類が必要となる（資金決済法38条2項）。

① 登録拒否要件（法40条1項各号）に該当しないことを誓約する書面
② 財務に関する書類
③ 資金移動業を適正かつ確実に遂行する体制の整備に関する事項を記載した書類
④ その他の内閣府令（資金移動府令6条）で定める書類

①については、(4)で後述する。②が求められるのは、資金移動業を適切かつ確実に遂行するために必要な財産的基盤があるかどうかを判断できる資料を求めるものである。資金移動業は専業でも、兼業でもよいため、資金移動業単体でまたは他の事業財産から資金の充当が可能かどうかを判断しようとするものである。③は資金移動業者の規模や業態に応じた適切な社内体制の整備を求めるものであり、内部統制システム（会社法362条4項6号等）の活用も考えられる。それは資金移動業者関係事務ガイドラインに従って作成することになろう。[13]

④は、取締役等の住民票の抄本、取締役等の履歴書・沿革等、最終の貸借対

照表・損益計算書、事業開始後3事業年度における資金移動業に係る収支の見込みを記載した書面、資金移動業に関する組織図、資金移動業を管理する責任者の履歴書、資金移動業に関する社内規則等、資金移動業の利用者と為替取引を行う際に使用する契約書類、等の具体的な書類である。

(3) 資金移動業者登録簿

資金移動業者の登録申請があったとき、内閣総理大臣は、登録拒否要件（法40条1項各号）に該当せず、書類に不備がない場合には、資金移動業者登録簿に①前述（1）の登録申請書への記載事項、②登録年月日、③登録番号を登録し、遅滞なく、その旨を登録申請者に通知するとともに、資金移動業者登録簿を公衆の縦覧に供しなければならない（法39条）。

登録地域の財務局において公衆に縦覧されるが、金融庁のHPでも登録業者の一覧表をみることができる。

(4) 登録拒否要件

資金決済法は登録拒否要件として、登録申請者が次のいずれかに該当するとき、または登録申請書もしくはその添付書類のうちに重要な事項について虚偽の記載があり、もしくは重要な事実の記載が欠けているときは、その登録を拒否しなければならないと規定する（法40条1項各号）。資金移動業はさまざまなサービスの提供が考えられるが、1で述べたように銀行が行う為替取引に準じた取引の安全が求められるので、資金移動業者の能力の有無を審査する基準を設けるものである。

なお、登録拒否要件に該当して登録を拒否したときは、内閣総理大臣内閣総理大臣（具体的には財務（支）局長）は、遅滞なく、その理由を示して、その旨を登録申請者に通知しなければならない（同条2項）。

---

13) これについては、http://www.fsa.go.jp/common/law/guide/kaisya/。作成上のポイントについての詳細は、堀天子『実務解説 資金決済法〔第3版〕』（商事法務、2017）113頁以下参照。

図表 3-3　資金移動業者登録拒否要件

①	資金移動業者の範囲	資金移動業者	株式会社でないもの
		外国資金移動業者	(1) 外国資金移動業者（国内に営業所を有する外国会社に限る）でないもの (2) 国内における代表者（国内に住所を有するものに限る）のない法人
②	財産的基礎		資金移動業を適正かつ確実に遂行するために必要と認められる財産的基礎を有しない法人
③	資金移動業遂行体制・法令遵守の整備		(1) 資金移動業を適正かつ確実に遂行する体制の整備が行われていない法人 (2) 資金決済法第3章の規定（37条～63条）を遵守するために必要な体制の整備が行われていない法人
④	同一・類似商号規制		他の資金移動業者が現に用いている商号若しくは名称と同一の商号若しくは名称または他の資金移動業者と誤認されるおそれのある商号若しくは名称を用いようとする法人
⑤	過去5年間の登録・免許の取り消し、法令違反、公益違反		(1) 資金移動業者の登録取消（資金決済法56条1項若しくは2項の規定による37条の登録を取消）、資金清算機関の免許取消（82条1項若しくは2項の規定による64条1項の免許を取消）、または資金決済法若しくは銀行法等に相当する外国の法令の規定により当該外国において受けている同種類の登録若しくは免許（当該登録または免許に類する許可その他の行政処分を含む）を取り消され、その取消しの日から5年を経過しない法人 (2) 資金決済法、銀行法等若しくは出資の受入れ、預り金および金利等の取締りに関する法律またはこれらに相当する外国の法令の規定に違反し、罰金の刑（これに相当する外国の法令による刑を含む）に処せられ、その刑の執行を終わり、またはその刑の執行を受けることがなくなった日から5年を経過しない法人 (3) 他に行う事業が公益に反すると認められる法人
⑥	取締役等の不適格者		・取締役等（取締役若しくは監査役または会計参与（外国資金移動業者にあっては、国内における代表者を含む））のうちに次のいずれかに該当する者のある法人 (1) 成年被後見人若しくは被保佐人または外国の法令上これらに相当する者 (2) 破産手続開始の決定を受けて復権を得ない者または外国の法令上これに相当する者

	(3) 禁錮以上の刑（これに相当する外国の法令による刑を含む）に処せられ、その刑の執行を終わり、またはその刑の執行を受けることがなくなった日から5年を経過しない者 (4) 資金決済法、銀行法等、出資の受入れ、預り金および金利等の取締りに関する法律若しくは暴力団員による不当な行為の防止等に関する法律またはこれらに相当する外国の法令の規定に違反し、罰金の刑（これに相当する外国の法令による刑を含む）に処せられ、その刑の執行を終わり、またはその刑の執行を受けることがなくなった日から5年を経過しない者 (5) 資金移動業者が登録を取り消された（資金決済法56条1項若しくは2項の規定による37条の登録を取消）場合または法人がこの法律に相当する外国の法令の規定により当該外国において受けている同種類の登録（当該登録に類する許可その他の行政処分を含む）を取り消された場合において、その取消しの日前30日以内にこの法人の取締役等であった者で、当該取消しの日から5年を経過しない者その他これに準ずるものとして政令で定める者（資金決済に関する法律施行令13条に定める資金移動業の登録が取り消された法人の取締役等であった者に準ずる者）

（A）資金移動業者の範囲

　資金移動業者は、(1)で述べたように銀行等以外の者が少額の為替取引を業として営むことが認められた者である。すなわち、資金移動業者の経済的信用をもとに隔地者間の資金移動を引き受ける者であることから、法令上組織的なガバナンス体制を備える「株式会社」であることが求められる。[14]

　外国資金移動業者については、外国においても為替取引（送金サービス）を営むためには登録等が必要とされる場合が多く、外国の法令に基づく登録事業者については日本で改めて株式会社を設立させる必要はないであろうから、登録を行うことが認められている。もっとも、会社法でも外国会社は日本において営業所を設けなくともよいとされているが、事業者の実態を把握し、適切かつ実効性のある監督を行うことができるように、図表3-3の①のとおり、(1)

---

14) 資金移動業を営もうとするのが個人事業者の場合はその死亡により業務の継続が困難になること、また人格なき社団の場合は責任財産が不明確で権利関係が複雑となる場合もありえることから、利用者保護の観点でいずれも適当ではない等の理由が考えられる（堀・前掲注13）51頁）。

国内に営業所を有する外国会社であること、(2) 国内における代表者（国内に住所を有するものに限る）をおくことが必要とされる。

(B) 財産的基礎

(1) で述べたように資金移動業にはさまざまなものがあるが、たとえばオンライン決済を行う場合を考えると、確実に送金等の取引が行われる体制やセキュリティ対策（契約者情報の流失防止等）をしておく必要があるため、資金移動業者には相応のリスク管理体制を構築する必要性があることは想定できる。そのように資金移動業を適正かつ確実に遂行するために必要と認められる財産的基礎があることは、資金移動業者に求められる要件の1つであるといえる。

もっとも、図表3-2 ②のように登録申請書に「資本金の額」を記載させることにしているが、資金移動業者は兼業で営む者もおり資本金だけでは資金移動業の財政的基礎があることを適切に評価するのは難しい。そこで、(2) で述べた添付書類の提出を求めるほか、履行保証金の供託を必要とする（法43条以下）等利用者保護を図る規律が設けられている。

実務的には、資金移動業者関係事務ガイドラインのⅡ-2-1 (2) ①のとおり、財産的基礎の審査にあたっては、登録申請書や添付書類をもとに、ヒアリング・実地調査等により検証することになる。特に以下の点に留意すべきである。

① 申請者が法に基づく履行保証金の供託等の義務を履行するに足る財産的基礎を有しているか。
② 利用者に対する資金の授受を円滑に行うに足る態勢を有しているか。
③ 収支見通しについて、競合者の参入、システムの陳腐化等、環境の悪化に伴う対応方策が確立しており、その場合でも一定の収益を見込めるような計画となっているか。

(C) 資金移動業遂行体制・法令遵守の整備

「資金移動業を適正かつ確実に遂行する体制」とは、資金移動業を遂行するために十分な業務運営や業務管理がなされることであり、また、履行保証金の供託等の資産保全義務が取られていることが必要とされるというものであるが、その他次のことが求められるであろう。[15]

すなわち、①資金移動業者が提供するサービスの内容等が明記された約款等が、利用者との間で適切に締結されること、②契約書類等に従ったサービスの提供がなされること、③個人情報保護法、犯罪収益移転防止法等に基づく義務等、他の法律に基づいて資金移動業者に課される義務が確実に行われること、等である。

(D) 同一・類似商号規制

　商人は、自己の選定した商号を、自己の営業活動において、他人の妨害を受けずに自由に使用することができ（商号使用権。商法12条1項、会社法8条1項）、これに加えて、他人が同一または類似の商号を使用して不正に競業するときにその商号の使用を排除することができる権利である「商号専用権」もある（商法12条2項、会社法8条2項）[16]。これが認められるのは、商号は自由に選定できるため（商法11条1項）、ある商人・会社の商号と同一または類似の商号を使う者が現れると、元の商人・会社が築いた「信用」が奪われることになるからである。さらに、不正競争防止法は、需要者の間に広く認識されている（周知性のある）他人の商号と同一もしくは類似の商号を使用し、他人の商品や営業と混同を生じさせる行為があれば、商号の使用差止を請求できると規定する（不正競争防止法2条1項1号、3条）。

　このように、商号を自由に選ぶことができるのを原則としつつ、同一・類似商号の使用の停止等を求めることができると規定しているのは、商号に付帯する信用を保護しようとする趣旨によるものである。この規制をさらに一歩進める形で、資金決済法は、同一・類似の商号や名称の使用する者の登録を認めないこととしている。(1)で述べたように資金移動業は銀行等に認められてきた為替取引を少額ながら銀行等以外に認めるのであるから、資金移動業者の信頼を保護しようとする趣旨があるものと考えられる。

---

15)　高橋・前掲注2) 161〜162頁。
16)　棚橋祐治監修／宍戸充＝金井重彦＝松嶋隆弘＝菅原貴与志編者『不正競争防止の法実務（改訂版）』（三協法規出版、2013) 41〜42頁〔大久保拓也〕。

(E) 過去5年間の登録・免許の取り消し、法令違反、公益違反

図表3-3⑤（1）は、資金移動業者の登録取消や資金清算機関の免許取消の日から5年を経過しない法人は、不適格であるからその者の資金移動業者への新規登録を排除しようとするものである。[17]

図表3-3⑤（2）は、資金決済法や銀行法等で罰金の刑に処された法人は資金移動業を行うのに不適任であるから、刑の執行が終わり、または執行猶予期間の満了から5年を経過しない法人について、登録を認めないものである。

図表3-3⑤（3）は、資金移動業以外に行う事業が公益に反すると認められる法人の登録を認めないとするものである。公益に反する事業とは、①違法事業、②反社会的勢力に関する事業、③事業内容が社会的に批判を受けまたは受けるおそれのあるもの等であろう。[18]

(F) 取締役等の不適格者

資金移動業者となる法人の業務執行者である取締役等の不適格者を規律するものである。会社法331条1項に定める取締役の欠格事由よりやや広く、「破産手続開始の決定を受けて復権を得ない者又は外国の法令上これに相当する者」[19]も欠格事由となる。取締役等は業務の執行やその執行を監査する立場にあるので、なるべく信頼性の高い者が資金移動業者の取締役等となることにして、資金移動業自体の信頼性を高めようとする趣旨の規制であろう。

なお、図表3-2⑥で示したように資金移動業の一部を第三者に委託することができるため、名板貸に当たるか否かは業務委託の内容を総合的に判断して決することになろう。

---

17) なお、銀行については免許取消の場合に解散する（銀行法40条）ことから、免許取消後に資金移動業者としての登録をすることはできないので、本規制の対象とされていない。
18) 髙橋・前掲注2）163頁。
19) 平成17年改正前商法254条ノ2第2号では取締役の欠格事由として規定されていたが、会社法制定時に削除された要件である。これを削除したのは、中小企業の破産の場合には、経営者が会社の債務について個人保証をしている結果、経営者自身も破産に追い込まれるケースも多く、このような場合に経営者に不動産等のある程度の資産があることも理由となって、免責決定を得るまでに相当の期間を要してしまい、早期に会社の取締役として経済的再生の機会を得ることができないという批判があったためである。

(5) 変更の届出

　一度登録した後に図表3-2のいずれかの事項に変更があった場合には、資金移動業者は、遅滞なく、その旨を内閣総理大臣に届け出なければならない（法41条1項）。資金移動業者は(3)で述べた資金移動業者登録簿に登録され、公衆縦覧されるため、変更が生じた場合には利用者が変更の事実を知らなければ不利益を被るおそれがあるためである。

　たとえば、資金移動業者関係事務ガイドラインのⅡ-2-1 (4) ①のとおり、新たに役員となった者が資金決済法40条1項10号イからホまでのいずれかに該当することが明らかになった場合には、届出者に対し、資金決済法56条に規定する登録の取消し等の措置が行われるとされており、留意する必要がある。

　もっとも、資金移動業者について、事業譲渡、合併、会社分割等により業務の承継が行われた場合でも、名称や事業内容等の登録事項の変更が生じなければ変更を届け出る必要はないと解される[20]。

4　名義貸しの禁止

　信用のある商人・会社が自己の信用を他人に利用させるべく商号の利用を認めることがありうる。これを名板貸という。その場合、自己の商号を使用して営業または事業を行うことを他人に許諾した商人・会社（名板貸人）は、当該商人・会社が当該営業または事業を行うものと誤認して当該他人（名板借人）と取引をした者に対し、当該他人と連帯して、当該取引によって生じた債務を弁済する責任を負う（商法14条、会社法9条）。名板借人は名板貸人の商号を使用して取引をしているから、名板借人と取引をした者は、名板貸人と取引したと信じる可能性がある。そのような取引相手を保護するために、禁反言ないし権利外観法理に基づき、名板貸人も取引から生じた債務を負わされるのである。名板貸人の責任が認められるためには、名板貸人による名義使用の許諾が

---

20)　高橋・前掲注2) 167頁。

あることや、相手方が名板貸人を営業主と誤認したこと、が求められる。[21]

このように、一般的には名板貸を自由に行うことができ、名板貸をした場合には名板貸人も責任を負うとされている。しかし、2で述べたように資金移動業者は銀行等以外で為替取引を行うことが認められた者であり、また3で述べたように内閣総理大臣の「登録」を必要とするのであるから、広く名板貸を認めることは、無登録者にも資金移動業を認めることになり、資金移動業への信頼を損ねるおそれがある。

そこで資金決済法42条は、資金移動業者は、自己の名義をもって、他人に資金移動業を営ませてはならないと規定し、名板貸を禁止する。また、他人に資金移動業を営ませた者については刑事罰則も科される（法107条4号、115条1項4号）。

III 履行保証金に関する規制

1 資産保全義務

(1) 概要

資金決済法43条から48条には、資金保全に関する規定が置かれている。これにより、資金移動業者は、その利用者に対して負う債務の全額と同額以上の資産を供託等によって保全することが義務づけられている。このような義務が課されている背景には、資金決済法により銀行以外の者が為替取引を行うことができるようになったことが関係している。

---

[21] 名板貸について、詳しくは棚橋・前掲注16) 43〜44頁〔大久保〕

すなわち、資金移動業とは、銀行等以外の者が為替取引を業として営むことをいい（法2条2項）、為替取引はそもそも銀行の固有業務（本来業務）であった（銀行法2条2項2号、10条1項3号）。そのため、かつて為替取引を業として営むためには、内閣総理大臣に銀行業を営む免許を受ける必要があった（銀行法4条1項）。しかしながら、資本経済の拡大、科学技術の発展により、資金移動取引を銀行以外にも認めるべき需要が生じ、一定の少額の為替取引に限り銀行以外にも資金移動業を認められることとなったのである。

　銀行の場合は、巨額の信用を授受する金融機関の性質上、その財産的基盤を強固にするような法規制が置かれている。一例として、最低資本金の法定（現在は20億円。銀行法5条、銀行法施行令3条）、他業兼営の禁止（銀行法12条）、法定準備金の積立義務の拡充（銀行法18条）、自己資本比率規制（銀行法14条の2）などがあげられよう。これに対し、資金移動業者には、そのような金融制度に対する特別の法規制は課されていない。それゆえ、資金移動業者が破綻した際の利用者への影響を限定的なものにするため、資産保全義務を課すことが求められるのである。その結果、資金移動業者が破綻した場合、その利用者は、保全された資産から優先的に弁済を受けることができる（法59条1項）。

(2) 資産保全義務の範囲（要履行保証額）

　資金移動業者の負担する資産保全義務の範囲は「要履行保証額」によって画される。その算出方法は、各営業日における「①未達債務の額」と、「②権利の実行の手続に関する費用の額」の合計額を原則とする（法43条2項）。

　なお、算出方法の例外として、未達債務の額と権利の実行の手続に関する費用の額の合計額が、政令で定める「最低要履行保証額」（1000万円）以下であった場合、最低要履行保証額を要履行保証額として保全する必要がある（法43条2項、令14条）。

(A) 未達債務の額

(a) 未達債務の発生

　資金移動府令11条2項によると、未達債務の額は、原則として、各営業日における未達債務算出時点において、資金移動業者が国内にある利用者に対して負担する為替取引に係る債務の額である。ただし、未達債務の額につき、国内にある利用者に対して負担する債務の額と国外にある利用者に対して負担する債務の額を区分できない場合には、資金移動業者がすべての利用者に対して負担する為替取引に係る債務の額が未達債務の額となる。

　未達債務算出時点とは、営業日における一定の基準時点のことであり、資金移動業者の登録を受けようとする者は、各営業日における未達債務の額の算出時点およびその算出方法について、資金移動業者登録申請書に記載が求められている（法38条10号、資金移動府令5条1号。なお、これに変更がある場合は、遅滞なくその旨を内閣総理大臣に届け出なければならない（法41条1項））。それゆえ、資金移動業者は、為替取引によって日々変動する滞留資金をできるだけリアルタイムで把握して、この金額と同額以上の額の資産保全を行うことが求められる。

　未達債務の額は、算出時点において送金人から受領し、いまだに引き渡しがなされていない送金資金の額であるが、その発生時点に関しては、遅くとも資金移動業者（その業務委託先を含む）が利用者から資金を受領した時点においては、未達債務の発生を認識する必要があるとされている[22]。それゆえ、実務上、送金人から依頼を受けただけでは資金移動業者は送金債務を負担せず、送金資金を受け取った時点で送金債務を負担するとの利用約款が設けられることが多い。

　なお、資金移動業者が送金人に対して為替取引に関する債権を有する場合には、その額を控除した合計額を未達債務の額とすることができ（資金移動府令11条3項）、また、為替取引が外国通貨で表示された金額で行われる場合、各営業日における外国為替の売買相場によって、本邦通貨で表示された額へ換算して未達債務の額を算出するとされている（同条4項）。

22）　資金移動業者事務ガイドラインI-2-2-2-1④19頁（注2）。

(b) 未達債務の消滅

資金移動業者関係事務ガイドライン[23]によると、未達債務は、受取人が以下のいずれかの方法で現実に資金を受け取ることによって消滅する。それまでの間、資金移動業者は、送金人に対して債務を負うことになる。

① 受取人に現金を交付する。
② 受取人が口座を有する銀行等（外国においてこれらに相当する者を含む）の当該預金口座に着金する。
③ 受取人が資金移動業者から物品を購入・役務の提供を受ける場合の代金支払いに充当する。
④ 受取人から、当該資金の第三者への送金指図を受ける。

なお、資金移動業者が、送金人の送金指図に従って受取人に対して送金債務を負担することになった場合、資金移動業者は、以後、受取人に対して送金額相当の未達債務を負担することとなる。また、資金移動業者が受取人との間で、約款等により別途の定めをしている場合には、約款等の記載に従い資金移動業者の債務の相手先は送金人から受取人に移転することとなる。

(B) 権利の実行の手続に関する費用の額

資金移動業者が破綻した際、利用者は資金決済法59条1項により、保全された資産の中から、預けていた送金資金について優先的に弁済を受ける権利を有する。そのため資金移動業者は、未達債務の額のみならず、その権利行使の手続にかかる費用についても保全するよう義務づけられている[24]。権利の実行の手続に関する費用の額は、未達債務の額に応じて、以下のように算出される（資金移動府令11条5項）。

① 未達債務の額が1億円以下であるときは、当該未達債務の額の5％。
② 未達債務の額が1億円を超えるときは、当該未達債務の額から1億円を

---

23) 資金移動業者事務ガイドライン I-2-2-2-1 ④ 19頁（注3）。
24) なお、手続費用について、金融庁長官は、履行保証金の額から公示（法59条2項）の費用、権利実行事務代行者（法59条3項）の報酬その他の履行保証金の還付の手続に必要な費用の額を先取することができる（令19条9項）。還付手続が完了した後、残額があれば資金移動業者はこれを取り戻すことができる（履行保証金の取戻し、後記2(1)(C)）。

控除した残額の 1% に 500 万円を加えた額。

2　資産保全の方法

上記のとおり、要履行保証額は、原則として「未達債務の額」と「権利の実行の手続に関する費用の額」の合計額によって算出され、資金移動業者は、要履行保証額を基底とする履行保証金を保全しなければならない。その保全方法としては、「①供託」のほか、「②履行保証金保全契約」「③履行保証金信託契約」がある。

(1) 供託

(A) 概要

資産保全方法としてまず定められているのは、供託所へ履行保証金を供託する方法である。供託とは、金銭、有価証券その他の財産を、国家機関である供託所に寄託し、供託所を通じてその財産をある人に受領させることによって、債務の消滅、営業上の保証、裁判上の保証など一定の目的を達する制度をいう。

供託によって資産保全を行う場合、資金移動業者は一定の期間ごとに、当該期間内における要履行保証額の最高額（要供託額）以上の額の履行保証金を、当該期間の末日（基準日）から1週間以内に、その本店（外国資金移動業者である資金移動業者にあっては、国内における主たる営業所）の最寄りの供託所[25]に供託しなければならない（法43条1項）[26]。

ここでいう「一定の期間」とは、「1月を超えない範囲内で内閣府令で定める期間」のことであり、現在は「1週間」と定められている（資金移動府令11

---

[25] 本店所在地の変更により、その最寄りの供託所に変更があった場合は、次のような履行保証金の保管替えの手続が必要になる。
　①金銭のみをもって履行保証金を供託している場合は、遅滞なく、当該履行保証金を供託している供託所に対し、費用を予納して、所在地変更後の本店の最寄りの供託所への当該履行保証金の保管替えを請求しなければならない（資金移動業履行保証金規則3条1項）。
　②債券または債務および金銭をもって履行保証金を供託している場合（後記2（1）(B)）は、遅滞なく、当該履行保証金と同額の履行保証金を所在地変更後の本店の最寄りの供託所に供託しなければならない（資金移動業履行保証金規則3条2項）。

条 1 項)。一定の期間の末日(基準日)より 1 週間以内に供託しなければならないことから、供託事務手続に要する期間を考慮したうえで、一定の期間は最短で 1 週間となる。[27]

なお、資金決済法 43 条 1 項には、「1 週間以内に…供託しなければならない」と規定されているが、たとえば、ある週における要供託額が、前週までに供託所に供託されている履行保証金の金額を下回っていた場合、供託義務はすでに履行されていることとなり、資金移動業者は新たに供託義務を負わないと考えられている。[28] 反対に、ある週における要供託額が、前週までに供託されている履行保証金の金額を上回っていた場合、資金移動業者はその不足額のみを供託すれば足りる。

(B) 金銭以外の供託財産

履行保証金は、金銭のほか、国債証券、地方債証券その他の内閣府令で定める債券をもってこれに充てることができる(法 43 条 3 項)。内閣府令では、国債証券、地方債証券のほかに、政府保証債券、金融庁長官の指定する社債券その他の債券があげられている(資金移動府令 12 条)。[29] 国債証券については、その権利の帰属が社債、株式等の振替に関する法律の規定による振替口座簿の記載または記録により定まるものも含まれるが、それ以外の振替社債は、現在のところ供託可能財産には含まれていない(資金移動府令 12 条 1 号)。

上記債券を履行保証金に充てる場合、当該債券の評価額は内閣府令で定めら

---

26) 資金決済法 43 条 1 項の規定に反し、供託を行わなかった者は、1 年以下の懲役もしくは 300 万円以下の罰金、またはこれらが併科される(法 109 条 2 号)。また、供託を行わなかった者が、法人(人格のない社団または財団であって代表者または管理人の定めのあるものを含む)の代表者もしくは管理人、または法人もしくは人の代理人、使用人その他の従業者であった場合は、その法人に対しても 2 億円以下の罰金刑が科される(法 115 条 2 号)。

27) 法が「1 月を超えない範囲」の期間と定めているところ、なぜ「1 週間」という短い期間設定となっているのかにつき、次のような理由が示されている。すなわち、資金移動業者は、利用者に対して負う債務の全額と同額以上の資産を保全することを義務づけられていることから、為替取引によって日々変動する未達債務の額につき、できる限りリアルタイムで把握して資産保全する必要があるというのである(資金決済法施行令パブコメ No.94 26 頁)。

28) 資金決済法施行令パブコメ No.93 26 頁。

29) 「金融庁長官の指定する社債券その他の債券」については、平成 22 年 3 月 1 日付の金融庁告示第 21 号「資金移動業者に関する内閣府令第 12 条第 4 号の規定に基づき、金融庁長官の指定する社債券その他の債券を定める件」において列挙されている。

れており、次のとおりとなっている（資金移動府令13条1項）。
① 国債証券（振替国債）については、額面金額（振替口座簿に記載または記録された金額）。
② 地方債証券については、額面金額100円につき90円として計算した額。
③ 政府保証債券については、額面金額100円につき95円として計算した額。
④ 金融庁長官の指定する社債券その他の債券については、額面金額100円につき80円として計算した額。

また、割引の方法により発行した債券については、別途額面金額の算出方法が規定されている（資金移動府令13条2項、3項）。

(C) 履行保証金の取戻し

履行保証金を供託した者またはその承継人は、下記 (a)〜(c) のいずれかに該当する場合には、金融庁長官の承認を受けて、次の基準日までに履行保証金の全部または一部を取り戻すことができる（法47条、令17条1項）。[30]

具体的には、まず、履行保証金を供託した者またはその承継人は、資金移動府令別紙様式第1に従い、取戻しの事由および取戻しをしようとする供託物の内容を記載した履行保証金取戻承認申請書を金融庁長官に提出する（資金移動業履行保証金規則1条1項）。次に金融庁長官は、これを承認する場合、資金移動府令別紙様式第2により作成した履行保証金取戻承認書を交付する（同条2項）。最後に、履行保証金取戻承認書の交付を受けた者は、供託物払渡請求書にこれを添付して履行保証金の取戻しを行う（資金移動業履行保証金規則2

---

[30] なお、資金決済法の「第3章 資金移動」に規定されている金融庁長官の権限については、資金移動業者の本店（外国資金移動業者である資金移動業者にあっては、国内における主たる営業所）の所在地を管轄する財務局長（当該所在地が福岡財務支局の管轄区域内にある場合にあっては、福岡財務支局長）に委任するものとされている（法104条2項、令29条1項）。ただし、資金決済法54条1項および2項の規定による立ち入り検査等の権限は、金融庁長官が自ら行うことは妨げられていない（令29条1項ただし書）。

また、内閣総理大臣は、資金決済法による権限（政令で定めるものを除く）を金融庁長官に委任することとされている（法104条1項）。

そのため、権限の帰属者と、実際に権限を行使している者とが異なりうる点に留意する必要がある。

条、供託規則25条1項本文)。

　履行保証金の取戻しをした場合、履行保証金取戻承認書の交付を受けた者は、遅滞なく、資金移動府令別紙様式第3により作成した履行保証金取戻届出書を金融庁長官に提出しなければならない。この場合において、当該取戻しが内渡しであるときは、供託規則49条1項の規定により、当該内渡しに係る供託金の額または供託した債券の名称、枚数、総額面および券面額(振替国債については、その銘柄および金額)に関する事項につき証明された書類を当該届出書に添付しなければならない(資金移動業履行保証金規則1条3項)。

(a) 基準日における要供託額が、その直前の基準日における履行保証金の額と保全金額の合計額を下回るとき

　基準日における要供託額が、その直前の基準日における履行保証金の額と保全金額の合計額を下回るときは、当該履行保証金の額の範囲内において、その下回る額に達するまでの額を取り戻すことができる(法47条1号、令17条1項1号)。

　なお、その履行保証金について権利の実行の手続が行われている間は、供託者は、履行保証金を取り戻すことができない(令17条3項)。

(b) 資金決済法59条1項の権利の実行の手続が終了したとき

　資金移動業の全部について資金決済法59条1項の権利の実行の手続が終了した場合には、供託した履行保証金の額から権利の実行の手続に要した費用を控除した残額(法47条2号、令17条1項2号)、資金移動業の一部について(法59条1項の)権利の実行が終了した場合には、上記費用のほか、当該権利の実行の手続が終了した日における未達債務の額を控除した残額を取り戻すことができる(法47条2号、令17条1項3号)。

　資金決済法59条1項の権利とは、資金移動業の利用者が、資金移動業者の破綻等により為替取引に関して有する本来の権利を行使できなくなった場合に、その債権に関し他の債権者に優先して履行保証金から弁済を受ける権利をいう(履行保証金の還付)。

　履行保証金の還付手続は、資金移動業の利用者に対し、履行保証金を分配す

る手続きであるから、その手続が終了した後は資金移動業の利用者を害するおそれがないため、残額が生じていた場合には、供託者にその取戻しが認められるのである。

　(c) 為替取引に関し負担する債務の履行を完了した場合として政令で定める場合
　資金移動業者は、資金決済法61条3項の規定による公告（事業譲渡、合併、または会社分割その他の事由による当該業務の承継に係る公告を除く）をし、かつ、廃止しようとする資金移動業として行う為替取引に関し負担する債務に係る債権者のうち知れている者には、各別にこれを通知した場合、次のいずれかに該当するときは、供託した履行保証金を取り戻すことができる（法47条3号、令17条2項）。

① 廃止しようとする資金移動業として行う為替取引に関し負担する債務を履行したとき（令17条2項1号）。
② 資金移動業者がその責めに帰することができない事由によって廃止しようとする資金移動業として行う為替取引に関し負担する債務の履行をすることができない場合であって、時事に関する事項を掲載する日刊新聞紙によって、その事実を公告し、その公告の日から30日を経過しても当該債務に係る債権者から申出がないとき（令17条2項2号、資金移動府令23条）。

　取り戻すことができる額は、資金移動業の全部を廃止しようとする場合には供託した履行保証金の全額、一部を廃止しようとする場合には供託した履行保証金から上記①、②に該当することになった日における未達債務の額を控除した残額である（令17条1項4号・5号）。
　前記(b)と同様、この場合に取戻しが認められるのは、債務の履行を完了した後は、もはや資金移動業の利用者を害する恐れがなくなるからである。

(2) 履行保証金保全契約

　(A) 概要
　資金移動業者は、供託すべき金額の全部または一部を保全契約の締結によっ

て代えることができる。すなわち、資金移動業者は、一定の要件を満たす銀行等その他政令で定める者との間で、履行保証金が内閣総理大臣の命令に応じて供託される旨の契約（履行保証金保全契約）を締結し、その旨を内閣総理大臣に届け出たときは、保全金額（当該履行保証金保全契約において供託されることとなっている金額）の範囲で、履行保証金の全部または一部の供託をしないことができる（法44条）。ここでいう一定の要件を満たす銀行等その他政令で定める者とは、健全性に係る基準を満たす銀行等（政令で定める要件を満たす銀行等）[32]のほか、信用力等の面で履行保証金保全契約の相手方としてふさわしい者（その他政令で定める者）[33]を指す（以下、「銀行等」と総称する）。

履行保証金保全契約は、資金移動業者と銀行等の間で締結される契約であり、これにより、平時は、資金移動業者は銀行等に保証料を支払い、これに対して銀行等は、資金移動業者が破綻した場合等に備えて保全金額を保証し、資金移動業者の有事には、銀行等は内閣総理大臣による供託命令（後記（4）参照）に従って当該保全金額を上限として供託を行う。

なお、資金決済法には、供託すべき金額の全部または一部を履行保証金保全契約の締結によって代えることができる旨が規定されているのみである。契約の締結に際しては、政令の定めるところによるとされており、資金決済法施行令では、履行保証金保全契約の内容について規定されている。それ以外の届出方法や契約の解除等については資金移動府令で詳細に規定されている。

(B) 履行保証金保全契約の届出とその内容

資金移動業者が履行保証金保全契約を締結したときは、資金移動府令別紙様式第11号により作成した履行保証金保全契約届出書に、履行保証金保全契約

---

[31] なお、前掲注30）参照。
[32] 政令で定める要件とは、銀行法14条の2その他これに類する他の法令の規定に規定する基準を勘案して内閣府令で定める健全な自己資本の状況にある旨の区分に該当することであり（令16条1項）、内閣府令で定める健全な自己資本の状況にある旨の区分とは、資金移動府令15条各号に掲げられた区分をいう。
[33] 政令で定める者とは、保険業法130条に規定する基準を勘案して内閣府令で定める健全な保険金等の支払能力が充実している状況にある旨の区分に該当する保険会社その他の内閣府令で定める者のことであり（令16条2項）、内閣府令で定める区分とは、資金移動府令16条に定めるものをいう。

に係る契約書の写しを添付して、金融庁長官に提出しなければならない（資金移動府令14条）。

履行保証金保全契約は、次の事項をその内容とするものでなければならない（令15条）。

① 銀行等が、次のいずれかの場合に該当することとなったときは、当該相手方が当該資金移動業者のために金融庁長官の命令に係る額の履行保証金を供託する旨を当該資金移動業者に約していること（1号）。

 ⅰ 履行保証金保全契約に係る届出の日の翌日以後次の基準日から一週間を経過する日までの間に、銀行等が金融庁長官の供託命令を受けた場合。

 ⅱ 当該資金移動業者が届出の日の翌日以後次の基準日から1週間以内に履行保証金につき供託（履行保証金保全契約の締結および履行保証金信託契約に基づく信託を含む）をせず、銀行等が金融庁長官の供託命令を受けた場合。

② 金融庁長官の承認を受けた場合を除き、当該履行保証金保全契約の全部または一部を解除することができないこと（2号）。

(C) 履行保証金保全契約の解除

以上の要件を満たして締結された履行保証金保全契約は、解除できる場合が限定されており、解除に際しては厳格な手続が定められている。容易に解除が行われると供託金が不足し、資金移動業の利用者に著しい不利益をもたらすおそれがあるためである。

履行保証金保全契約を解除するためには、金融庁長官の承認が必要である。資金移動業者は、承認を受けようとするときは、資金移動府令別紙様式第12号により作成した履行保証金保全契約解除承認申請書に、帳簿書類（解除要件が充足している事実を証する資金移動府令33条1項4号から7号までに掲げる書類）の写しを添付して、金融庁長官に提出しなければならない（資金移動府令17条2項）。

金融庁長官は、申請を承認するときは、資金移動府令別紙様式第13号によ

---

34) 前掲注30) 参照。

り作成した履行保証金保全契約解除承認書により資金移動業者に通知し（資金移動府令 17 条 3 項）、資金移動業者は、承認を受けて履行保証金保全契約の全部または一部を解除したときは、資金移動府令別紙様式第 14 号により作成した履行保証金保全契約解除届出書に、当該解除後の契約書の写しを添付して、金融庁長官に提出しなければならない（資金移動府令 17 条 4 項）。

資金移動業者が、金融庁長官の承認を受けて、履行保証金保全契約の全部または一部を解除することができる場合およびその範囲は、以下のとおりである（資金移動府令 17 条 1 項）。

① 基準日における要供託額が、その直前の基準日における履行保証金の額と保全金額の合計額を下回る場合。この場合、当該保全金額の範囲内において、その下回る額に達するまでの額に係る履行保証金保全契約を解除することができる（1 号）。

② 資金移動業の全部について（法 59 条 1 項の）権利の実行の手続が終了した場合。この場合、当該履行保証金保全契約の全部を解除することができる（2 号）。

③ 資金移動業の全部を廃止しようとする場合であって、為替取引に関し負担する債務の履行を完了した場合として資金決済法施行令 17 条 2 項に定める場合。この場合、当該履行保証金保全契約の全部を解除することができる（3 号）。

④ 資金移動業者が履行保証金信託契約を締結し、金融庁長官の承認を受けた場合において、当該承認の日の次の当該資金移動業者の営業日においてその直前の営業日における要履行保証額以上の額の信託財産を信託したとき。この場合、当該履行保証金保全契約の全部を解除することができる（4 号）。

(3) 履行保証金信託契約

(A) 概要

資金移動業者は、信託会社等との間で履行保証金信託契約を締結することにより、営業日ごとの要履行保証額の全額につき、信託することによって資産を

保全することができる。すなわち、資金移動業者は、信託会社等との間で、当該信託会社等が内閣総理大臣の命令に応じて信託財産を履行保証金の供託に充てることを信託の目的として当該信託財産の管理その他の当該目的の達成のために必要な行為をすべき旨の信託契約（履行保証金信託契約）を締結し、内閣総理大臣の承認を受けた場合、資金移動業者の各営業日において当該履行保証金信託契約に基づき信託されている信託財産の額が、その直前の営業日における要履行保証額以上の額であるときは、履行保証金の供託義務を免れることができる（法45条1項）。

なお、履行保証金信託契約は、供託や履行保証金保全契約と併存させることはできず、それゆえ、当該方法により資産保全する場合には、要履行保証額の全額について信託財産が拠出される必要がある。

(B) 履行保証金信託契約の相手方および信託財産

資金決済法45条1項によると、履行保証金信託契約の相手方は、「信託会社等」とされている。信託会社等については、資金決済法2条16項に定義規定が置かれており、これによると、信託業法3条、もしくは53条1項の免許を受けた信託会社もしくは外国信託会社、または金融機関の信託業務の兼営等に関する法律1条1項の認可を受けた金融機関のことを指す。

履行保証金信託契約に基づき信託される信託財産の種類は、金銭もしくは内閣府令で定める預貯金、または国債証券、地方債証券その他の内閣府令で定める債券に限られる（法45条3項）。

内閣府令で定める預貯金とは、銀行等（法2条17項）に対する預貯金であり（資金移動府令20条1項）、このように一定の範囲で預貯金を認める点で、対象となる財産の種類は供託より拡充されている。内閣府令で定める債券（その権利の帰属が社債、株式等の振替に関する法律の規定による振替口座簿の記載または記録により定まるものとされるものを含む）には以下のものが含まれる（資金移動府令20条2項）。

35）「金融庁長官の指定する社債券その他の債券」については、平成22年3月1日付の金融庁告示第23号「資金移動業者に関する内閣府令第20条第2項第6号の規定に基づき、金融庁長官の指定する社債券その他の債券を定める件」において列挙されている。

①国債証券、②地方債証券、③政府保証債券、④金融商品取引法施行令2条の11に規定する債券、⑤外国の発行する債券（証券情報等の提供または公表に関する内閣府令13条3号に掲げる場合に該当する者に限る）、⑥金融庁長官の指定する社債券その他の債券である。[35]

④については、外国または外国の者の発行する証券または証書で、金融商品取引法2条1項1号から9号まで、または同12号から16号までに掲げる証券または証書の性質を有するもの（外国の者の発行する証券または証書で銀行業を営む者その他の金銭の貸付けを業として行う者の貸付債権を信託する信託の受益権またはこれに類する権利を表示するもののうち、内閣府令で定めるものを除く）のうち、日本国の加盟する条約により設立された機関が発行する債券で、当該条約によりその本邦内における募集または売出しにつき日本国政府の同意を要することとされているものを指す（金融商品取引法施行令2条の11、金融商品取引法2条1項17号、18号）。

上記債券を信託財産とする場合、または資金移動府令19条5号の規定により信託財産の運用として債券を保有する場合（後記2（3）（C））、当該債券の評価額は内閣府令で定められており、次のとおりとなっている（法45条3項、資金移動府令21条）。

① 国債証券については、資金移動業者の各営業日における当該債券の時価を超えない額。

② 地方債証券については、資金移動業者の各営業日における当該債券の時価に100分の90を乗じて得た額を超えない額。

③ 政府保証債券については、資金移動業者の各営業日における当該債券の時価に100分の95を乗じて得た額を超えない額。

④ 金融商品取引法施行令2条の11に規定する債券については、資金移動業者の各営業日における当該債券の時価に100分の90を乗じて得た額を超えない額。

⑤ 外国の発行する債券については、資金移動業者の各営業日における当該債券の時価に100分の85を乗じて得た額を超えない額。

⑥ 金融庁長官の指定する社債券その他の債券については、資金移動業者の各営業日における当該債券の時価に100分の80を乗じて得た額を超えな

い額。

(C) 履行保証信託契約の内容

上記のとおり、履行保証金信託契約は、資金移動業者と信託会社等との間で締結されるが、その内容となるべき事項が法定されている。履行保証金信託契約の内容となるべき事項は、以下のとおりである。

① 履行保証金信託契約を締結する資金移動業者（以下、「信託契約資金移動業者」という）が行う為替取引の利用者を受益者とすること（法45条2項1号）。
② 受益者代理人を置いていること（法45条2項2号）。
③ 信託契約資金移動業者は、各営業日における要履行保証額を、その翌営業日までに信託会社等に通知すること（法45条2項3号）。
④ 信託契約資金移動業者は、各営業日において信託されている信託財産の額が、その直前の営業日における要履行保証額以上の額となるよう、必要に応じてその財産を信託財産として拠出する義務を負うこと（法45条2項4号）。
⑤ 信託会社等は、各営業日において信託されている信託財産の額が、その直前の営業日における要履行保証額以下となった場合には、当該信託財産に属する財産を信託契約資金移動業者に移転することができないこと（法45条2項5号）。
⑥ 信託会社等が資金決済法46条の供託命令に応じて、信託財産を換価し、金融庁長官が指定する供託所に供託すること（法45条2項6号、資金移動府令19条12号）。

上記のほか、履行保証金信託契約の内容となるべき事項には、内閣府令で定める事項も含まれる（法45条2項7号）。

⑦ 信託契約資金移動業者を委託者とし、信託会社等を受託者とし、かつ、当該信託契約資金移動業者がその行う為替取引の利用者のうち国内にある利用者（信託契約資金移動業者が国内にある利用者に対して負担する債務の額と国外にある利用者に対して負担する債務の額を区分できない場合にあっては、当該資金移動業者が行う為替取引のすべての利用者）を信託財

産の元本の受益者とすること（資金移動府令 19 条 1 号）。
⑧　複数の履行保証金信託契約を締結する場合にあっては、当該複数の履行保証金信託契約について同一の受益者代理人を選任すること（資金移動府令 19 条 2 号）。
⑨　信託契約資金移動業者が次に掲げる要件に該当することとなった場合には、信託契約資金移動業者が信託会社等に対して信託財産の運用の指図を行わないこと（資金移動府令 19 条 3 号）。
　ⅰ　資金決済法 56 条 1 項または 2 項の規定により同法 37 条の登録を取り消されたとき。
　ⅱ　破産手続開始の申立て等（法 2 条 18 項）が行われたとき。
　ⅲ　資金移動業の全部の廃止をしたとき、または資金移動業の全部の廃止の公告をしたとき。
　ⅳ　資金決済法 56 条 1 項の規定による資金移動業の全部または一部の停止の命令（同項 3 号に該当する場合に限る）を受けたとき。
　ⅴ　金融庁長官が供託命令を発したとき。
⑩　信託契約資金移動業者が⑨に掲げた要件に該当することとなった場合には、受益者および受益者代理人が信託会社等に対して受益債権を行使することができないこと（資金移動府令 19 条 4 号）。
⑪　履行保証金信託契約に基づき信託される信託財産の運用を行う場合にあっては、その運用が次に掲げる方法によること（資金移動府令 19 条 5 号）。
　ⅰ　国債証券その他金融庁長官の指定する債券の保有。
　ⅱ　銀行等に対する預貯金。
　ⅲ　コール資金の貸付け、受託者である信託業務を営む金融機関に対する銀行勘定貸、金融機関の信託業務の兼営等に関する法律 6 条の規定により元本の補塡の契約をした金銭信託。
⑫　信託契約資金移動業者が信託財産を債券とし、または履行保証金信託契約に基づき信託される信託財産を債券の保有により運用する場合にあっては、信託会社等または信託契約資金移動業者がその評価額を資金移動府令 21 条（前記 2（3）（B））に規定する方法により算定すること（資金移動府令 19 条 6 号）。

⑬　履行保証金信託契約が信託業務を営む金融機関への金銭信託契約で元本の補塡がある場合にあっては、その信託財産の元本の評価額を当該金銭信託契約の元本額とすること（資金移動府令19条7号）。

⑭　複数の履行保証金信託契約を締結する場合にあっては、信託契約資金移動業者が、すべての信託会社等が、適時に、当該複数の履行保証金信託契約に基づき信託される信託財産の合計額を把握するために必要な措置を講じること（資金移動府令19条8号）。

⑮　信託会社等が、信託契約資金移動業者から通知を受けた要履行保証額が大幅かつ急激に減少した場合、信託契約資金移動業者が要履行保証額を通知しない場合その他信託契約資金移動業者の履行保証金信託契約を履行せず、または履行しないおそれがあると認めた場合には、直ちに金融庁長官にその旨を届け出ること（資金移動府令19条9号）。

⑯　次に掲げる場合以外の場合には、履行保証金信託契約の全部または一部の解除を行うことができないこと（資金移動府令19条10号）。

　ⅰ　各営業日において信託されている信託財産の元本の評価額が、その直前の営業日における要履行保証額を超過する場合に、その超過額の範囲内で履行保証金信託契約の全部または一部の解除を行う場合。

　ⅱ　履行保証金信託契約に基づき信託されている信託財産を他の履行保証金信託契約に基づき信託される信託財産として信託することを目的として履行保証金信託契約の全部または一部の解除を行う場合。

　ⅲ　基準日における履行保証金の額と保全金額の合計額が、その直前の基準日における要供託額を上回る場合。

⑰　⑯の場合に行う履行保証金信託契約の解除に係る信託財産を信託契約資金移動業者に帰属させるものであること（資金移動府令19条11号）。

⑱　信託会社等が⑥の供託命令に応じて供託した場合には、当該履行保証金信託契約を終了することができること（資金移動府令19条13号）。

⑲　⑱の場合であって、当該履行保証金信託契約の全部が終了したときにおける残余財産を信託契約資金移動業者に帰属させることができること（資金移動府令19条14号）。

⑳　信託契約資金移動業者が信託会社等または受益者代理人に支払うべき報

酬その他一切の費用および当該信託会社等が信託財産の換価に要する費用が信託財産の元本以外の財産をもって充てられること（資金移動府令19条15号）。

(D) 履行保証金信託契約の承認

資金移動業者は、履行保証金信託契約を締結したときは、内閣総理大臣[36]の承認を受けなければならない（法45条1項）。かかる承認を受けるため、資金移動業者は、資金移動府令別紙様式第15号により作成した履行保証金信託契約承認申請書に、当該履行保証金信託契約承認申請書の写し2通および履行保証金信託契約に係る契約書の写しを添付して、金融庁長官に提出しなければならない（資金移動府令18条1項）。

金融庁長官は、承認をしたときは、資金移動府令別紙様式第16号により作成した履行保証金信託契約承認書により資金移動業者に通知する（資金移動府令18条2項）。資金移動業者は、承認後最初に履行保証金信託契約に基づき財産を信託したときは、資金移動府令別紙様式第17号により作成した履行保証金信託契約届出書に、信託財産の額および当該届出の日前三営業日における要履行保証額を証する書面を添付して、金融庁長官に提出しなければならない（資金移動府令18条3項）。

(4) 供託命令

内閣総理大臣[37]には、一定の場合に資金移動業者等に対する供託命令を行うことができる。すなわち、履行保証金保全契約（前記2(2)）や履行保証金信託契約（前記2(3)）が締結されている場合で、資金移動業の利用者の利益保護のために必要があると認められるときには、内閣総理大臣は、資金移動業者またはこれらの契約の相手方に対し、保全金額または信託財産を換価した額の全部または一部を供託すべき旨を命ずることができる（法46条）[38]。

---

36) なお、前掲注30）参照。
37) なお、前掲注30）参照。

IV 体制整備に関する規制

1 資金移動業者の社内体制の整備

　資金移動業者は、法令等を遵守して、適正かつ確実に業務運営を行うため、適切な社内体制の整備を行うことが必要となる。資金移動業者に求められる資金移動業を適正かつ確実に遂行する体制や資金決済法（第3章　資金移動）の規定を遵守するために必要な体制は、資金移動業を遂行するに十分な業務運営や業務管理がなされることを指しており、資産保全義務の履行など、資金決済法に定める措置が確実に行われることをいう。

　本章Ⅱにおいて説明がなされているとおり、資金決済法37条が定める資金移動業者の登録を受けようとする者は、同法38条に掲げる事項を記載した登録申請書を内閣総理大臣に提出しなければならない（法38条1項各号・2項、資金移動府令5条、資金移動業者事務ガイドラインⅡ-2-1。なお、当該登録申請書やその写しなどを金融庁長官にも提出しなければならない（資金移動府令4条））。

　ただし、内閣総理大臣は、登録申請者が資金移動業を適正かつ確実に遂行する体制の整備が行われていない法人、資金決済法第3章の規定を遵守するために必要な体制の整備が行われていない法人のいずれかに該当するとき、または登録申請書もしくはその添付書類のうちに重要な事項について虚偽の記載があり、もしくは重要な事実の記載が欠けているときは、その登録を拒否しなけれ

---

38) 資金決済法46条の規定に反し、供託を行わなかった者は、1年以下の懲役もしくは300万円以下の罰金、またはこれらが併科される（法109条3号）。また、供託を行わなかった者が、法人（人格のない社団または財団であって代表者または管理人の定めのあるものを含む）の代表者もしくは管理人、または法人もしくは人の代理人、使用人その他の従業者であった場合は、その法人に対しても2億円以下の罰金刑が科される（法115条2号）。

ばならない（法40条1項柱書）。

具体的には以下のとおりである。

① 株式会社または外国資金移動業者（国内に営業所を有する外国会社に限る）でないもの（1号）
② 外国資金移動業者にあっては、国内における代表者（国内に住所を有するものに限る）のない法人（2号）
③ 資金移動業を適正かつ確実に遂行するために必要と認められる財産的基礎を有しない法人（3号）
④ 資金移動業を適正かつ確実に遂行する体制の整備が行われていない法人（4号）
⑤ 資金決済法第3章の規定を遵守するために必要な体制の整備が行われていない法人（5号）
⑥ 他の資金移動業者が現に用いている商号もしくは名称と同一の商号もしくは名称または他の資金移動業者と誤認されるおそれのある商号もしくは名称を用いようとする法人（6号）
⑦ 56条1項もしくは2項の規定により37条の登録を取り消され、82条1項もしくは2項の規定により64条1項の免許を取り消され、またはこの法律もしくは銀行法等に相当する外国の法令の規定により当該外国において受けている同種類の登録もしくは免許（当該登録または免許に類する許可その他の行政処分を含む）を取り消され、その取消しの日から5年を経過しない法人（7号）
⑧ 資金決済法、銀行法等もしくは出資の受入れ、預り金および金利等の取締りに関する法律またはこれらに相当する外国の法令の規定に違反し、罰金の刑（これに相当する外国の法令による刑を含む）に処せられ、その刑の執行を終わり、またはその刑の執行を受けることがなくなった日から5年を経過しない法人（8号）
⑨ 他に行う事業が公益に反すると認められる法人（9号）
⑩ 取締役もしくは監査役または会計参与（外国資金移動業者にあっては、国内における代表者を含む。以下この章において「取締役等」という）のうちに次のいずれかに該当する者のある法人（10号）

イ　成年被後見人もしくは被保佐人または外国の法令上これらに相当する者
　　ロ　破産手続開始の決定を受けて復権を得ない者または外国の法令上これに相当する者
　　ハ　禁錮以上の刑（これに相当する外国の法令による刑を含む）に処せられ、その刑の執行を終わり、またはその刑の執行を受けることがなくなった日から5年を経過しない者
　　ニ　資金決済法、銀行法等、出資の受入れ、預り金および金利等の取締りに関する法律もしくは暴力団員による不当な行為の防止等に関する法律またはこれらに相当する外国の法令の規定に違反し、罰金の刑（これに相当する外国の法令による刑を含む）に処せられ、その刑の執行を終わり、またはその刑の執行を受けることがなくなった日から5年を経過しない者
　　ホ　資金移動業者が56条1項もしくは2項の規定により37条の登録を取り消された場合または法人がこの法律に相当する外国の法令の規定により当該外国において受けている同種類の登録（当該登録に類する許可その他の行政処分を含む）を取り消された場合において、その取消しの日前30日以内にこの法人の取締役等であった者で、当該取消しの日から5年を経過しない者その他これに準ずるものとして政令で定める者
⑪　内閣総理大臣は、前項の規定により登録を拒否したときは、遅滞なく、その理由を示して、その旨を登録申請者に通知しなければならない（2項）。

　資金決済法40条1項4号に規定する「資金移動業を適正かつ確実に遂行する体制の整備が行われていない法人」であるかどうか、および同項5号「この章の規定を遵守するために必要な体制の整備が行われていない法人」であるかどうかの審査に当たっては、登録申請書および添付書類をもとに、ヒアリングおよび実地調査等により検証し、審査することとなる（資金移動業者事務ガイドラインⅡ-2-1（2））。

　以下では、個別の内容に分けて検討したい。

2　情報の安全管理

　資金移動業は、業務の性質上、高度・複雑な情報システムを有していることが多く、さらにコンピュータのネットワーク化の拡大に伴い、重要情報に対する不正アクセス、漏えい等のリスクが大きくなっている。また、資金決済システムは経済活動の基礎をなす重要な社会インフラであることから、資金移動業に関する情報が漏えい、滅失、既存棟した場合には、資金決済システムそのものの安全性だけでなく、利用者の資産の保護が図られない結果をもたらし、結果的に社会的・経済的に甚大な損害を与えることになる。

　そこで、資金移動業者は、内閣府令で定めるところにより、資金移動業に係る情報の漏えい、滅失または毀損の防止その他の当該情報の安全管理のために必要な措置を講じなければならない（法49条、資金移動府令24～26条、資金移動業者事務ガイドラインⅠ-2-3-1）。

　その具体的な内容については以下資金移動業者事務ガイドラインⅠ-2-3-1のとおりである。

> Ⅰ-2-3-1　システムリスク管理
> 　システムリスクとは、コンピュータシステムのダウンまたは誤作動等のシステムの不備等に伴い利用者や資金移動業者が損失を被るリスクや、コンピュータが不正に使用されることにより利用者や資金移動業者が損失を被るリスクをいうが、資金移動業者はその業務の性質上、高度・複雑な情報システムを有していることが多く、さらにコンピュータのネットワーク化の拡大に伴い、重要情報に対する不正アクセス、漏えい等のリスクが大きくなっている。システムが安全かつ安定的に稼動することは資金決済システム及び資金移動業者に対する信頼性を確保するための大前提であり、システムリスク管理態勢の充実強化は極めて重要である。なお、以下の各着眼点に記述されている字義どおりの対応が資金移動業者においてなされていない場合にあっても、当該資金移動業者の規模、資金移動業務におけるコンピュータシステムの占める役割などの特性からみて、利用者保護の観点から、特段の問題がないと認められれば、不適切とするものではない。

> Ⅰ-2-3-1-1　主な着眼点
> (1)　システムリスクに対する認識等
> (2)　システムリスク管理態勢
> (3)　システムリスク評価
> (4)　情報セキュリティ管理
> (5)　サイバーセキュリティ管理
> (6)　システム企画・開発・運用管理
> (7)　システム監査
> (8)　外部委託管理
> (9)　コンティンジェンシープラン
> (10)　障害発生時等の対応

3　委託先に対する指導

　資金移動業者の業務の自由度を確保するため、その委託先については、銀行代理業者のように許可制とはしていない。そのため、資金移動業者の判断で、第三者に対して資金移動業に係る業務を委託することができる。ただ、資金移動業者が業務の一部を第三者に委託（2以上の段階にわたる委託も含まれる）する場合、また、委託先で為替取引に関する問題（たとえばシステムダウンや金銭の紛失など）が発生した場合であっても、当該委託事務に係る最終的な責任を免れるものではないことから、利用者保護および業務の適正かつ確実な遂行を確保するため、資金移動業者の業容に応じて、資金移動業者が責任を持って対応する必要がある。

　そこで、資金移動業者は、資金移動業を第三者に委託した場合には、内閣府令で定めるところにより、当該委託に係る業務の委託先に対する指導その他の当該業務の適正かつ確実な遂行を確保するために必要な措置を講じなければならない（法50条、資金移動府令27条、資金移動業者事務ガイドラインⅠ-2-3-3）。

　その具体的な内容については以下資金移動業者事務ガイドラインⅠ-2-3-3-1

のとおりである。

Ⅰ-2-3-3 外部委託

資金移動業者は業務の一部を第三者に委託（二以上の段階にわたる委託を含む。）する場合でも、当該委託事務に係る最終的な責任を免れるものではないことから、利用者保護及び業務の適正かつ確実な遂行を確保するため、資金移動業者の業容に応じて、例えば以下の点に留意する必要がある。なお、以下の点はあくまで一般的な着眼点であり、委託事務の内容等に応じ、追加的に検証を必要とする場合があることに留意する。

Ⅰ-2-3-3-1 主な着眼点

① 委託先の選定基準や外部委託リスクが顕在化したときの対応などを規定した社内規則等を定め、役職員が社内規則等に基づき適切な取扱いを行うよう、社内研修等により周知徹底を図っているか。
② 委託先における法令等遵守態勢の整備について、必要な指示を行うなど、適切な措置が確保されているか。また、外部委託を行うことによって、検査や報告命令、記録の提出など監督当局に対する義務の履行等を妨げないような措置が講じられているか。
③ 委託契約によっても当該資金移動業者と利用者との間の権利義務関係に変更がなく、利用者に対しては、当該資金移動業者自身が業務を行ったものと同様の権利が確保されていることが明らかとなっているか。
（注）外部委託には、形式上、外部委託契約が結ばれていなくともその実態において外部委託と同視しうる場合や当該外部委託された業務等が海外で行われる場合も含む。
④ 利用者との現金の受払いを委託する場合には、委託先が利用者との現金の受払いを行った際に、速やかに当該現金の受払いに係る未達債務の増減を把握できる措置を講じているか。
⑤ 委託業務に関して契約どおりサービスの提供が受けられない場合、資金移動業者は利用者利便に支障が生じることを未然に防止するための態勢を整備しているか。
⑥ 個人である利用者に関する情報の取扱いを委託する場合には、当該委託先の監督について、当該情報の漏えい、滅失又はき損の防止を図るために必要

かつ適切な措置として、金融分野ガイドライン第10条の規定に基づく措置及び実務指針Ⅲの規定に基づく措置が講じられているか。
⑦　外部委託先の管理について、責任部署を明確化し、外部委託先における業務の実施状況を定期的又は必要に応じてモニタリングする等、外部委託先において利用者に関する情報管理が適切に行われていることを確認しているか。
⑧　外部委託先において情報漏えい事故等が発生した場合に、適切な対応がなされ、速やかに委託元に報告される体制になっていることを確認しているか。
⑨　外部委託先による利用者に関する情報へのアクセス権限について、委託業務の内容に応じて必要な範囲内に制限しているか。その上で、外部委託先においてアクセス権限が付与される役職員及びその権限の範囲が特定されていることを確認しているか。さらに、アクセス権限を付与された本人以外が当該権限を使用すること等を防止するため、外部委託先において定期的又は随時に、利用状況の確認（権限が付与された本人と実際の利用者との突合を含む。）が行われている等、アクセス管理の徹底が図られていることを確認しているか。
⑩　二段階以上の委託が行われた場合には、外部委託先が再委託先等の事業者に対して十分な監督を行っているかについて確認しているか。また、必要に応じ、再委託先等の事業者に対して自社による直接の監督を行っているか。
⑪　委託業務に関する苦情等について、利用者から委託元である資金移動業者への直接の連絡体制を設けるなど適切な苦情相談態勢が整備されているか。

4　利用者保護等に関する措置

　資金移動業は、銀行等による為替取引とは別の利用主体が想定されているものの、両者はともに為替取引を行っている。そのため、利用者にとっては銀行等による為替取引なのか資金移動業者による為替取引なのかの区別がつきにくく、場合によっては不測の損害を被ることが想定される。
　そこで、資金移動業者は、内閣府令で定めるところにより、銀行等が行う為替取引との誤認を防止するための説明、手数料その他の資金移動業に係る契約の内容についての情報の提供その他の資金移動業の利用者の保護を図り、および資金移動業の適正かつ確実な遂行を確保するために必要な措置を講じなけれ

ばならない（法51条、資金移動府令28～32条、39条、資金移動業者事務ガイドラインⅠ-2-2）。

その具体的な内容については以下資金移動業者事務ガイドラインⅠ-2-2のとおりである。

Ⅰ-2-2 利用者保護のための情報提供・相談機能等

Ⅰ-2-2-1-1 主な着眼点

(1) 一般的な着眼点

① 利用者に対する説明や情報提供を行うに当たっては、対面取引、ATM等の設備やインターネットを通じた非対面取引など、取引形態に応じて、内閣府令第28条第2項各号や第29条第1項各号又は第2項各号に規定された事項を説明する態勢が整備されているか。（注）

　更に、当該利用者の知識・経験に照らし、必要に応じて書面を交付（電磁的方法を含む）した上で説明を行うこととするなど、適切に情報提供が行われる態勢を整備しているか。

　（注）取引形態に応じた説明態勢としては、例えば、対面取引の場合には書面交付や口頭による説明を行った上で当該事実を記録しておく方法、ATMによる場合には契約締結前に画面上に必要事項を表示し利用者の確認を求める方法、インターネットを通じた取引の場合には、利用者がその操作する電子計算機の画面上に表示される説明事項を読み、その内容を理解した上で画面上のボタンをクリックする等の方法が、それぞれ考えられる。

② 利用者に対する情報提供義務、書面交付義務等、法令において定められている利用者保護措置について社内規則等を定め、役職員が当該社内規則等に基づき適切な取扱いを行うよう、社内研修等により周知徹底を図っているか。

③ 利用者保護措置の実効性を確保するため、内部管理・内部監査等の内部けん制機能は十分発揮されているか。

④ 利用者保護措置の実効性の検証を踏まえて、資金移動業に係る業務の態勢を見直すこととしているか。

⑤ 苦情・相談態勢の整備にあたっては、事務処理ミスがあった場合等の手続きが明確に規定され、円滑に処理される態勢が整備されているか。

(2) 銀行等が行う為替取引との誤認防止

銀行等が行う為替取引との誤認を防止するための説明を行う際には、内閣府令第28条第2項第1号から第4号までに規定する事項に加えて、同項第5号に規定する事項として、以下の点を説明しているか。
① 利用者保護のため制度として履行保証金制度が設けられている旨
② 法第59条に基づく履行保証金についての権利の実行の手続において、還付を受けられる権利が送金依頼人から受取人に移転する時点
　（注）履行保証金の還付は、資金移動業者が為替取引に係る債務を負っている者に対して行われるため、Ⅰ-2-2-2-1④（注3）のとおり、受取人が現実に資金を受け取るまでは、送金人が還付対象者となることに留意する（約款により、別途の定めを置いている場合を除く。）。
(3) 利用者に対する情報の提供
① 内閣府令第29条第1項各号又は第2項各号に規定された事項について、利用者の知識、経験等を勘案して、取引形態に応じて、適切に説明を行っているか。
② 利用者が当該資金移動業者以外の者に対しても手数料、報酬若しくは費用（以下「手数料等」という。）を支払う必要がある場合には、当該委託先に対するものも含めて手数料等の総額若しくはその上限額又はこれらの計算方法を説明しているか。
③ 手数料等の実額ではなく上限額や計算方法のみを説明する場合には、利用者が実際に支払うこととなる手数料等の総額の見込み額又は計算例を併せて説明することとしているか。
④ 法第51条及び内閣府令第29条の趣旨を踏まえ、同条第1項第1号ヘに規定する事項として、利用者が当該為替取引に係る契約を締結するか否かの判断を行うに際して、参考となる事項を必要に応じて説明しているか。
　（注）内閣府令第29条第1項第1号ヘに基づき説明する事項としては、例えば、以下の事項が考えられる。
　　・為替取引に係る資金の入金の方法
　　・為替取引依頼後の当該為替取引に係る資金の状況を確認する方法
⑤ 内閣府令第29条第1項第2号ホに規定する事項として、利用者が口座開設契約等を締結するか否かの判断を行うに際して、参考となる事項を必要に応じて説明しているか。
　（注）内閣府令第29条第1項第2号ホに基づき説明する事項としては、例

えば、以下の事項が考えられる。
　　　・上記④（注）に掲げた事項
　　　・暗証番号の設定その他のセキュリティに関する事項
　　　・口座開設契約等により、利用者ごとに資金移動業者が受け入れられる金額に上限がある場合には、当該上限金額
(4) 受取証書の交付
① 書面の記載内容は、利用者にとって明確でわかりやすい記載内容となっているか。
② 書面の交付に代えて電磁的方法により提供することについて、承諾又は撤回の意思表示を受ける場合には、利用者の承諾等があったことを記録しているか。
(5) インターネット取引を行う場合の措置
① ホームページのリンクに関し、利用者が取引相手を誤認するような構成になっていないか。また、フィッシング詐欺対策については、利用者がアクセスしているサイトが真正なサイトであることの証明を確認できるような措置を講じる等、業務に応じた適切な不正防止策を講じているか。
② 利用者が為替取引に係る指図内容を資金移動業者に送信する前に、当該指図内容を表示した上で利用者に対して内容の確認を求めるなど、利用者が為替取引に係る指図内容を容易に確認・訂正できるような対応を行っているか。

5　指定紛争解決機関との契約締結義務

　資金移動業者が利用者からの相談・苦情・紛争等に真摯に対応して利用者の理解を得ようとすることは、資金移動業者にとって利用者に対する説明責任を事後的に補完する意味合いをもつ利用者保護上重要な活動の1つである。近年、利用者の保護を図り資金移動業務への利用者の信頼性を確保する観点から、苦情等への事後的な対処の重要性もさらに高まっており、それらを簡易・迅速に苦情処理・紛争解決を行うための枠組みとして金融ADR制度が導入されている。資金移動業者においては、金融ADR制度も踏まえつつ、適切に苦情等に対処していく必要がある。また、資金移動業務に関する申出としては、相談のほか、いわゆる苦情・紛争などの顧客からの不満の表明など、さまざまな態様

のものがありうるため、資金移動業者には、これらのさまざまな態様の申出に対して適切に対処していくことが重要であり、かかる対処を可能とするための適切な内部管理態勢を整備することが求められる。さらに、資金移動業者には、金融ADR制度において、苦情と紛争のそれぞれについて適切な態勢を整備することが求められている。

　もっとも、これら苦情・紛争の区別は相対的で相互に連続性を有するものである。特に、金融ADR制度においては、指定紛争解決機関において苦情処理手続と紛争解決手続の連携の確保が求められていることを踏まえ、資金移動業者においては、利用者からの申出を形式的に「苦情」「紛争」に切り分けて個別事案に対処するのではなく、両者の相対性・連続性を勘案し、適切に対処していくことが重要である。また、指定紛争解決機関の維持には一定のコストが生じ、これを主として資金移動業者が負担することが想定されているため、一定数の資金移動業者が指定紛争解決機関に加入しなければ、指定紛争解決機関の維持が困難であることから、指定紛争解決機関が存在しない場合も考えられる。さらに、コストの問題ではなく、業務内容の問題から指定を受けることができず指定紛争解決機関が存在しない場合も考えられる。このため、指定紛争解決機関が存在する場合と存在しない場合に分け、資金移動業者の義務を規定している（法51条の2、資金移動府令32条の2、資金移動業者事務ガイドラインⅠ-2-2-4）。

　資金決済法51条の2は以下のように規定する。
1　資金移動業者は、次の各号に掲げる場合の区分に応じ、当該各号に定める措置を講じなければならない（1項柱書）。
　　一　指定紛争解決機関が存在する場合　　一の指定紛争解決機関との間で資金移動業に係る手続実施基本契約（第99条第1項第8号に規定する手続実施基本契約をいう。次項において同じ。）を締結する措置（1号）
　　二　指定紛争解決機関が存在しない場合　　資金移動業に関する苦情処理措置及び紛争解決措置（2号）
2　資金移動業者は、前項の規定により手続実施基本契約を締結する措置を講じた場合には、当該手続実施基本契約の相手方である指定紛争解決機関の商号又は名称を公表しなければならない（2項）。

3　第1項の規定は、次の各号に掲げる場合の区分に応じ、当該各号に定める期間においては、適用しない（3項柱書）。
　一　第1項第1号に掲げる場合に該当していた場合において、同項第2号に掲げる場合に該当することとなったとき　第101条第1項において読み替えて準用する銀行法第52条の83第1項の規定による紛争解決等業務（第99条第1項に規定する紛争解決等業務をいう。次号において同じ。）の廃止の認可又は第100条第1項の規定による指定の取消しの時に、第1項第2号に定める措置を講ずるために必要な期間として内閣総理大臣が定める期間（1号）
　二　第1項第1号に掲げる場合に該当していた場合において、同号の一の指定紛争解決機関の紛争解決等業務の廃止が第101条第1項において読み替えて準用する銀行法第52条の83第1項の規定により認可されたとき、又は同号の一の指定紛争解決機関の第99条第1項の規定による指定が第100条第1項の規定により取り消されたとき（前号に掲げる場合を除く。）　その認可又は取消しの時に、第1項第1号に定める措置を講ずるために必要な期間として内閣総理大臣が定める期間（2号）
　三　第1項第2号に掲げる場合に該当していた場合において、同項第1号に掲げる場合に該当することとなったとき　第99条第一項の規定による指定の時に、同号に定める措置を講ずるために必要な期間として内閣総理大臣が定める期間（3号）
4　第1項第2号の「苦情処理措置」とは、利用者からの苦情の処理の業務に従事する使用人その他の従業者に対する助言若しくは指導を消費生活に関する消費者と事業者との間に生じた苦情に係る相談その他の消費生活に関する事項について専門的な知識経験を有する者として内閣府令で定める者に行わせること又はこれに準ずるものとして内閣府令で定める措置をいう（4項）。
5　第1項第2号の「紛争解決措置」とは、利用者との紛争の解決を認証紛争解決手続（裁判外紛争解決手続の利用の促進に関する法律第2条第3号に規定する認証紛争解決手続をいう。）により図ること又はこれに準ずるものとして内閣府令で定める措置をいう（5項）。

その具体的な内容については以下資金移動業者事務ガイドラインⅠ-2-2-4-2-1およびⅠ-2-2-4-2のとおりである。

> Ⅰ-2-2-4-2-1　指定資金移動業務紛争解決機関（指定ADR機関）が存在する場合の主な着眼点
> 　利用者保護の充実及び資金移動業への利用者の信頼性の向上を図るためには、資金移動業者と利用者との実質的な平等を確保し、中立・公正かつ実効的に苦情等の解決を図ることが重要である。そこで、金融ADR制度において、指定ADR機関によって、専門家等関与のもと、第三者的立場からの苦情処理・紛争解決が行われることとされている。なお、金融ADR制度においては、苦情処理・紛争解決への対応について、主に資金移動業者と指定ADR機関との間の手続実施基本契約（法第99条第1項第8号）によって規律されているところである。資金移動業者においては、指定ADR機関において苦情処理・紛争解決を行う趣旨を踏まえつつ、手続実施基本契約で規定される義務等に関し、適切に対応する必要がある。資金移動業者による金融ADR制度への対応について、例えば、以下のような点に留意して検証することとする。
> ①手続実施基本契約
> イ．自らが営む資金移動業務について、指定ADR機関との間で、速やかに手続実施基本契約を締結しているか。また、例えば、指定ADR機関の指定取消しや新たな指定ADR機関の設立などの変動があった場合であっても、利用者利便の観点から最善の策を選択し、速やかに必要な措置（新たな苦情処理措置・紛争解決措置の実施、手続実施基本契約の締結など）を講じるとともに、利用者へ周知する等の適切な対応を行っているか。
> ロ．指定ADR機関と締結した手続実施基本契約の内容を誠実に履行する態勢を整備しているか。
> ②公表・周知・利用者への対応
> イ．手続実施基本契約を締結した相手方である指定ADR機関の商号又は名称、及び連絡先を適切に公表しているか。公表の方法について、例えば、ホームページへの掲載、ポスターの店頭掲示、パンフレットの作成・配布又はマスメディアを通じての広報活動等、業務の規模・特性に応じた措置をとることが必要である。仮に、ホームページに掲載したとしても、これを閲覧できない利用者も想定される場合には、そのような利用者にも配慮する

必要がある。

　　公表する際は、利用者にとって分かりやすいように表示しているか（例えば、ホームページで公表する場合において、利用者が容易に金融ADR制度の利用に関するページにアクセスできるような表示が望ましい。）。
ロ．手続実施基本契約も踏まえつつ、利用者に対し、指定ADR機関による標準的な手続のフローや指定ADR機関の利用の効果（時効中断効等）等必要な情報の周知を行う態勢を整備しているか。

③苦情処理手続・紛争解決手続について
イ．指定ADR機関から手続応諾・資料提出等の求めがあった場合、正当な理由がない限り、速やかにこれに応じる態勢を整備しているか。
ロ．指定ADR機関からの手続応諾・資料提出等の求めに対し拒絶する場合、苦情・紛争の原因となった部署のみが安易に判断し拒絶するのではなく、組織として適切に検討を実施する態勢を整備しているか。また、可能な限り、その判断の理由（正当理由）について説明する態勢を整備しているか。
ハ．紛争解決手続において紛争解決委員から和解案の受諾勧告又は特別調停案の提示がされた場合、速やかに受諾の可否を判断する態勢を整備しているか。
ニ．和解案又は特別調停案を受諾した場合、担当部署において速やかに対応するとともに、その履行状況等を検査・監査部門等が事後検証する態勢を整備しているか。
ホ．和解案又は特別調停案の受諾を拒絶する場合、業務規程（法第101条において準用する銀行法第52条の67第1項に規定する「業務規程」をいう。）等を踏まえ、速やかにその理由を説明するとともに、訴訟提起等の必要な対応を行う態勢を整備しているか。

Ⅰ-2-2-4-2-2　指定資金移動業務紛争解決機関（指定ADR機関）が存在しない場合の主な着眼点
　金融ADR制度においては、指定ADR機関が存在しない場合においても、代わりに苦情処理措置・紛争解決措置を講ずることが法令上求められている。資金移動業者においては、これらの措置を適切に実施し、資金移動業務に関する苦情・紛争を簡易・迅速に解決することにより、利用者保護の充実を確保し、

利用者の信頼性の向上に努める必要がある。資金移動業者が苦情処理措置・紛争解決措置を講じる場合、例えば、以下のような点に留意して検証することとする。

①苦情処理措置・紛争解決措置の選択

　自らが営む資金移動業務の内容、苦情等の発生状況及び営業地域等を踏まえて、法令で規定されている以下の各事項のうちの一つ又は複数を苦情処理措置・紛争解決措置として適切に選択しているか。なお、その際は、例えば、利用者が苦情・紛争を申し出るに当たり、利用者にとって地理的にアクセスしやすい環境を整備するなど、利用者の利便の向上に資するような取組みを行うことが望ましい。

イ．苦情処理措置
  a. 苦情処理に従事する従業員への助言・指導を一定の経験を有する消費生活専門相談員等に行わせること
  b. 自社で業務運営体制・社内規則を整備し、公表等すること
  c. 認定資金決済事業者協会を利用すること
  d. 国民生活センター、消費生活センターを利用すること
  e. 他の業態の指定ADR機関を利用すること
  f. 苦情処理業務を公正かつ的確に遂行できる法人を利用すること

ロ．紛争解決措置
  a. 裁判外紛争解決手続の利用の促進に関する法律に定める認証紛争解決手続を利用すること
  b. 弁護士会を利用すること
  c. 国民生活センター、消費生活センターを利用すること
  d. 他の業態の指定ADR機関を利用すること
  e. 紛争解決業務を公正かつ的確に遂行できる法人を利用すること

ハ．苦情・紛争の処理状況等のモニタリング等を継続的に行い、必要に応じ、苦情処理措置・紛争解決措置について検討及び見直しを行う態勢を整備しているか。

ニ．苦情処理業務・紛争解決業務を公正かつ的確に遂行できる法人（イf、ロe）を利用する場合、当該法人が苦情処理業務・紛争解決業務を公正かつ的確に遂行するに足りる経理的基礎及び人的構成を有する法人であること（資金移動業者に関する内閣府令第32条の3第1項第5号、同条第2項第

4号）について、相当の資料等に基づいて、合理的に判断しているか。
ホ．外部機関を利用する場合、必ずしも当該外部機関との間において業務委託契約等の締結までは求められていないが、標準的な手続のフローや、費用負担に関する事項等について予め取決めを行っておくことが望ましい。
ヘ．外部機関の手続を利用する際に費用が発生する場合について、利用者の費用負担が過大とならないような措置を講じる等、苦情処理・紛争解決の申立ての障害とならないような措置を講じているか。

②運用
　苦情処理措置・紛争解決措置の適用範囲を過度に限定的なものとするなど、不適切な運用を行っていないか。なお、苦情処理措置と紛争解決措置との間で適切な連携を確保しているかについても留意する必要がある。

③苦情処理措置（資金移動業者自身で態勢整備を行う場合）についての留意事項
イ．消費生活専門相談員等による従業員への助言・指導態勢を整備する場合
　a．定期的に消費生活専門相談員等による研修を実施する等、苦情処理に従事する従業員のスキルを向上させる態勢を整備しているか。
　b．消費生活専門相談員等との連絡体制を築く等、個別事案の処理に関し、必要に応じ、消費生活専門相談員等の専門知識・経験を活用する態勢を整備しているか。
ロ．資金移動業者自身で業務運営体制・社内規則を整備する場合
　a．苦情の発生状況に応じ、業務運営体制及び社内規則を適切に整備するとともに、当該体制・規則に基づき公正かつ的確に苦情処理を行う態勢を整備しているか。
　b．苦情の申出先を利用者に適切に周知するとともに、苦情処理にかかる業務運営体制及社内規則を適切に公表しているか。周知・公表の内容として、必ずしも社内規則の全文を公表する必要はないものの、利用者が、苦情処理が適切な手続に則って行われているかどうか自ら確認できるようにするため、苦情処理における連絡先及び標準的な業務フロー等を明確に示すことが重要であることから、それに関連する部分を公表しているかに留意する必要がある。なお、周知・公表の方法について、Ⅰ-2-2-4-2-1②を参照のこと。

④苦情処理措置（外部機関を利用する場合）及び紛争解決措置の留意事項

イ．資金移動業者が外部機関を利用している場合、利用者保護の観点から、例えば、利用者が苦情・紛争を申し出るに当たり、外部機関を利用できることや、外部機関の名称及び連絡先、その利用方法等、外部機関に関する情報について、利用者にとって分かりやすいように、周知・公表を行うことが望ましい。

ロ．苦情処理・紛争解決の申立てが、地理又は苦情・紛争内容その他の事由により、利用者に紹介した外部機関の取扱範囲外のものであるとき、又は他の外部機関等（苦情処理措置・紛争解決措置として資金移動業者が利用している外部機関に限らない。）による取扱いがふさわしいときは、他の外部機関等を利用者に紹介する態勢を整備しているか。

ハ．外部機関から苦情処理・紛争解決の手続への応諾、事実関係の調査又は関係資料の提出等を要請された場合、当該外部機関の規則等も踏まえつつ、速やかにこれに応じる態勢を整備しているか。

ニ．苦情処理・紛争解決の手続への応諾、事実関係の調査又は関係資料の提供等の要請を拒絶する場合、苦情・紛争の原因となった部署のみが安易に判断し拒絶するのではなく、苦情・紛争内容、事実・資料の性質及び外部機関の規則等を踏まえて、組織として適切に検討を実施する態勢を整備しているか。また、当該外部機関の規則等も踏まえつつ、可能な限り拒絶の理由について説明する態勢を整備しているか。

ホ．紛争解決の手続を開始した外部機関から和解案、あっせん案等の解決案（以下、「解決案」という。）が提示された場合、当該外部機関の規則等も踏まえつつ、速やかに受諾の可否を判断する態勢を整備しているか。

ヘ．解決案を受諾した場合、担当部署において速やかに対応するとともに、その履行状況等を検査・監査部門等が事後検証する態勢を整備しているか。

ト．解決案の受諾を拒絶する場合、当該外部機関の規則等も踏まえつつ、速やかにその理由を説明するとともに、必要な対応を行う態勢を整備しているか。

V　監督に関する規制

1　規制の概要

　資金移動業は為替取引を行うこととなるため、必然的に銀行との区分けが問題となる。それは監督面・規制面においても同様であり、資金移動業に対してどのような姿勢で監督・規制を及ぼしていくのかにつき、立法段階から議論がなされてきた。

　まず、銀行と資金移動業者を同様に取り扱うべきとする考え方がある。現行の銀行法では、為替を専業とする事業者も、銀行免許を取得すれば資金移動サービスを提供することが可能であり、銀行と異なる規制で為替取引を認める場合であっても、為替取引は経済活動の基礎をなすことから、事業者による履行の確実性を確保し、破たんが起きないよう財務規制などを課すなどして銀行と同様の強い監督下に置くというものである。

　一方、滞留資金が原則として保全されるのであれば、資金移動業者に対して業務範囲規制や財務規制といった銀行並みの規制を課す必要はないとの考え方がある。また、一般の事業と組み合わせた資金移動サービスの提供を可能とするためには、資金移動サービス業者について業務範囲規制を行うことや、資金移動サービス業のみでの採算を求めることは適当ではないとの考え方もある。

　為替取引は、経済活動の基礎をなす社会インフラであり、資金を事業者に引き渡した者と、その資金を受け取ろうとする者のそれぞれの保護が必要であるとともに、確実性が欠ける場合や事業者が破たんした場合の社会的・経済的影響が大きい。そのため、為替取引を提供する資金移動業者には、一定の安全性や信頼性が求められることとなる。ただ、資金移動業者は、預金の受け入れや融資等の運用を行わない為替取引を行うものであり、銀行並みの強い監督下に

置かれているわけではない。

　以下では具体的に、帳簿書類・報告書・立入検査等・業務改善命令・登録の取消し等・登録の抹消・監督処分の公告、を取り上げ、それぞれ検討していく。

2　具体例の説明

(1) 帳簿書類

　資金移動業に関する帳簿書類は、資金移動業者の業務ならびに未達債務の額および資産保全の状況を正確に反映させる必要がある。また、当該帳簿の記載内容をもとに履行保証金の供託等による資産保全を行わせることにより、利用者保護に資するため法令にその作成および保存義務が規定されているものである（本編第3章参照）。

　そこで、資金移動業者は、内閣府令で定めるところにより、その資金移動業に関する帳簿書類を作成し、これを保存しなければならない（資金決済法52条、資金移動府令33条、資金移動業者事務ガイドラインⅠ-2-2-2)。

　資金移動業に関する帳簿書類は以下のとおりである（資金移動府令33条1項柱書)。

① 　資金移動業に係る取引記録（1号）
② 　総勘定元帳（2号）
③ 　顧客勘定元帳（資金移動業の利用者との間で為替取引を継続的にまたは反復して行うことを内容とする契約を締結する場合に限る）（3号）
④ 　各営業日における未達債務の額および要履行保証額の記録（4号）
⑤ 　各基準日における要供託額の記録（信託契約資金移動業者を除く）（5号）
⑥ 　各基準日に係る履行保証金の額の記録（履行保証金を供託している場合に限る。）（6号）
⑦ 　各営業日における信託財産の額の記録（信託契約資金移動業者に限る。）（7号）

⑧　各営業日における資金移動業の利用者ごとの為替取引に関し負担する債務の額および当該為替取引に関し有する債権の額の記録（11条3項の規定により未達債務の額を算出する場合に限る）（8号）

資金移動業者事務ガイドラインに定められた具体例の説明は以下のとおりである。

たとえば、①帳簿書類の作成について規定した社内規則等を定め、役職員が社内規則等に基づき適切な取扱いを行うよう、社内研修等により周知徹底を図っているか、②帳簿書類のデータファイルのバック・アップ等、帳簿書類がき損された場合には速やかに利用者ごとの未達債務の額を把握・復元できるよう態勢を整備しているか、③帳簿書類の記載内容の正確性について、内部監査部門等、帳簿書類作成部署以外の部門において検証を行っているか、④未達債務の発生・移転・消滅の認識する時点に係る考え方を定めた上で、未達債務を当該考え方に則り適切に認識するための態勢を整備しているか、である。

とりわけ、国際送金を行う場合には、債務の相手方が国内にある利用者から海外にある利用者に移転する時点を適切に認識しているか、さらに、為替取引に係る支払いを他の資金移動業者等に委託する場合には、未達債務が当該他の資金移動業者等に移転する時点を適切に認識しているかについても検証する必要がある。なお、国際送金を行う場合については、資金移動業者が利用者に対して負っている為替取引に係る債務のうち、海外にある利用者に対して負っている債務は、未達債務に計上しないことができるが、当該取扱いが認められるためには、ⅰ．利用者ごとに住所（国内か国外か）が確認できていること、ⅱ．区分の基準が明確であること、ⅲ．帳簿書類上も当該基準に従った区分が行われていること、を満たす態勢整備が必要となる。

(2) 報告書（事業報告書・短期報告書・添付書類）

(A) 事業報告書

資金移動業者は、事業年度ごとに、内閣府令で定めるところにより、資金移動業に関する報告書（事業報告書）を作成し、内閣総理大臣に提出しなければならない（法53条1項）。これは、内閣総理大臣が、資金移動業の適正かつ確

実な遂行を確保するため、資金移動業者の資金移動業の実施状況等を把握し適切な監督を行う必要があるためである。

資金移動業に関する事業報告書は、事業概況書および資金移動業に係る収支の状況を記載した書面に分けて、別紙様式第19号（外国資金移動業者にあっては、別紙様式第20号）により作成して、事業年度の末日から3か月以内に金融庁長官に提出しなければならない（資金移動府令34条1項）。また、報告書を提出しようとするときは、当該報告書にその写し2通ならびに最終の貸借対照表（関連する注記を含む）および損益計算書（関連する注記を含む）を添付して、金融庁長官に提出しなければならない（同条2項）。資金移動業者は兼業が自由であることから、資金移動業以外の業務については原則として本報告書の報告対象とはならないものの、資金移動業の実施に関連する業務について、資金移動業の実施の状況を把握するために必要な場合には、報告の対象とされることとなる。

(B) 短期報告書

資金移動業者は、事業報告書のほか、6か月を超えない範囲内で内閣府令で定める期間ごとに、内閣府令で定めるところにより、未達債務の額および履行保証金の供託、履行保証金保全契約または履行保証金信託契約に関する報告書（短期報告書）を作成し、内閣総理大臣に提出しなければならない（法53条2項）。短期報告書は、毎年3月31日および9月30日（基準日）ごとに、当該基準日から1か月以内に金融庁長官に提出しなければならない（資金移動府令35条1項）。

このように、事業年度ごとの報告のみでは義務の履行の確認が十分ではないと考えられるため、資産保全義務に関する事項については頻度を上げて報告を求めている。なお、短期報告書を提出しようとするときは、当該報告書にその写し2通を添付して、金融庁長官に提出しなければならない（資金移動府令35条2項）。また、履行保証金の供託をした資金移動業者は、事業報告書に、供託に係る供託書正本の写しを添付して、金融庁長官に提出しなければならない（同条3項）。さらに、履行保証金保全契約を締結し、その旨を内閣総理大臣に届出をした資金移動業者が履行保証金保全契約の内容の変更（当該履行保

証金保全契約の一部の解除を除く）をし、または履行保証金保全契約を更新した場合には、事業報告書に、その契約書またはその旨を証する書面の写しを添付して、金融庁長官に提出しなければならない（同条4項）。そのほか、信託契約資金移動業者は、事業報告書に、信託会社等が発行する基準日の直前の基準日の翌日以後の毎月末日における信託財産の額を証明する書面を添付して、金融庁長官に提出しなければならず（同条5項）、金融庁長官は、必要があると認めるときは、資金移動業者に対し、第3項の供託書正本または第4項の契約書の正本の提出を命ずることができる（同条6項）。

なお、事業報告書・短期報告書以外に、必要に応じて、報告書の作成、提出を求められる場合がある（法54条）。

(C) 添付書類

事業報告書・短期報告書には、財務に関する書類その他の内閣府令で定める書類を添付しなければならない（法53条3項）。

(3) 立入検査等（資金移動業者に対する立入検査・委託先等への立入検査）

(A) 資金移動業者に対する立入検査

(2)において検討したとおり、内閣総理大臣は資金移動業者から、事業年度および一定期間ごとに資金移動業に関する報告書等の提出を受けており、その報告書等をもとに資金移動業の実施状況や財産内容等を把握することとなる。ただ、こうした資金移動業者からの報告のみでは、業者側の報告態様・報告情報量によっては資金移動業の業務の適正かつ確実な遂行を図るための実態把握を十分に行うことができない場合もありうる。

そこで内閣総理大臣は、資金移動業の適正かつ確実な遂行のために必要があると認めるときは、資金移動業者に対し当該資金移動業者の業務もしくは財産に関し参考となるべき報告もしくは資料の提出を命じ、または当該職員に当該資金移動業者の営業所その他の施設に立ち入らせ、その業務もしくは財産の状況に関して質問させ、もしくは帳簿書類その他の物件を検査させることができる（法54条1項）。すなわち、資金移動業の適正かつ確実な遂行のため必要が

あると認めるときは、随時、資金移動業者に対し、業務・財産に関する報告・資料の提出命令や、職員による立入検査を行うことを認めている。

なお、立入検査の対象となる「資金移動業者の業務もしくは財産」には、資金移動業者が行う資金移動業やこれに関する財産だけでなく、資金移動業者が行うその他の業務や財産も含まれている。ただし、実際に立入検査を行うことができるのは、資金移動業の適正かつ確実な遂行のため必要があると認めるときに限られる。

(B) 委託先等への立入検査

資金移動業者は、自社の資金移動業の一部を他社に外部委託したうえでサービスを提供することが可能である。そのため、自社業務を他社に外部委託したところ、当該委託先から重要情報が漏えいする、システム全体のトラブルが発生するなど、委託先から問題が発生することがある。つまり、(A)で検討した資金移動業者自体に対する報告・資料の徴求といった立入検査だけでは業務委託先がカバーされておらず、結果的に資金移動業の適正かつ確実な遂行のための十分な実態把握や適切な対応を行うことができない。

そこで、内閣総理大臣は、資金移動業の適正かつ確実な遂行のため特に必要があると認めるときは、その必要の限度において、当該資金移動業者から業務の委託を受けた者に対し当該資金移動業者の業務もしくは財産の状況に関し参考となるべき報告もしくは資料の提出を命じ、または当該職員に当該資金移動業者から業務の委託を受けた者の施設に立ち入らせ、当該資金移動業者の業務もしくは財産の状況に関して質問させ、もしくは帳簿書類その他の物件を検査させることができる（法54条2項）。すなわち、資金移動業の適正かつ確実な遂行のため特に必要があると認めるときは、資金移動業者の業務・財産の状況に関するものに限定しつつ、業務委託先に対して、報告・資料の徴求や立入検査を行うことを認めている。ただし、資金移動業者から業務の委託を受けた者は、正当な理由があるときは、報告もしくは資料の徴求または質問もしくは検査を拒むことができる（同条3項）。

(4) 業務改善命令

　資金移動業者の運営に不適切な状況が生じた場合など、利用者に不測の損害を発生させる前、あるいは損害をなるべく拡大させないために、資金移動業者に対して、業務の運営や財産の状況に関して改善に必要な措置その他監督上必要な措置をとることを命ずることにより、資金移動業の適正かつ確実な遂行を確保する必要がある。

　そこで、内閣総理大臣は、資金移動業の適正かつ確実な遂行のために必要があると認めるときは、その必要の限度において、資金移動業者に対し、業務の運営または財産の状況の改善に必要な措置その他監督上必要な措置をとるべきことを命ずることができる（法55条）。業務改善命令が発出された場合には、資金移動業者は、原則として、業務改善計画を提出し、当該業務改善計画の履行状況の報告を行わなければならない（資金移動業者事務ガイドラインⅡ-3(5)）。

　なお、ここでいう「業務」には、資金移動業に関する業務のみならず、資金移動業者が行うその他の業務も含まれる。ただし、資金移動業の適正かつ確実な遂行のため必要があると認められるときに限り、その必要の限度において行われる。また、改善に必要な措置は、当然事案ごと・資金移動業者ごとに変わってくるものではあるが、たとえば資産保全が不十分であれば供託命令を下す、利用者保護に欠ける場合であれば業務改善計画書の提出と履行状況の報告、法令遵守体制に問題があれば社内のコンプライアンス研修の実施など、発生した問題の原因を調査させ、問題を解消させる点で共通する。

(5) 登録の取消し等

(A) 登録の取消し・業務停止命令

　内閣総理大臣は、資金移動業者が次のいずれかに該当するときは、登録を取り消し、または6か月以内の期間を定めて資金移動業の全部もしくは一部の停止を命ずることができる（法56条1項柱書）。

① 40条1項各号に該当することとなったとき（1号）
② 不正の手段により37条の登録を受けたとき（2号）
③ この法律もしくはこの法律に基づく命令またはこれらに基づく処分に違反したとき（3号）

　1号は、資金移動業登録申請者に登録拒否事由があったにもかかわらず、事後的に登録拒否事由が存在することが判明した場合（たとえば、申請時の不実記載など）や、申請時には登録拒否事由はなかったものの、事後的に登録拒否事由が発生した場合（たとえば、法令違反行為による登録拒否など）に、資金移動業者としての登録を取り消し、または業務停止命令を下すことを認める（登録拒否事由の詳細については、法40条1項各号参照）。

　2号は、登録申請時に登録拒否事由が存在していたにもかかわらず、申請者の虚偽記載・故意による不記載によって登録が行われた状況を想定している。このような事実が判明した場合には、当然、登録の前提となる資金移動業の業務の適正かつ確実な遂行を十分に行うことは難しいため、資金移動業者としての登録を取り消し、または業務停止命令を下すことを認める。

　3号は、資金移動業者が法令違反や業務改善命令等の処分に違反している状況を想定している。このような状況下では、利用者保護が図られず、利用者に不測の損害が発生する可能性も生じさせるため、その業務を停止させることを認める。

　なお、業務停止命令を行う場合には、業務停止の期間内にその業務の改善を図ることができることを前提としている。また、長期の業務停止は、登録取消と事実上同等の効果をもたらすものであることから、停止期間は6か月以内としており、仮に6か月を超えて業務を停止させる必要があれば、登録の取消しによって対応することになる。

(B) 不在者に対する登録取消等

　内閣総理大臣は、資金移動業者の営業所の所在地を確知できないとき、または資金移動業者を代表する取締役もしくは執行役（外国資金移動業者である資金移動業者にあっては、国内における代表者）の所在を確知できないときは、内閣府令で定めるところにより、その事実を公告し、その公告の日から30日

を経過しても当該資金移動業者から申出がないときは、当該資金移動業者の登録を取り消すことができる（法56条2項）。すなわち、資金移動業者の活動拠点を確知できないような状況では、資金移動業自体が適切に行われることも期待出来ず、また、立入検査等の監督処分を下そうにも拠点が確知できないため実効性も担保されなくなってしまうため、（A）で検討した1項の要件にかかわらず、直ちに登録を取り消すことが認められている。

なお、ここでいう「公告」は、官報によるものとする（資金移動府令36条）。また、1項の処分については、行政手続法第3章の規定（不利益処分を課す場合における聴聞や弁明の機会を付与することなど）は、適用しない（法56条3項）。

(6) 登録の抹消

（5）において登録の取消しについて検討したが、登録を取り消した場合（あるいは登録がその効力を失ったとき）には、内閣総理大臣は当該登録を抹消しなければならない（法57条）。

具体的に資金移動業者が登録を抹消されるのは以下のとおりである。
① 登録取消要件に該当し、登録が取り消された場合（法56条1項各号）
② 営業所等の所在を確知できず、登録が取り消された場合（同条2項）
③ 資金移動業を廃止し、登録の効力を失った場合（法61条2項）
なお、一定の間は、資金移動業者とみなされる（法62条）。

(7) 監督処分の公告

内閣総理大臣は、登録取消処分や業務停止処分をしたときは、内閣府令で定めるところにより、その旨を公告しなければならない（法58条）。すなわち、これは資金移動業者に対する処分を社会に向けて周知させるためである。ここでいう「公告」は、官報によるものとされる（資金移動府令36条）。

なお、不利益処分の公告を行う場合は、以下の事項を掲載するものとされる（資金移動業者事務ガイドラインⅡ-8（1））。

① 商号
② 代表者の氏名
③ 本店の所在地
④ 登録番号
⑤ 登録年月日
⑥ 処分の年月日
⑦ 処分の内容

　業務改善命令等の不利益処分については、他の資金移動業者における予測可能性を高め、同様の事案の発生を抑制する観点から、公表により対象資金移動業者の経営改善に支障が生ずる恐れのあるものを除き、処分の原因となった事実および処分の内容等を公表することとされている（資金移動業者事務ガイドラインⅡ-8（2））。

第 4 章　仮想通貨交換の概要

1 資金決済法に基づく規制の概要

2017（平成 29）年 4 月 1 日から、仮想通貨交換業に関する規制を定めた改正資金決済法が施行されている[1]。

これは、「情報通信技術の進展等の環境変化に対応するための銀行法等の一部を改正する法律」（2016 年 6 月 3 日法律 62 号、同年 5 月 25 日成立、同年 6 月 3 日公布）による資金決済法および犯罪収益移転防止法の改正に基づくものであり、この結果、業として仮想通貨の売買・交換を行うためには内閣総理大臣の登録を必要とし一定の規制にかからせしめるようにしたものである。

その背景には、以下のとおり日本における仮想通貨取引所の破綻とマネーロンダリング等の防止という 2 つの理由がある。

2 仮想通貨に関する資金決済法の改正の背景

(1) 仮想通貨取引所の破綻

法的規制が行われることとなった背景として、世界最大のビットコイン取引所を運営していた株式会社 Mt.Gox（以下「Mt.Gox」）が 2014（平成 26）年に破産したことがある。Mt. Gox の破産により、相当数の仮想通貨利用者が影響を受けたが、同社の顧客の大半が外国人であり日本国内のユーザーの割合は少なかったこともあり、直ちに法的規制が検討されたわけではない[2]。

この時点では、参議院における質問主意書への回答として、ビットコインは、民法および外為法にいう「通貨」には該当せず、ビットコインの売買の仲介や通貨との交換等は、銀行が営む業には当たらないなどの政府見解を示すほか[3]、自民党 IT 戦略特命委員会資金決済小委員会中間報告が、新しい規制は不要で[4]

---

[1] 関係する内閣府令や、事務ガイドラインおよび監督指針も原則として同日から適用される。
[2] 2014 年 2 月 28 日付日本経済新聞によれば、顧客 12 万 7000 人の大半は外国仁で、日本人は、0.8％、約 1000 人と報道されている。

あり自主規制によるべきとして、自主規制団体の設立を求めるとしているくらいの検討状況であった。

　2014（平成26）年当時は、一部を除き、海外ではそれほど強い規制は考えられていなかったが、世界最大規模の金融産業を州内に有する米国ニューヨーク州が、同年7月に、仮想通貨取扱業者に対する免許制度導入案を発表し注目されていた。[5] 同州の規制は、顧客保護およびマネーロンダリング禁止の観点から、仮想通貨の取扱事業者に一定の規制をかけようとするものであり、今回の資金決済法の改正により、日本において導入された仮想通貨交換業に対する規制と共通するものである。

(2) マネーロンダリング・テロ資金供与への懸念

　仮想通貨は、送金費用が低コストであり、かつ、国際的決済も即時になされるという利便性があることと、一定程度の匿名性が存在することから、仮想通貨の取引高の増加に伴い、これがマネーロンダリングや、テロ資金供与などに使われることへの懸念が大きくなるようになった。

　2015（平成27）年6月、G7エルマウ・サミット首脳宣言を受け、FATF（金融活動作業部会）は、「各国は、仮想通貨と法定通貨を交換する交換所に対し、登録・免許制度を課すとともに、顧客の本人確認や疑わしい取引の届出、記録保存の義務等のマネーロンダリング・テロ資金供与規制を課すべきである」とするガイダンス（以下、「FATFガイダンス」という）[6] が公表され、課す尾通貨が犯罪やテロに利用されることに対する規制が国際的な関心事であることが明確となった。

---

3) 186回国会参議院　提出番号28「ビットコインに関する質問主意書」に対する2014年3月6日付回答書参照。

4) http://activeictjapan.com/pdf/kachikiroku_20140618.pdf（平成30年12月19日閲覧）

5) ニューヨーク州は、2014年6月3日、BitLicenseと証される仮想通貨取扱業者に免許を必要とする旨のRegulation of Conduct of Virtual Currency Businessを発表し、同Regulationは、同月24日発効している。

6) http://www.fatf-gafi.org/media/fatf/documents/reports/Guidance-RBA-Virtual-Currencies.pdf（平成30年12月19日閲覧）

(3) 日本における検討

　日本では、これらを受け、金融審議会「決済業務等の高度化に関するワーキング・グループ」で仮想通貨に対する規制が検討された結果、2015年12月22日付け「決済業務等の高度化に関するワーキング・グループ報告～決済高度化に向けた戦略的仕組み～」[7]において、仮想通貨と法定通貨の売買等を行う交換所について登録制を導入することが提言され、今回の資金決済法の改正へと至っている。

　日本の法規制は、FATFガイダンスに副ったものであり、同ガイダンスは、消費者保護などは扱わないとはされているが、Mt.Goxの破綻の原因が、仮想通貨の仕組みそのものの問題ではなく、①データのアクセス権限を代表者のみが有しており、他の者が検証する手段がなかったことや、②顧客の預かり資産と自社の資産とが分別管理していなかったことなどと指摘されている点からすれば、仮想通貨交換業の運営に一定の規制をかけることが同時に顧客保護にも資することになるといえる。

3　仮想通貨交換業に関する資金決済法等の概要

(1) 仮想通貨の定義

　資金決済法は、仮想通貨を以下のとおり2つの類型に分けて定義する（法2条5項）。

① 物品を購入し、もしくは借り受け、または役務の提供を受ける場合に、これらの代価の弁済のために不特定の者に対して使用することができ、かつ、不特定の者を相手方として購入および売却を行うことができる財産的価値（電子機器その他の物に電子的方法により記録されているものに限り、

---

7) https://www.fsa.go.jp/singi/singi_kinyu/tosin/20151222-2.html（平成30年12月19日閲覧）

本邦通貨および外国通貨ならびに通貨建資産を除く。以下同じ）であって、電子情報処理組織を用いて移転することができるもの（1号）
　②　不特定の者を相手方として前号に掲げるものと相互に交換を行うことができる財産的価値であって、電子情報処理組織を用いて移転することができるもの（2号）

　上記のいずれでも、ビットコイン等の仮想通貨で特徴的とされているブロックチェーンなどの技術は言及されておらず、あくまでも機能面での記載とされているが、これは、FATFガイダンスが、仮想通貨を「デジタルに取引可能であって、①交換手段、および／または②計算単位、および／または価値の蓄積として機能するものであるが、法定通貨としての地位を有さないもの」と定義していることなどを考慮したものであり、1号については、（ア）不特定多数との間で決済・法定通貨との交換が可能、（イ）電子的に記録・移転、（ウ）本邦通貨および外国通貨（以下、本稿で「法定通貨」という）または法定通貨建ての資産ではない、ということを要件とする。既存のいわゆる電子マネーは、特定の者が発行できるという点、又は、法定通貨建てという点で、かかる定義から外れることになる。なお、2号については、これ自体が（ア）を満たさないとしても、1号と相互に交換可能ならば、これを通じて1号と同様の機能を果たしうる点を考慮したものである。

(2) 仮想通貨交換業の定義

　資金決済法は、仮想通貨交換業を以下の各号を業として行うこととし、合わせて、「仮想通貨の交換等」を1号および2号に掲げる行為と定義する（法2条7項）。
　①　仮想通貨の売買または他の仮想通貨との交換
　②　前号に掲げる行為の媒介・取次ぎまたは代理
　③　その行う前2号に掲げる行為に関して、利用者の金銭または仮想通貨の管理をすること

　同号が「その行う前2号に掲げる行為に関して」との限定があることから、顧客のために仮想通貨の管理を行っていた場合は、仮想通貨交換業に該当しな

いこととなる。

(3) 仮想通貨交換業への規制

(A) 登録に関する規制
(a) 登録

資金決済法により、仮想通貨交換業は、内閣総理大臣の登録を要することとされた（法63条の2）。これに違反した場合は、資金決済法の既存の罰則が適用され、不正の手段による登録、名義貸し、無登録の場合は、3年以下の懲役もしくは300万円の罰金またはその両方が科せられることになる（法107条）。

外国において、資金決済法に相当する法令により当該外国において仮想通貨交換業に相当する免許・登録を受けている場合であっても（法2条9号）、日本において登録を受けていなければ、日本国内にある者に対して、仮想通貨の売買・交換等の勧誘をしてはならない点は、従前からの資金決済法の考え方と同様である（法63条の22）。

(b) 登録の申請

仮想通貨交換業の登録を受けようとする場合、申請者は、一定の事項を記載した申請書に、規定された書類を添付して申請を行う必要がある（法63条の3第1項、また、仮想通貨交換業に関する内閣府令（「仮想通貨府令」）に一部が委任されている）。

申請書に記載すべき事項は以下のとおりである。

① 商号・名称および住所
② 資本金の額
③ 仮想通貨交換業に係る営業所の名称および所在地
④ 役員の氏名
⑤ 外国仮想通貨交換業者の場合、国内の代表者の氏名
⑥ 取り扱う仮想通貨の名称
⑦ 仮想通貨交換業の内容および方法
⑧ 仮想通貨交換業の一部を第三者に委託する場合、委託する業務の内容お

よび委託先の名称および住所
⑨　他に事業を行っているときは、その事業の種類
⑩　取り扱う仮想通貨の概要（仮想通貨府令5条1号）
⑪　金銭または仮想通貨の分別管理の方法（同条2号）
⑫　仮想通貨交換業の利用者からの苦情または相談に応ずる営業所の所在地および連絡先（同条3号）
⑬　加入する認定資金決済事業者協会の名称

　また、登録後、上記事項に変更があった場合は、遅滞なく届出をすることが要求されている（法63条の6）。

　なお、⑩に関しては、金融庁事務ガイドライン第三分冊：金融会社関係　16仮想通貨交換業者関係（「仮想通貨関係ガイドライン」）によれば、法に定める仮想通貨の該当性について詳細な説明を求めることとされている（I–1–1）。

　また、申請書に添付すべき書類は、以下のとおりである（法63条の3第2項）。

　①登録拒否事由のないことを誓約する書面（仮想通貨府令で書式が定められている）、②財務に関する書類、③仮想通貨交換業を適正かつ確実に遂行する体制の整備に関する事項を記載した書面、および、仮想通貨府令6条各号に定める書面。なお、仮想通貨府令では、たとえば、役員等の住民抄本など、役員に関する書面（仮想通貨府令6条2号、3号）や、最終の貸借対照表および損益計算書（同条8号）や、事業開始後3事業年度における仮想通貨交換業に関する収支の見込み（同条10号）など、財務に関する資料、及び、仮想通貨交換業に関する組織図（同条12号）や社内規則等（同条14号）、交換所の管理状況に関する書面などの添付を要求している。

(c) 登録要件

　登録申請がされた場合、登録申請者が法所定の登録拒否事由に該当するか、または登録申請書もしくはその添付書類の重要な事項が虚偽であったか記載が欠落している場合は、登録が拒否されることになる（法63条の5）が、逆にそうでない場合、登録がされなければならない（法63条の4）。

　法所定の登録拒否事由には以下のようなものがある。

① 株式会社または外国仮想通貨交換業者でないもの
② 外国仮想通貨交換業者の場合、国内の代表者がない法人
③ 内閣府令で定める基準に適合する財産的基礎を有しない法人
④ 役員等が制限行為能力者である場合

なお、仮想通貨府令で定める財産的基礎とは、資本金が1000万円以上であり、純資産がマイナスでないこととされている（仮想通貨府令9条）。

つまり、登録可否の決定は、申請時に、詳細な情報を提出させた上で、財務面や組織などの面を確認し、テロ資金供与やマネーロンダリングなどの組織的犯罪に利用されることを防止するための体制が配備されているか、また、利用者に不当な不利益を与えるようなことはないかを金融庁にて確認したうえで登録の可否を判断することになる。仮装通貨関係ガイドラインには、これらの点に関し、留意すべき事項などが記載されている。[8]

(B) 行為に関する規制

仮想通貨交換業者には、その実際の業務運営においても一定の行為の規制が課せられている。

(a) 情報の安全管理（法63条の8）

仮想通貨は、その定義として、電子的に記録・移転が可能ということが要件とされているのであるから、セキュリティのための措置は重要である。このような観点から、仮想通貨交換業者には、その業務の内容および方法に応じ、仮想通貨交換業に係る電子情報処理組織の管理を十分に行うための措置（仮想通貨府令12条）が求められる。また、利用者の個人情報に関しては、個人情報の保護の一環として、利用者情報に関するする安全管理措置（個人情報の安全管理と同様、従業者の監督および委託を行う場合の委託先の監督について、情報の漏えい、滅失または毀損の防止を図るために必要な措置を講じることが求

---

8) 経過措置として、2017（平成29）年4月1日より前に、現に仮想通貨交換業を行っていた者、又は同者が同期間内に登録の申請をした場合は、同日から記載して6か月間は登録がなくても仮想通貨交換業を行うことができるとされている（情報通信技術の進展等の環境変化に対応するための銀行法等の一部を改正する法律附則8条2項（みなし仮想通貨交換業者））。

められている(仮想通貨府令13条、14条)。

(b) 委託先に対する指導(法63条の9)

業務の委託を行う場合、自社組織においてのみ安全管理措置を講じていても実効性がないため、仮想通貨交換業者には、業務を委託する場合、委託先に対する指導その他業務の適正化津確実な遂行を確保するために必要な措置を講じることが義務づけられている。

具体的には、①適正かつ確実な遂行能力を有する者を委託先として選定すること、②委託先の実施状況を定期的に確認するなどして、委託先の委託業務の実施状況を検証し、必要かつ適切な監督を行うこと、③利用者からの苦情を適切かつ迅速に処理するための必要な措置を講じること、④委託先で委託業務が実施できない場合、他の委託先への速やかな変更など、利用者の保護に支障が生じないようにすること、⑤委託先で問題が生じ、利用者保護のために必要な場合、委託契約の変更・解除などの適切な措置ができるようにしておくことが要求されている(仮想通貨府令15条)。

(c) 利用者の保護等に関する措置(法63条の10)

利用者保護のための措置が要求されているが、これは、具体的には利用者が正しい情報に基づいて適切な判断が行うことができるよう、適切な情報提供を行うことを求め、また、その他必要な措置を講じることを求めるものである。

具体的には、以下のような事項についての説明義務、情報提供義務が課せられている。

① 説明義務

利用者との間で仮想通貨の交換等を行う場合、予め、書面の交付等により取り扱う仮想通貨と法定通貨との誤認を防止するための説明を行い、その説明の際、ⅰ取り扱う仮想通貨が法定通貨ではないこと、ⅱ取り扱う通貨が特定の者によりその価値を保証されていない場合は保証されていないこと、保証されている場合は、保証している者の名称および保証の内容、ⅲその他取り扱う通貨と法定通貨との誤認防止に関し参考となると認められる事項を説明し、ⅰおよびⅱについては利用者の目につきやすいよう窓口に掲示する必

要がある（仮想通貨府令16条）。
② 情報提供義務
　下記のとおりの情報提供義務が課せられている（仮想通貨府令17条）。
　　ⅰ　利用者との間で仮想通貨交換業に係る取引を行う際に情報提供が必要な例
　仮想通貨交換業者の商号・住所、仮想通貨交換業者である旨および登録番号、当該取引の内容、取り扱う仮想通貨の概要、取り扱う仮想通貨の価値の変動を直接の原因として損失が生じるおそれがあるときはその旨およびその理由
　　ⅱ　利用者との間で仮想通貨交換業にかかる取引を継続又は反復して行うことを内容とする契約を締結する際は、前記の事項に追加して、以下の事項
　契約期間の定めがある場合の契約期間、契約解約時の取扱（手数料、報酬又は費用の計算方法）、その他当該契約の内容に関し参考となると認められる事項
　なお、取引を継続または反復して行う場合は少なくとも3か月毎に取引の記録ならびに管理する利用者の金銭の額および仮想通貨の数量についての情報提供が求められている。
　　ⅲ　利用者から金銭または仮想通貨を受領した際
　仮想通貨交換業者の商号および登録番号、受領した金銭の額又は仮想通貨の数量、受領年月日
③　その他利用者保護を図るための措置
　上記説明義務・情報提供に加え、仮想通貨の特性、取引の内容等に応じ、利用者保護を図るために必要な体制を整備し、取引が詐欺等の犯罪行為が行われた疑いがある場合の取引の停止措置、フィッシング詐欺等を防止するための措置などを講じることが要求されている（仮想通貨府令18条）。

(d) 利用者財産の管理（法63条の11）
　仮想通貨交換業者は、仮想通貨交換業の利用者の金銭又は仮想通貨を自己の金銭又は仮想通貨と分別して管理しなければならず、かつ、管理の状況につい

て、定期的に公認会計士等の監査を受けなければならないとされている。

この部分は、まさに、Mt.Goxの破綻の際に問題となった部分であり、利用者保護のために重要な部分と言える。

分別管理の具体的な方法については、仮想通貨府令において、以下のとおり定められている（仮想通貨府令20条〜22条）。

①　金銭の管理方法（仮想通貨府令20条1項）

　銀行等への預金、又は信託業務を営む金融機関等への金銭信託で元本補塡契約にあるもの（信託契約の要件については、仮想通貨府令21条が規定する）

②　仮想通貨の管理方法（仮想通貨府令20条2項）

　仮想通貨交換業者が自己で管理する仮想通貨の場合は、利用者の仮想通貨と自己の固有財産である仮想通貨を明確に区分し、かつ、利用者の仮想通貨についてどの利用者の仮想通貨であるかが直ちに判別できる状態（帳簿で管理できる場合を含む）であり、第三者をして管理させる場合は、同様に、利用者の財産と当該第三者の固有財産とを明確に区分し、各利用者についてもそれぞれが直ちに判別できる状態

また、定期的な監査については、仮想通貨内閣府令23条で、金融庁長官の指定する規則の定めるところにより、毎年1回以上、公認会計士等の監査を受けることが要求されているが、かかる規則については、2017年7月20日金融庁告示第24号として、日本公認会計士協会「仮想通貨交換業者における利用者財産の分別管理に係る合意された手続業務に関する実務指針（業種別委員会実務指針第55号）」とする旨指定されている。

(e) 指定仮想交換業務紛争解決期間との契約締結義務等（法63条の12）

利用者保護の一環として、利用者との紛争解決への配慮も求められており、仮想通貨交換業者は、指定仮想通貨交換業務紛争解決期間との間で手続実施基本契約を締結するか（つまり、ADRを利用するか）、または当該紛争解決機関がない場合には、仮想通貨交換業に関する苦情処理措置および紛争解決機関を講じることが要求されている。

(d) 監督官庁の監督

　また、仮想通貨交換業者は、仮想通貨交換業に関する帳簿書類の作成・保存義務（法63条の13、仮想通貨府令26ないし28条）、事業報告書の作成提出義務（法63条の14第1項、仮想通貨府令29条）、利用者の金銭および仮想通貨の管理に関する報告書の作成提出義務（法63条の14第2項、仮想通貨府令30条）を負っている一方、内閣総理大臣は、仮想通貨交換業の適正かつ確実な遂行のため、報告・資料の提出命令、営業書その他の施設への立入りなどの情報を収集する権限（法63条の15）、必要な措置を命じる権限（法63条の16）、さらに、登録拒否事由が該当、不正な手段による登録を受けたことが判明、その他資金決済法、これに基づく命令又は処分に違反した場合、登録の取消又は停止を命じる権限を有している（法63条の17）。

4　犯罪収益移転防止法に関して

　仮想通貨交換業者に対する規制には、テロ資金供与、マネーロンダリングの防止が1つの重要な目的であったことから、犯罪収益移転防止法についても、仮想通貨交換業に関する改正がなされ、2018年4月1日から施行された。

　同法では仮想通貨交換事業者を犯罪収益移転防止法上の義務を負う特定事業者としており（2条2項31号）、仮想通貨交換事業者は、同法に規定する義務に服する。

　具体的には、特定業務として指定された仮想通貨交換業に係る業務（同法令6条1項14号）における、政令で指定された特定取引を行うにあたり、本人確認を要することとなる（同法4条）。

　特定取引とは以下のとおり規定されている（同法7条1項1号）。
- 仮想通貨の交換等を継続的若しくは反復して行うこと、又は仮想通貨の交換等に関して利用者の金銭又は仮想通貨の管理を行うことを内容とする契約の締結（ヨ）
- 価額が200万円を超える仮想通貨の交換等（タ）
- 顧客等の依頼に基づいて管理する仮想通貨を、価額10万円を超えて移転させる行為（レ）。

また、上記本人確認義務のほか、確認記録の作成・保存（同法6条）、取引記録の作成・保存（同法7条）、疑わしい取引の届出義務（同法8条）、取引時確認等を的確に行うための措置（同法11条）などの義務を負うこととなる。

5　現状における検討

(1)　不正流出事故と金融庁の対応

　2018（平成30）年1月26日に、みなし仮想通貨交換業者の1社が保持していた仮想通貨が大量に不正流出するという事案が発生した[9]。

　金融庁は、同社に対し、報告徴求命令、業務改善命令、立ち入り検査の実施および業務改善命令の発出を行ったほか、同社以外の全ての登録事業者16社およびコインチェック株式会社以外のみなし仮想通貨交換業者15社に対し、不正アクセスに関する注意喚起を行うと共に、緊急自己点検の要請を行った。さらに、その報告の分析の結果、全てのみなし仮想通貨交換業者および複数の登録仮想通貨交換業者に対し、順次立ち入り検査を実施し[10]、2018年8月10日、検査・モニタリングで把握された実態および今後の監督上の対応を公表し[11]、深度ある実質的な審査を行う必要があるとして、事業者のビジネスプランの聴取およびそれに応じた実効的な内部管理態勢、利用者保護を優先したガバナンス態勢の整備状況について、書面・エビデンスでの確認、現場での検証や役員ヒアリング等の強化に取り組む方針を明らかにした[12][13]。

---

9)　https://www.nikkei.com/article/DGXMZO26223140W8A120C1MM8000/ など
10)　その結果、登録拒否処分を含め、登録仮想通貨交換業者7社、みなし仮想通貨交換業者9社に対する処分がなされた。
11)　新規登録に際し、現場での検証や役員へのヒアリング等を強化すると共に、新に登録された業者に対し、早い段階で立入検査を実施するとする。
12)　金融庁「仮想通貨交換業者等の検査・モニタリング中間とりまとめ」。
13)　その後も2018年9月14日、登録仮想通貨交換業者の1社が外部から不正アクセスを受け、管理していた仮想通貨が流出するという事案が発生した。流出した仮想通貨は、上記事案と同様に、仮想通貨をインターネットに接続した状態で管理していた資産であり、仮想通貨の管理の実情について課題があると言える。

図表 4-1　ICO のスキームのイメージ

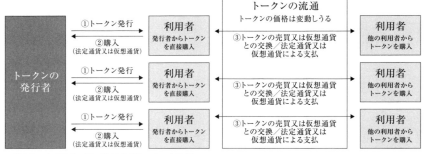

出典：金融庁「仮想通貨交換業に関する研究会」第1回事務局説明資料

　金融庁は、その一方で、仮想通貨交換業者の登録を希望する事業者が多数いることに鑑み、予見可能性を確保するために、登録審査のプロセスをより明確化し、その透明性を高めていくことが重要であるとして、2018年10月24日、「仮想通貨交換業者の登録審査プロセス」、「仮想通貨交換業者の登録審査に係る質問票」「仮想通貨交換業者の登録審査における主な論点等」を公表した。[14]

(2) ICO（Initial Coin Offering）に対する対応

　ICO とは、一般に、企業等が電子的にトークン（証票）を発行して、公衆から法定通貨の調達や仮想通貨の調達を行う行為を総称するものとされているが、ICO については、その仕組みやトークンの性質によっては、資金決済法や金融商品取引の適用対象となる場合があるとされる。[15]

---

14) https://www.fsa.go.jp/news/30/virtual_currency/20181024-2.html（平成30年12月19日閲覧）

15) 金融庁は、2017年10月27日「ICO（Initial Coin Offering）について～利用者及び事業者に対する注意喚起～」を公表し、利用者に対し、そのリスクの可能性を告知すると共に、事業者に対し仕組みにより、資金決済法や金融商品取引法等の規制対象となりうる旨を注意喚起した。

(3) 新たな制度的対応

　上記状況に関しては、登録仮想通貨交換業者で構成される一般社団法人日本仮想通貨交換業協会が設立され、2018年10月24日認定資金決済業協会としての認定を受けた[16]。また、同協会は同日付で自主規制等のガイドラインの諸規則を発表するなど、自主規制ルールの概要を公表するなど、自主規制による取組みも進んでいる。

　また、上記金融庁の立入検査で判明した、仮想通貨交換業者における内部管理体制等の不備、仮想通貨が投機対象となっていることに対する投資者保護、その他、上記ICOを含めた仮想通貨を用いた新たな取引が登場していることなどを受け、現在、金融庁において、新たな制度的対応を検討するため、金融庁に「仮想通貨交換業等に関する研究会」が設置され、検討が行われている。同研究会では、以下の項目を中心に今後の規制のあり方が検討されている。

① 交換業に係る規制（支払・決済手段、投機対象としての側面）
② 仮想通貨を原資産・参照指標とするデリバティブ取引に係る規制（投資・リスクヘッジ手段、投機対象としての側面）
③ ICOに係る規制（投資・資金調達手段、投機対象としての側面）

　このうち、資金決済法の適用対象となるのは、①と考えられるが、これについても、仮想通貨の流出リスク、業者破綻時の損失リスク、仮想通貨の特性等の誤認リスク、投機による価格変動リスクの拡大、妥当でない価格での取引リスク等、利用者の観点からのリスク、匿名性が高いなど問題がある仮想通貨の取扱などが検討されており、法改正に向けての議論の状況を注視する必要がある。

---

[16] 資金決済法87条以下。認定がされると、自主規制規則の制定、会員企業に対する指導・監督などの業務を行うこととなる。

第5章 仮想通貨と税務

第 186 回通常国会（2014 年 1 月 24 日～6 月 22 日）において、2014 年 2 月 25 日、大久保勉参議院議員（当時）は、山崎正昭参議院議長に対し「ビットコインに関する質問主意書」（質問 28 号）を提出した[1]。この中で大久保氏は、日本において、ビットコインは民法における「通貨」および外国為替及び外国貿易法（以下、「外為法」という）における「本邦通貨」、「外国通貨」に該当するのか、ビットコインによる取引には課税されるか、などについて質問を行った。これに対し同年 3 月 7 日、安倍晋三内閣は、当該質問主意書に対する答弁書（答弁書 28 号）を閣議決定した[2]。この中ではまず、日本において通貨とは、貨幣については、通貨の単位及び貨幣の発行等に関する法律 7 条で額面価格の 20 倍まで、日本銀行券については日本銀行法 46 条 2 項で無制限に、それぞれ法貨として通用するものとされているもので、ビットコインは通貨に該当しない、とした。次に、民法 402 条 1 項および 2 項における「通貨」とは、強制通用力を有する貨幣および日本銀行券であって、これを用いた金銭債務の弁済が当然に有効となるものをいうと解されており、強制通用力が法律上担保されていないビットコインは、当該「通貨」には該当しない、とした。さらに、外為法 6 条 1 項における「通貨」とは、強制通用力のある銀行券、政府紙幣または硬貨と解されており、ビットコインは、これらのいずれにも該当しないため、本邦通貨、外国通貨のいずれにも該当しない、とした。つまり、仮想通貨であるビットコインは、日本の該当するいずれの関係法令でも、通貨ではないという政府の見解がこのとき明確に示されたのである。また、ビットコインによる取引に課税されるかという質問に対しては、個々の事実関係に基づき判断すべき事柄であり、一概に答えることは困難であるとしながらも、一般論として、所得税法、法人税法、消費税法等に定める課税要件を満たす場合には、課税の対象となる、とした。日本の消費税法においては、課税対象取引のうち、消費税としての性格上課税の対象としてなじみにくいものや、社会政策的配慮

---

1) 参議院　質問主意書　第 186 回国会（常会）（平成 26 年 1 月 24 日～平成 26 年 6 月 22 日）提出番号 28「ビットコインに関する質問主意書」質問本文（2018 年 12 月 16 日閲覧）
http://www.sangiin.go.jp/japanese/joho1/kousei/syuisyo/186/syuh/s186028.htm
2) 参議院 質問主意書 第 186 回国会（常会）（平成 26 年 1 月 24 日～平成 26 年 6 月 22 日）提出番号 28「ビットコインに関する質問主意書」答弁本文（2018 年 12 月 16 日閲覧）
http://www.sangiin.go.jp/japanese/joho1/kousei/syuisyo/186/touh/t186028.htm

により課税することが適当でないものについては、非課税として消費税を課さないこととしている（消費税法6条および別表一）。この中に「外国為替及び外国貿法6条1項7号に規定する支払手段」があるが、このとき、日本政府としては、仮想通貨はこの外為法上の支払手段には当たらないとする立場を示したのだ。

諸外国での仮想通貨の税務上の取扱いをみると、米国では、2014年3月25日、米国歳入庁（Internal Revenue Service: IRS）が仮想通貨に関するガイダンス（IRS Virtual Currency Guidance）を発表した。これによると、仮想通貨は、米国の税務上は、通貨（currency）ではなく資産（property）として扱うとした。そして、物品またはサービスの対価として仮想通貨を受領した場合は、受領日時点での公正市場価格のドル建て価格をその仮想通貨の取得価額として計算するとした。

一方、欧州では、付加価値税の共通システムに関する理事会指令（Council Directive 2006/112/EC of 28 November 2006 on the common system of value added tax）2条において、日本の消費税同様に、有償で国内において事業者により事業として行われる資産の譲渡、役務の提供および資産の輸入に対しては付加価値税を課すとしている。そして同指令14条1項において、課税取引の1つである資産の譲渡（supply of goods）は、有形資産の所有者としての処分権を移転すること（the transfer of the right to dispose of tangible property as owner.）としている。1998年7月14日、欧州司法裁判所は、ある通貨を他の通貨と交換する外国為替取引は、法定通貨として使われる金銭の取引であり、有形資産の取引には当たらず、役務の提供であるという判断を示

3）　電子政府の総合窓口 e-Gov「消費税法」（2018年12月16日閲覧）
　　http://elaws.e-gov.go.jp/search/elawsSearch/elaws_search/lsg0500/detail?lawId=363AC0000000108
4）　米国歳入庁（IRS), Virtual Currency Guidance : Virtual Currency Is Treated as Property for U.S. Federal Tax Purposes; General Rules for Property Transactions Apply（2018年12月16日閲覧）
　　https://www.irs.gov/newsroom/irs-virtual-currency-guidance
5）　EUR-Lex, Council Directive 2006/112/EC of 28 November 2006 on the common system of value added tax（2018年12月16日閲覧）
　　http://eur-lex.europa.eu/legal-content/EN/ALL/?uri=celex%3A32006L0112

した（First National Bank of Chicago 判決、Case C-172/96）[6]。そして、2015年10月22日、欧州司法裁判所は、法定通貨と交換が可能な仮想通貨であるビットコインは、支払手段以外の目的で利用されることがない限り、14条に定める有形資産ではなく、資産の譲渡にはあたらないという判断を示した（David Hedqvist 判決、Case C-264/14）[7]。以上のことから、外国為替取引もビットコイン取引も、同指令135条1項（e）「通常法定通貨に使用しない金貨、銀貨その他のコインまたは銀行券などの収集対象物を除く、法定通貨として利用される通貨、銀行券、貨幣の仲介を含む取引」に該当するとし、付加価値税を非課税としている[8]。

　日本ではその後、2016年2月5日に行われた第190回通常国会（2016年1月4日〜6月1日）予算委員会で、秋元司衆議院議員が、欧州で仮想通貨の取引について付加価値税を非課税にしたことをあげ、日本も世界の潮流に合わせて消費税を非課税にするという措置がとれないものかと麻生太郎財務大臣に質問した[9]。これに対し、麻生財務大臣は、オーストラリアやシンガポール等では課税されており日本だけが特別ではないと言いつつも、このようなものが金融の将来に大きな影響を及ぼすようなことになることは間違いない、懸念点を十分に勘案したうえで必要な環境整備というのを進めて行きたいと述べた[10]。

　こうした中、同年5月25日、仮想通貨を決済手段として認める改正資金決済法が第190回通常国会で成立した[11]。しかし同法は、主に仮想通貨交換業につ

---

6)　EUR-Lex, Judgment of the Court（Fifth Chamber）of 14 July 1998（2018年12月16日閲覧）
　　http://eur-lex.europa.eu/legal-content/EN/TXT/?uri=CELEX%3A61996CJ0172
7)　EUR-Lex, Case C-264/14: Judgment of the Court（Fifth Chamber）of 22 October 2015（2018年12月16日閲覧）
　　http://eur-lex.europa.eu/legal-content/EN/TXT/?uri=CELEX%3A62014CA0264
8)　溝口史子『EU付加価値税法の実務』50頁（中央経済社、2017）
9)　衆議院会議録「第190回国会予算委員会第8号（平成28年2月5日）」（2018年12月16日閲覧）
　　http://www.shugiin.go.jp/internet/itdb_kaigirokua.nsf/html/kaigirokua/001819020160205008.htm
10)　同上（2018年6月30日閲覧）、木ノ内敏久『仮想通貨とブロックチェーン』117頁（日本経済新聞出版社、2017）
11)　金融庁 国会提出法案等（第190回国会）（2018年12月16日閲覧）
　　http://www.fsa.go.jp/common/diet/

いて一定の規制を行うもので、仮想通貨に関する法制度を包括的に整備したものではなく、消費税の取扱い等については規定されなかった。[12]

そこで、仮想通貨に対する消費税の非課税化についてはその後も議論が続けられた。

2016年11月2日、第192回臨時国会（2016年9月26日〜11月30日）財政金融委員会において高井崇志衆議院議員が改めて仮想通貨の消費税の非課税化について麻生財務大臣に質問した。[13]麻生財務大臣はこれに対し、仮想通貨は、それ自体が消費されているわけではなく、事実上支払い手段として用いられていると述べ、今後の税制改正のプロセスの中において、この点についての取り扱いについて検討していかねばならないと述べた。[14]

こうして、2017年4月1日の消費税法施行令の一部を改正する政令で、仮想通貨に対する非課税化が実現した。[15]消費税法6条1項、別表一、消費税法施行令9条（有価証券に類するものの範囲等）4項に資金決済法2条5項に規定する「仮想通貨」が追加され、同年7月1日に施行された。

所得税については、2017年8月28日、国税庁は、ウェブサイトで、ビットコインを使用することで生じた利益は、所得税の課税対象になるとの見解を公表した。[16]ここでは、ビットコインを使用することにより生じる損益（邦貨又は外貨との相対的な関係により認識される損益）は、事業所得等の各種所得の基因となる行為に付随して生じる場合を除き、原則として、雑所得に区分するとした。雑所得とは、利子所得、配当所得、事業所得、不動産所得、給与所得、

---

12) アンダーソン・毛利・友常法律事務所 Financial Services & Transactions Group Newsletter 2016年3月「仮想通貨に関する国会提出法案について」（2018年12月16日閲覧）
　https://www.amt-law.com/pdf/bulletins2_pdf/160318.pdf
13) 衆議院会議録「第192回国会財務金融委員会第7号（平成28年11月2日）」（2018年12月16日閲覧）
　http://www.shugiin.go.jp/internet/itdb_kaigiroku.nsf/html/kaigiroku/009519220161102007.htm
14) 同上（2018年12月16日閲覧）
15) 財務省 平成29年度税制改正 政令「消費税法施行令の一部を改正する政令」（2018年12月16日閲覧）
　http://www.mof.go.jp/tax_policy/tax_reform/outline/fy2017/seirei/index.html
16) 国税庁タックスアンサー No.1524「ビットコインを使用することにより利益が生じた場合の課税関係」（2018年12月16日閲覧）
　https://www.nta.go.jp/taxes/shiraberu/taxanswer/shotoku/1524.htm

退職所得、譲渡所得、山林所得、一時所得の9種類の所得のいずれにも当たらない所得をいう[17]。雑所得の例としては、公的年金等、非営業用貸金の利子、著述家や作家以外の人が受ける原稿料や印税、講演料や放送謝金などがある[18]。雑所得は、公的年金等以外のものでは「総収入金額－必要経費」で算出される。雑所得に区分された場合、累進課税の適用となり、最高税率45％が適用され、雑所得の金額の計算上、損失が出た場合、他の所得との損益通算ができない。

法人税については、わが国の法人税法は企業会計を基底としており、法人税法22条4項により、法人の収益および費用の額は一般に公正妥当と認められる会計処理の基準に従って計算されるものとされている[19]。したがって、この基準に従って法人の課税所得が計算されると考えられるが[20]、いずれにしても仮想通貨の取得後は、資産として計上する必要があるであろう。また、仮想通貨は常に価格が変動しているため、たとえば時価100円で取得した仮想通貨がその後110円の価値となった際に110円相当の商品を購入した場合には10円は雑収入に計上すべきであろう。反対に、90円の価値となった際に同等の価値の商品を購入した場合、差額の10円は雑損として処理すべきであろう。2018年3月14日、企業会計基準委員会は会計処理について、活発な市場が存在する場合、市場価格に基づく価額をもって仮想通貨の貸借対照表価額とするとした[21]。

相続・贈与税については、改正資金決済法2条5項1号で、仮想通貨は、物品を購入し、もしくは借り受け、または役務の提供を受ける場合に、これらの代価の弁済のために不特定の者に対して使用することができ、かつ、不特定の

---

17) 国税庁タックスアンサー「所得の種類と課税のしくみ」（2018年12月16日閲覧）
https://www.nta.go.jp/taxes/shiraberu/taxanswer/shotoku/shoto319.htm
18) 国税庁タックスアンサー No.1500「雑所得」（2018年12月16日閲覧）
https://www.nta.go.jp/taxes/shiraberu/taxanswer/shotoku/1500.htm
19) 電子政府の総合窓口 e-Gov「法人税法」（2018年12月16日閲覧）
http://elaws.e-gov.go.jp/search/elawsSearch/elaws_search/lsg0500/detail?lawId=340AC0000000034#63
20) 土屋雅一「ビットコインと税務」2014.5 税大ジャーナル23 論説79頁（2018年12月16日閲覧）
https://www.nta.go.jp/about/organization/ntc/kenkyu/backnumber/journal/23/pdf/04.pdf
21) 企業会計基準委員会実務対応報告第38号「資金決済法における仮想通貨の会計処理等に関する当面の取扱い」の公表（2018年12月16日閲覧）
https://www.asb.or.jp/jp/accounting_standards/practical_solution/y2018/2018-0314.html

者を相手方として購入および売却を行うことができる「財産的価値」であるとしている。[22] 相続税法基本通達11の2－1では、法に規定する「財産」とは、金銭に見積ることができる経済的価値のあるすべてのものをいうとしている。[23] また、相続税法9条では、対価を支払わないで、または著しく低い価額の対価で利益を受けた場合においては、当該利益を受けた時において、当該利益を受けた者が、当該利益を受けた時における当該利益の価額に相当する金額を当該利益を受けさせた者から贈与により取得したものとみなす、と規定している。[24] 以上のことから、仮想通貨は、相続・贈与税の対象となると考えられる。しかし一方で、現行の私法上の枠組みを前提とすると、所有権の対象は有体物に限定され、無体物にすぎない仮想通貨は所有権の対象にならず、また、ビットコインや類似する仮想通貨は債務者に該当する者が存在しないため債権と説明することもできないことから、資金決済法上の仮想通貨に財産権を認めることは難しいのではないかとの意見も聞かれる。[25]

その他、仮想通貨に関わる税として、登録免許税法2条および別表一の四十九（三）により、仮想通貨交換業者は、登録件数1件につき15万円の登録免許税が課される。[26]

最後に関税について述べる。関税法3条で、信書を除く輸入貨物には、関税を課すと規定している。[27] 課税価格は、1994年の関税および貿易に関する一

---

22) 電子政府の総合窓口 e-Gov「資金決済に関する法律」（2018年12月16日閲覧）
http://elaws.e-gov.go.jp/search/elawsSearch/elaws_search/lsg0500/detail?lawId=421AC0000000059
23) 国税庁 相続税法基本通達11の2-1（「財産」の意義）（2018年12月16日閲覧）
https://www.nta.go.jp/law/tsutatsu/kihon/sisan/sozoku2/02/01.htm#a-11_2_1
24) 電子政府の総合窓口 e-Gov「相続税法」（2018年12月16日閲覧）
http://elaws.e-gov.go.jp/search/elawsSearch/elaws_search/lsg0500/detail?lawId=325AC0000000073
25) 第359回企業会計基準委員会「審議（6）-2 仮想通貨の検討の進め方」10頁（2018年12月16日閲覧）
https://www.asb.or.jp/jp/wp-content/uploads/20170428_23.pdf
26) 電子政府の総合窓口 e-Gov「登録免許税法」（2018年12月16日閲覧）
http://elaws.e-gov.go.jp/search/elawsSearch/elaws_search/lsg0500/detail?lawId=342AC0000000035
27) 電子政府の総合窓口 e-Gov「関税法」（2018年12月16日閲覧）
http://elaws.e-gov.go.jp/search/elawsSearch/elaws_search/lsg0500/detail?lawId=329AC0000000061

般協定第7条の実施に関する協定（WTO関税評価協定）[28]および関税定率法1条〜4条の4[29]に規定する方法により算出する。一般的には、商品価格＋輸送費＋保険料のいわゆるCIF（Cost, Insurance and Freight）価格が課税価格となる。関税率は、1988年1月に発効した商品の名称および分類についての統一システムに関する国際条約（International Convention on the Harmonized Commodity Description and Coding System、HS条約）[30]附属書の品目表（HSコード）により品目ごとに定められている。ここで、通貨は、紙幣も貨幣も輸入される場合には例外なく輸入貨物としてHSコードの分類もあり、それぞれ、紙幣はHSコード49.07項に、貨幣は同71.18項に分類される。しかし、日本に輸入される際の関税率はいずれも無税となっている。つまり輸入される紙幣や硬貨は関税の課税対象ではあるが、税率が無税であり、結果として関税はかからない。次に、関税法は、物理的に貨物が船舶や航空機で輸送され税関を通過するもののみを対象にしている。そこで、電話回線や電波を通じて送信される電子データ、音楽、画像、動画などは関税法の対象とはしていない。従ってこれらの取引には関税は課されない。同様にインターネット上で取引される仮想通貨も関税法の対象外であり、関税はかからない。

---

[28] 経済産業省 政策一覧「千九百九十四年の関税及び貿易に関する一般協定第七条の実施に関する協定」（2018年12月16日閲覧）
http://www.meti.go.jp/policy/trade_policy/wto_agreements/marrakech/html/wto09m.html

[29] 電子政府の総合窓口 e-Gov「関税定率法」（2018年12月16日閲覧）
http://elaws.e-gov.go.jp/search/elawsSearch/elaws_search/lsg0500/detail?lawId=143AC0000000054

[30] 世界税関機構（WCO）HS Convention（2018年12月16日閲覧）
http://www.wcoomd.org/en/topics/nomenclature/instrument-and-tools/hs_convention.aspx

第2編　実務編

第1章　座談会

事業者からみる前払式支払手段（プリペイド）

参加者（五十音順、敬称略、所属は収録時。現所属は執筆者一覧参照）
　　　　　大倉　健嗣（弁護士）
　　　　　川上恵美子（ニフティ）
　　　　　加山　綾一（弁護士）
　　　　　中村　守道（ANA ホールディングス）
　　　　　松村　知彦（楽天Ｅｄｙ）
〔司会〕丸橋　　透（ニフティ）
　　　　　森田　康裕（ウェブマネー）
　　　　　長谷川恭男（消費者決済研究所）

はじめに

丸橋 それでは、前払式支払手段（プリペイド）の事業者座談会を始めたいと思います。
　まず、本日の座談会の参加者のご紹介をします。
　五十音順で、まず、ゲームプラットフォームに関して詳しい、弁護士の大倉健嗣さん。ニフティの川上恵美子さん。やはりゲームプラットフォーム関してお詳しい、弁護士の加山綾一さん。ポイントシステムの先駆けのANAホールディングスの中村守道さん。楽天Ｅｄｙの松村知彦さん。ウェブマネーの森田康裕さん。そして消費者決済研究所の長谷川恭男さんです。

1　事業業態の概略

丸橋 早速ですが、事業者代表で参加されている各社の皆様につきましては、現在の業態の概略を簡単にご説明いただきます。プリペイド事業者ではありませんが、早い時期からプリペイド事業者の加盟店として協業されてきたANAホールディングスの中村さんからお願いいたします。
中村 中村でございます。よろしくお願いします。
　ANAホールディングスは、皆様ご承知のとおり主に航空運送事業を営んでおりまして、1990年代から、「ANAマイレージクラブ」と私どもでは呼んでおりますが、世界的には「フリークエント・フライヤー・プログラム」といわれているものを導入しております。
　後ほども簡単にご説明しますが、当社グループとしては、マイレージ自体は、電子マネーではなく、あくまでもポイント、つまりご搭乗くださったお客様とのコミュニケーションツールの一部であると解釈しております。この観点から、今回、この座談会と本書の執筆に参加させていただきます。
丸橋 ありがとうございます。
　では、続きまして、楽天Ｅｄｙの松村さんからお願いできますでしょうか。
松村 楽天Edyは、2001年、もともとソニーグループが、ビットワレットと

いう会社を、メガバンクと、あとドコモ等の資本をいただきまして設立しまして、実はちょうど昨日で 15 周年ということでございます。

丸橋　おめでとうございます。

松村　ソニー、さくら銀行、NTT データ等で、ゲートシティ大崎で電子マネーの実証実験を行い、その結果を踏まえて事業会社を設立することとしたものです。

　もともとはソニーグループの一員でしたが、2010 年に楽天グループ入りし、2012 年に商号を「楽天Ｅｄｙ」に変更しました。現在は、楽天グループの一金融事業会社として、楽天グループの中でどうシナジーを出していくかというところも担いつつ、もともとの生業である電子マネーの専業事業者としての事業を続けております。

丸橋　それでは、ウェブマネーの森田さん、よろしくお願いします。

森田　私どもウェブマネーも、電子マネー専門の事業者として活動しております。サーバ型の電子マネー事業でして、サーバ型というのが 1 つの特徴かと思っております。

　1999 年から事業開始以来、比較的長い歴史の中、コンビニでの扱いが増えるのと時を同じくして、取扱高が増えてきました。特に 2010 年ごろからは、モバゲーやグリー等、ゲームプラットフォームとともに育ってきたところがあるということでございます。

　2011 年には KDDI のグループ会社となり、5 年目（註：座談会開催時）です。KDDI グループの一員になってからの特徴としましては、マスターカードと組むような形のプリペイドカード、いわゆるブランドプリペイドカードを 2014 年から始めておりまして、「au WALLET」の名称で KDDI と組んで提供しております。

丸橋　それでは、司会の会社ですが、ニフティと、プリペイド決済の関係について、川上さん説明お願いします。

川上　当社はもともとパソコン通信をやっていまして、ことしの 2 月 4 日で 30 周年になります。創業当初から今でも、接続サービスのメインの決済手段はクレジットカード決済です。当時から大きく変化している部分としては、インターネットの普及に伴い、接続サービス以外にもコンテンツや EC 等、決済

ニーズの裾野が大分広がってきたことです。そうすると、クレジットカードを持たないお客様が気軽に使っていただけるそれ以外の決済手段も、プリペイドも含め、当社が加盟店となることで順次導入しておりました。さらに、資金決済法の施行がありましたので、研究をした上で、今現在、前払式支払手段の発行者として「温泉ギフトカード」という、大変ニッチな分野で第三者型のプリペイドカードを発行しているところです。

2　前払式証票規制法から資金決済法へ

丸橋　事業紹介がひと段落したことで、法規制関連の意見交換を始めます。まず前払式証票規制法（旧法）での規制について、松村さんから伺います。百貨店の商品券のような紙、あるいはテレホンカードのような磁気カードしかなかったところに、IC型電子マネーで参入された楽天Ｅｄｙの参入経緯から、現在の業態に至るまでの課題・ご苦労はありましたでしょうか。

松村　参入したきっかけは、ソニーの技術であるFeliCaです。もともとソニーの中で金融ビジネスをいろいろ検討していましたが、実は銀行ビジネスを検討する部隊と電子マネーを検討する部隊がありました。電子マネーの部隊は、初期のビジネス企画の段階からFeliCaを活用して、いわゆる「IC型」電子マネーを実現できないかと考えたのです。当時は、実はさほど法律上の課題を考えておらず、まずICチップの要素技術をベースに電子マネービジネスを考えていったのです。まったく新しいビジネス形態でしたので、当然ながら実証実験を経ることになったのですが、実験を行うにあたり法律を意識し始め、その経過に従い、法律が定めるルールについての認識を深めていったというのが実情です。

　当然ながら事前スタディのうえ、ゲートシティ大崎で実証実験に臨みました。それまで、各所においてクレジットカードのブランドや銀行等、さまざまな事業者が電子マネーの実証実験を実施・参加していましたが、そのほとんどは残念ながらうまくいかなかったのです。しかし、われわれは実証実験を通じて、これはいけるのではないか、どちらかというとビジネスとしての感触がすごく大きかったので、事業会社の設立へと舵を切ることを決断したのです。

当時は、もう皆さんご存じのとおりですが、前払式証票規制法という旧法がすでにあり、管轄も、当時の大蔵省・総務省・経済産業省の三省合同、イニシアチブをどの官庁がとるというのではなく、合同で、前払式については監督するという立てつけになっていたと理解しています。

　先ほど司会の丸橋さんのご指摘もございましたが、やはり百貨店の商品券やギフトカード等をベースに考えられた法律であったため、IC型電子マネーを実現するにあたっての解釈がなかなか難しく、当時私は担当ではありませんでしたが、当時の前払式証票協会にいろいろ相談しながら、アドバイスを受け進めておりました。

　現在の資金決済法は、2010年に施行されておりますが、2008年の金融審議会より電子マネーの法制度を整備するために議論が重ねられた結果、現法の施行に至っております。当時は当社も委員として参加し、ディスカッションを重ね、現法のベースの考え方を整理してまいりました。

　その議論が進むにつれ、前払式支払手段と、資金移動業に対する規制とを、2つに分けるという整理を行い、今の資金決済法ができている、と理解しております。

　今、当社のメインはIC型の前払式支払手段でありますが、一部、サーバ型の商品もラインアップしており、スタディをしています。当社としての関心は、IC型とサーバ型をどう組み合わせればビジネスが大きくなるのかという点、あるいは、プリペイドと資金移動とが、垣根が見えにくくなっている点にあり、ビジネスとしては激動の時期であると感じています。今後のビジネス動向を見据えながら、今後の法改正に向け、適宜、本座談会のように皆さんとディスカッションしたり、あるいは財務局や日本資金決済業協会の方々とも対話しながら方向性を見定めていく必要があると考えています。旧法の話題から外れてしまいましたが、ビジネスを進展させつつ規制にもアジャストしていく必要があり、ビジネスニーズと規制とのバランスは、今も昔も、大変重要な視点ですので、常に事業者としての意見を発信していきたいと考えています。

丸橋　ありがとうございます。旧法の話から、直近の規制の見直しに関する展望までお話しいただきました。

3　ポイントプログラムの位置づけ

丸橋　2007年から2009年当時の金融審議会決済WGでの議論の中で、当面規制対象としないとされた中には、コンビニ決済のような収納代行とか、運送業者の代引き決済等がありました。

　それらと並んで規制対象としないとされた、ポイントプログラムを適用対象とするかどうかの議論について、中村さんにご紹介いただきます。

中村　ポイントプログラムを対象とするかどうかの議論においては、いわゆる「前払式証票の4要件」の1つである、利用者から記載金額・数量に応ずる対価を事前に得た上で発行されているかどうか、いわゆる「チャージ」ができるか否かを重視しています。中小の小売店が導入しているようなポイントプログラムは、利用者との継続的な取引が行われること、つまり利用者の顧客化に主眼をおいた制度であり、自店において貯めたポイントを他店で利用させる必要はありません。そのため、チャージ機能を付与する必要はなく、この点に「前払式証票」との大きな違いがあります。このような理由からポイントプログラムに関しては、規制見送り当時も現時点においても規制対象外になるべきであると考えております。

　ポイントは、一般的に、これまで店頭で配付していた割引券に類するものを、時代の流れに合わせて、オンラインとの併用や、One to Oneマーケティングのツールとして活用される等、利用幅が広がっていった結果、現在のポイントプログラムの形態になってきたと考えられています。

　したがって、ポイントプログラムにおいて、そのポイントが、商品券やギフト券、最近では電子マネーのような換金性があるものに交換できる場合であっても、それはあくまでも、特典への交換にすぎないと考えております。ポイント自体の発行に利用者から対価が支払われていないのであれば、やはり法の適用外とすべきである、と考えています。

丸橋　アメリカの航空会社は、ポイントプログラムで自分が目指すマイレージに少し足りないときに、現金でポイントを買い足せる制度を設けていたと思いますが、現在でもその仕組みはありますか。日本の航空会社はどうでしょうか。

中村 現在でも、多くの外国航空会社は、ポイントを買い足せる仕組みを提供していますが、国内航空会社は提供していません。

丸橋 つまり、ポイントの付与にあたって、利用者から事前に対価を得ることを回避していのですね。

4 サーバ型電子マネー

丸橋 それでは、2010 年に、資金決済法で初めて規制がかかったサーバ型電子マネー発行者であるウェブマネーが、新規制に移行するときの苦労、課題について、森田さん、よろしくお願いいたします。

森田 サーバ型電子マネーに対する規制の要否は、2008 年の決済 WG の開始から本格的に議論が開始され、2010 年 4 月に資金決済法施行により法規制に服することになりました。ウェブマネーは同年 7 月末に第三者型前払式手段発行者として登録申請をしています（同年 9 月 30 日付けで登録）。

　当時の担当者によると、実は、登録申請そのものよりも、2011 年の初めに行われた最初の金融検査の対応が厳しかったとのことです。登録申請時は、必要な添付書類を全部揃えて出しました。根拠となるのは、金融庁の事務ガイドラインとその末尾に掲載されている第三者型発行者登録審査事務チェックリストです。ところが、チェックリストを参照しても、一体どの程度社内の業務体制を整えればいいのか等、正直言って実態のイメージがわからない。そこで、他社に聞いたり、日本資金決済業協会や、財務局にも相談に行ったりしましたが、なかなか実感を得られるに至りませんでした。しかし、2010 年 9 月末の登録期限まで時間もないので、まずは、外形的に、規程類だけはとにかく揃え、7 月に登録申請を出したのです。その後、2010 年度いっぱいかけて、業務態勢をどう整えていくべきかについて、社内でプロジェクトチームを作り、財務局に相談に行きながら体制を整え、2011 年の第 1 回の金融検査を迎えた、いう流れでした。

　登録申請した内容自体に、登録審査時点で厳しいチェックが入ったというよりも、そこではそれほど深刻な指摘はなく、「金融検査で、きちんと現在どのような対応をしているかを審査します」という予告があったので、検査に向け

た準備に力を注いだということになります。

5　登録・届出の現状

丸橋　最近のプリペイドの登録・届出の現状を確認しておきたいと思います。長谷川さんお願いできますか。

長谷川　金融庁のホームページを見ると、2015年12月末で、自家型発行者が806社で、第三者型発行者が1005社です（2018年9月30日現在では、自家型発行者が939社で、第三者型発行者が961社）。

　登録ではなく届出のみの自家型が増加する傾向になっています。

　自家型の場合、未使用残高が1000万円を超えるとなると届出が必要になりますので、それでも届出が増え続けているということは、それなりのプレーヤーがみんな、プリペイドカードを出し始めているということです。特に、地方のスーパーの参入が目立ちます。いわゆるポイントプログラムとして、昔であれば判を押したり、シールを渡していたのを、カードにして、ポイントを貯めながら電子マネーの発行を付加することが多いです。

　一方、第三者型は、たとえば地方の商店会が、紙の共通商品券を発行してきたが、手詰まりして廃止することがあり、若干ですが、少し減ってきています。

6　適用除外プリペイド

丸橋　前払式支払手段についてはさまざまな適用除外類型がありますが、6か月以内で無効となる類型があります。有効期間が短期であるものは一気に使い切ってしまうので比較的リスクが小さく、そのようなものまで規制するとサービス提供が縮減するおそれがあるから規制しない、という判断によるものです。一方、事業者側から見て、どういうときに、前払式支払手段にするのか、適用除外サービスにするのか、についてニフティで判断した事例の考え方を川上さんから紹介お願いします。

川上　ニフティでは、現在温泉ギフトカード以外は、前払式支払手段を発行しておりません。

過去、「電話占い」において適用除外プリペイドを提供していました。あらかじめ3000円とか5000円とか、一定金額の前払式支払手段──「チケット」という呼び方をしていましたが──を利用者に購入してもらい、その金額の範囲内で占い師の人と電話で会話しながら占いサービスを提供するものです。テレホンカードのように、従量制でチャリンチャリンと度数が減るものです。

　電話による会話ですから、サービス時間は短くもなるし長くもなりますが、度数内で占い結果が出なかったり半端な金額が残ってしまうと、運用が面倒になるため、占い師さんに度数を使い切るタイミングで話を切り上げてもらうようにしていました。そのため、テレホンカードのように、残高があれば、次に利用する際に消費するような利用を想定したサービス運用では実際ありませんでした。

　6か月以内とした理由は、まず資金決済法上の手続が面倒だからです。加えて、規制対象となるプリペイドにしてしまうとお釣りを出す（返金する）ことができず、いくら「法律上の規制だから」と説明しても納得されないお客様とのサポート上のやり取りが大変であるため、もめたときに返金できるようにしたかった、と聞いています。

　近く、スポーツ施設の都度利用決済サービス（TSU-DO）を開始します（註：本書発行日現在は提供されていません）。当社の加盟店として登録してあるスポーツ施設であれば、月額会費ではなく、1回の利用料金をその都度払うことで施設を利用できるようにします。その都度利用の決済手段として、1回使い切りのプリペイドチケットを買ってもらい、都度決済をするものです。スポーツクラブは、月額支払いの会員にさまざまなメニューを用意していますが、そうなると事前に複数回の利用を想定した料金分を払い込むこととなるので、入会前に隣町や通勤経路に近い他のクラブの同様なメニューと比較してみたくても簡単ではありません。また、たとえば、エアロビクスだけは本格的に毎日やりたいと思っても、一つのスポーツクラブだけでは自分の希望する時間帯でメニューを揃えることは難しい。また会員になったが仕事が忙しく何か月も1回も行けず退会せざるを得なかった苦い経験をもつ方も多いでしょう。そのような方々に向けたサービスです。適用除外とした理由というのは先ほどと同じで、資金決済法上の手続が面倒だということとお釣りを出したいということで

した。

7　ゲーム内コインの適用除外の可否

丸橋　ゲーム業界は、自家型のゲーム内アイテム購入に必要なゲーム内コインを発行している例が多いですが、適用除外プリペイドにする事例が多いのかどうか、大倉さん、ご事情をご存じであればお願いします。

大倉　通常、オンラインゲームでゲーム内コインを買う方は、ゲームを本格的にプレイしたいので、買ったらすぐアイテムに交換して使う場合が多いです。逆にすぐ使わなければそのままいつまでも使わずに残高が残る傾向にあります。業界としては、ユーザが交換できる期間が6か月あれば十分と考えていると思われます。

　しかし、ゲームのアプリはアプリを配布するプラットフォーム側で審査されますのでゲーム内コインなどの課金手段もプラットフォーム側のポリシーに従わねばならず、一旦審査に通ったアプリも違反すればプラットフォームから配布できなく（リジェクト）なります。たとえば、アップルのプラットフォーム上では、使用期限があるゲーム内コインはポリシー違反とされていますので、ゲーム内コインの有効期限を6か月に区切ると、アップルのプラットフォームからリジェクトされてしまうのです。

　したがって、iOS向けゲームアプリでは、期限付きゲーム内コインの販売ができません。アップルのゲーム内コインでは有効期限をなしにする一方、グーグルのアンドロイドOS上で稼動する同じゲームの利用者には有効期限を設けるかどうかが問題となります。ゲーム会社としては同じ条件でゲーム内コインをユーザに有償課金しないと公平観に欠ける、という判断をする場合もあります。そういった場合に、iOS版もアンドロイド版もどちらも無期限でゲーム内コインを有償課金する例がよく見られます。

　一方、アプリ配布のプラットフォームに搭載しないゲーム用のゲーム内コイン、たとえばPCからウェブで買えるものについては、適用除外プリペイドとするため有効期限を6か月以内にしたほうが、もちろん手続の負担もなく、コストも削減できますので、適用除外にするインセンティブが働くことになりま

す。

丸橋 たとえばゲーム内でのアイテム購入に必要なゲーム内コインというプリペイド手段の新規追加にあたっての管理コスト等の具体的課題について、引き続き大倉さん、お願いします。

大倉 たとえばゲーム中のアイテムを購入した、というトランザクションの記録はログとしてサーバにすべて残ります。非常に多くの方が同時に遊んでいるMMORPGや、スマホゲームでも人気タイトルになるとログは膨大な量になり、数分程度で数億トランザクションのログが記録されることも考えられます。それを全部集計して、帳簿の形にし、半年間キープしたうえで整合性をとって届出を行う、という事務処理は大変です。膨大なトランザクションの突合に非常に時間がかかるうえ、何かの拍子にログが1個欠けてしまったというようなデータの異常が確認された場合、その1個1個の発生原因を究明していくと、かなり人件費がかかることになります。したがって、なるべくなら届出が必要なプリペイドは発行しないほうがいいと考えるゲーム会社は多いのではないかと思います。

8　プリペイド廃止・払戻しの実態

丸橋 では、ゲーム内コインの、廃止事務の実態について大倉さん、いかがですか。

大倉 ゲーム会社が発行しているゲーム内コインの廃止の日を定めると、その日時点での全残高を調べて、廃止届出を出す義務がありますが、大きな負担になっています。ゲーム会社によっては多くのゲームを提供しており、同時期に廃止したいタイトルがいくつもある場合があり、そのすべてを集計して廃止する手間やコストは相当なものです。

　そこで、未使用残高等の集計を義務づけられている9月30日、3月31日、この2つの基準日を払戻し基準日として全部廃止しようとします。半年分ためておいて基準日に廃止することにしておけば、通常どおりの作業だけで済むので、手間やコストを削減することができます。とはいえ、事情があり、どうしても早く廃止せざるを得ない場合もあるとは思いますが。

森田 ゲームではないですが、廃止手続きをしたことがあります。ウェブマネー（前払式支払手段名称：WebMoney）はウェブでの利用がメインですが、物販というリアルな取引のプリペイド決済を実験的に提供したことがあります。ウェブマネー全般の汎用サービスの一環で提供したかったのですが、やはり条件がいろいろ違うことがわかっていたので、検討した結果、個別の前払式支払手段として区切って、届け出ました。

　そして、当初から想定していた効果等も確認できた段階で廃止をすることになりました。廃止公告を出し、チャージされた方への払戻しをしました。払戻し残高、人数とも、多くありませんでしたが、帳簿からの消し込みを想定した際に、先ほど大倉さんからあったように、やはりこれはどうも9月30日か3月31日に合わせたほうがいいだろうということに気づきまして、私どもも廃止の日付を合わせた、という経験があります。財務局のほうからも、「そうしないと、2度出すことになりますよ」と忠告されました。

9　プリペイドと資金移動

丸橋　前払式支払手段と、資金移動との関係について、何か行政規制上の課題はありますか

加山　実務を経験していると、決済と送金という別々の概念が、ともすれば交錯してくることは常々感じています。何が決済で何が送金なのかということがときどきわからなくなってくるんですね。前払式支払手段というのは決済のための手段ですが、同様に資金決済法に記載されている資金移動というのは資金の送金ということで、2つは一応切り分けられてはいます。ただ、たとえば寄附をするときに、寄附先に送金をすると、資金移動業務にはなりますが、クレジットカードで寄附をする場合は決済代行として整理されている実態がありますし、いくつかの前払式支払手段発行業者でも決済による寄附ができます。

　前払式支払手段で寄附を行った場合、寄附行為者は、決済ということで加盟店に対して寄附を行い、加盟店は決済された前払式支払手段を精算するという形で現金化する。しかし、これは、送金を受けて、送金を受けた金銭を出金することと何が違うのか、それは実質は送金であり、決済ではないのではないか

という素朴な疑問が生じます。この違いは、前払式支払手段では犯罪収益移転防止法（犯収法）の適用がなく、資金移動では適用があるという部分に現れてきます。ほとんど同じような現象なのに、一方で本人確認が必要であり、他方で本人確認が必要ない。これは、事業者側から見れば非常に大きな違いです。なお、諸外国では、マネーロンダリング防止の観点から、このようなケースは一律送金扱いとして扱い、本人確認を義務づける国が多いようです。日本の法制では、決済として分類される領域が広いかもしれない、と普段業務をしていて感じています。

長谷川　資金移動業者は、現在、2016年2月29日現在で43社登録があります（註：2018年9月30日現在62社）。中には、いわゆる決済代行会社も数社入っています。まさに、今加山様がおっしゃったように、外国資本として日本に市場参入したが、コンプライアンス上、日本で決済代行する場合は登録をしたほうがよいということで、資金移動業としての登録をしている決済代行会社もあります。一方、資金移動業登録をしない決済代行会社もあります。

　決済代行業の場合は、通常の送金とはまるきり逆で、普通は送金人から受取人というとCtoCですが、決済代行会社の場合は、BtoCまたはBtoBになります。資金移動業の場合、政令の1回当たりの送金額100万円相当額以下という縛りがありますから、なかなかBtoBでは使いづらい側面があります。それでも、決済代行会社数社が資金移動業の登録を取っています。

　資金移動業というのは、送金業でありますが、いわゆる為替取引が許された業種です。一方、前払式決済においては、資金決済法20条2項に原則払い戻し禁止という規定があり、区別がされています。たとえば事業者が広告をするときに「トラベルプリペイドカード」と表示するので、消費者が誤解することが多いのですが、実は、資金移動業の登録が必要とされるスキームであります。そのカードを使い加盟店で決済するだけであればプリペイドカードでよいのですが、海外に行ったときに現地のATMから外貨に換金する行為は払い戻しに該当しますので資金移動業の登録が必要になってきます。

　海外旅行時によく使われるトラベレックス、クレディセゾン、マネーパートナーズなどが発行しているトラベルプリペイドカードは、すべて資金移動業の登録が必要で、厳格な本人確認が必要になるということです。

松村 加山さんのお話でちょっと気になったのですが、資金決済法では、前払式支払手段での購入が認められているのは、物品やサービス等、具体的なものである必要があるということになっていたと思いますので、寄附というのは、資金決済法上では原則的には認められていないという理解をしていますが認識は同じでしょうか。

加山 完全に何の対価もないものに対する決済は、資金決済法3条の定義規定に反する可能性が高いです。他方で、必ずしも具体的な商品やサービスの対価でなくとも、広く何らかの提供を享受していることに対する対価であるから決済であるという、そういう解釈はあり得ると思います。

松村 単純な寄附ではなく、対価性のあるサービスという解釈ができるように設計するということと理解しました。

10　登録・維持要件

丸橋 次に、届出や登録の要件、そして登録拒否事由のように規制の中核についての課題をお聞きします。

　たとえば、法令等遵守態勢については、ニフティのようなICT事業者からすると、金融庁スタイルのコンプライアンスプログラムというのは実は戸惑いが大きいです。典型的には、プライバシーポリシーのあり方について、登録審査はどのような状況だったでしょうか。川上さん。

川上 当社は、電気通信事業法により規制される電気通信事業者ですので、通信の秘密を踏まえたかなり厳格なプライバシーポリシーを運用しており、金融庁スタイルとは若干のズレがあります。そのため、既存のポリシーをそのまま添付書類として提出したら審査に時間がかかり登録が遅れる、と日本資金決済業協会から助言を受け、第三者型前払式支払手段発行者登録に関する個人情報保護についてはコンプライアンスプログラムを別立てにすることになりました。

長谷川 皆さんご存知のとおり、登録にあたり、資金決済業にはそれぞれチェックリストがあります。チェックリストは金融事務ガイドラインに基づき登録申請を審査する目的で作成されていますので、それぞれ対応するガイドラインとガイドラインが根拠とする法令の内容を参照しながら一つひとつ記述や添付

資料を準備することになります。

　資金移動業のチェックリストは、前払式支払手段のチェックリストに比較すると、倍の量の態勢整備が求められます。

　その資金移動業のチェックリストは、貸金業法で作成したチェックリストによく似ています。

　ですから、今、貸金業法で登録を取っている会社であれば、資金決済法の登録は資金移動業特有の態勢整備を図れば比較的に整備がしやすいということがいえると思います。

　逆から表現すれば、もともと大変厳しい銀行業の監督指針をベースにして緩和したものを貸金業や資金決済業に適用していることになります。

　資金移動業ほどではないですが、第三者型発行者に対する登録審査も相当厳しいです。一方、自家型発行者は事前の登録審査ではなく事後届出なので、第三者型レベルの監督はありません。

11　無届・無登録の監督の実際

丸橋　たとえば昔でいえばスーパー銭湯、今の温浴施設に行くと、カードで回数券を売っていることがあります。大きな施設は未使用残高が1000万円を簡単に超えてしまうのではないかと感じることがあります。これは無届の自家型前払式支払手段になるのか、それとも温浴施設の回数券は、一般に適用除外と理解できるものでしょうか。

長谷川　乗車券、入場券その他これらに準ずるものとして政令指定があるかどうかですが、ガイドラインによると回数券で残高が残るものは、適用除外に当たらないと解釈されています。問題は、基準日における未使用残高が1000万円を超え、届出義務が発生しているかどうかです。

丸橋　金融庁は、どれほど積極的に無届営業を探知しようとしているのでしょうか。

長谷川　資金決済法92条の規定により日本資金決済業協会に対して、会員から無届業者の疑いについて情報提供されます。会員は、無届営業と疑われる場合は協会に報告する義務があり、それを受け協会は金融庁に報告することにな

ります。すると金融庁は、管轄の各財務局と調整の上で実態把握の調査をかけていくことになります。

丸橋　それでは、無届または無登録を理由とした検挙事案はあるのでしょうか。

長谷川　プリペイド発行者に対する無届・無登録の検挙事例（罰則等）は聞いたことがありません。無届・無登録の場合同様、疑わしい場合は、調査の上届出・登録させるか廃業させるかいずれかになると思われます。資金決済法は銀行法の枝分かれでできた特別法という位置づけですので、資金移動業で無登録の場合は、地下銀行の状態です。それは銀行法に違反する為替取引を行うことです。したがって通常摘発するときは銀行法違反で摘発します。

12　認定資金決済事業者協会

丸橋　それでは、認定資金決済事業者協会である（一社）日本資金決済業協会への加盟のメリットについて事業者の皆さんにお聞きしたいと思います。

松村　やはり、事業者として判断に迷うところをサポートいただけるというのは、すごく大きなメリットです。財務局に届出や報告の事前相談に行くと、まずは協会とよく相談するようにとのご案内をいただく場合も多いです。事業者としては、事前にルールや解釈を確認した上で、届出や報告を行うというスタンスですので、適切にアドバイスを得られることが非常にありがたいです。また、協会としてのさまざまな活動、協会内各委員会の活動も含め、事業者からの意見を集約したうえで金融庁に業界としての意見を提示する活動も有益であると考えます。

森田　ウェブマネーのように特化したサービス（サーバ型電子マネー）のみを提供している会社──まあ、いろんなことをやっている会社であれば、ある一部分を切り出したような会社──、はどうしても目線が単線になってしまうところがあります。新しい試みを始めるときに、メルクマールとして、他社はどうなのだろうかといろいろなところに聞きに行きます。シビアな話ですと、財務局に行ったり、金融庁まで行きますが、「うちはこういうことを考えているんだけど」というのが、どういった論点になるのかとか、協会がもっている知見の中で、まずはちょっとご相談していろんな知恵をいただいて、それでまと

めているというのがよくあります。

丸橋 ゲーム上の前払式支払手段を発行している事業者の中には、日本資金決済業協会に非加盟の事業者が多いように見えますが、そのとおりでしょうか。ゲーム事業者が非加盟な理由とか何かありますか。

加山 協会に加入すると、紙やICカードなどの有体物を利用している前払式支払手段発行業者は、法律上、当該有体物に義務づけられている記載の一部を、協会へ表示委託することにより省略することができます。ですので、有体物を発行している事業者にとっては、協会に加入する具体的なメリットがあるのですが、サーバ型の前払式支払手段の発行事業者であるゲーム事業者にはそのようなメリットはありません。つまり、協会に加入しても事業上の具体的なメリットがないことになるのですね。そういったメリットがないということになると、加入しなくていいやという判断に流れやすいという事情はあると思います。

松村 今、加山さんからお話があったとおりで、IC型である楽天Ｅｄｙについては協会のホームページで券面記載事項の表示をお願いしています。表示内容についても、どういった内容を表示すべきか、必ず表示しないといけないものは何なのか、どの部分が表示委託できるのかといった内容が法律ですべて明確になっており、やはり券面に記載できる内容量にも限界がありますので、そういった部分でご対応いただける点も非常にありがたいと感じております。

丸橋 非加盟の事業者が、財務局に行き、届出なり、廃止なりの手続をするときに、厳しい指導を受け、やはり日本資金決済業協会に加盟したほうがよいという結果になることもあるのでしょうか

長谷川 利用者の保護を図る点では、事業者は一旦届出や登録をすぐに行い、供託義務を実行させなければいけません。その際に、非加盟の事業者は、財務局から協会への加盟を促され、届出・登録の準備を始めることが多いと思われます。

丸橋 なるほど、事実上審査過程の一部を協会が担っているともいえるのですね。

長谷川 協会には前払式支払手段に関していえば、過去の例を把握していて、また各財務局とのコネクションがあることが、事業者にとってはメリットかもしれませんね。

丸橋 連続性、予見可能性があるアドバイスを受けられる、行政の反応について一旦、日本資金決済業協会のほうで相場観を教えてくれる、というメリットでしょうか。

川上 弊社も、最初財務局と登録の相談をしていましたが日本資金決済業協会に相談するよう誘導され、まだ登録が済んでいないうちから第二種会員になり、アドバイスを受けながら登録したという経緯があります。

13 商号等の表示事項変更と届出

丸橋 届出関係の細かい点かもしれませんが、本店所在地だとか、商号だとか、株主変更の届出というのは、難しかったり、準備が必要だったりするものなのでしょうか。

松村 楽天Ｅｄｙは、2015年6月に、本社所在地を二子玉川に移しましたので、結構タイムリーな話題なのですが、手続上の問題は特にありませんでした。変更届出書と、変更内容に基づく添付書類を様式・指定に従い提出すれば受理いただけましたので、登録変更については然程大きな問題にはなりませんでした。

森田 ウェブマネーも、株主や本店所在地の変更がありましたが、スムーズに粛々と受理された、という状況でした。

長谷川 前払式支払手段の表示義務、情報提供義務の範囲には商号が入っています。商号を変更する場合は、商号を変更するタイミングまでに印刷済みのカードの取扱いが問題になります。

松村 楽天Ｅｄｙは、2012年に「ビットワレット」から「楽天Ｅｄｙ」に商号を変更しております。このときは少し大変でした。いつから商号が変更されたカードを発行していくか、のようなお話であったり、今の在庫分はどうする、のようなお話がありまして、「変更箇所にはシールを貼って対応してください」といったお話が出たり、非常にいろいろと制約に気を遣った記憶があります。

　お取引先様の中には、すでに印刷済みで在庫してあるケースもあり、それをどうしていこうかとご相談をさせていただいたり、当社も古くからさまざまなカードを発行させていただいておりますので、たとえば印刷時のコールセンタ

ーの電話番号が現在のものと異なっていたりということがわかり、そうしますと、券面記載事項の届出を行うにあたり「既存の世にあるカードに記載のある連絡先をすべて記載してください」という指摘があり、それをすべて届出を行うということもありました。券面の届出につきましては、ご指摘をいただきながら対応していましたが、カードという現物があると、そのようなケアはかなり必要だと思います。

丸橋 その点は、日本資金決済業協会に周知委託していても、そこだけ変ればいいというわけにはいかないということですね。

松村 そうですね。当社の場合はロゴデザインも変更いたしましたが、すでに券面を数種類届出していまして、「基本パターンはこの何種類かです。それに加え旧ロゴデザイン版もあります」と申し上げますと、「旧ロゴデザインについても、市中にある券面は届出してください」と言われました。（笑）

丸橋 厳しいですね。

松村 はい。ですので、当社の場合は有効期限がないものが非常に多いので、旧ロゴデザインの券面についても届出を行っています。

で、当時、ちょっとさかのぼりますと、一券面ごとに届出をしていた時期もあったのですが、ちょっとさすがにそれは現実的ではなくなってきたので、標準的な表示事項を決めまして、それを届出する。で、届出した際に、「法律に定められている範囲で省略する場合がある」と届出しております。

長谷川 表示（情報提供）義務として計8項目ありますが、たとえば発行者の氏名、商号または名称とか、支払可能金額、それから有効期間があればその期限を書く、この3つは、どんなに小さくても表示する必要があります。それ以外の、苦情または相談窓口、使用できる施設、残高確認方法、利用上の注意、それから、約款があるかないかとかというのは、会員に限って協会に周知委託することができ、資金決済法の表示（情報提供）義務をクリアすることができます。

サーバ型は自分のところのホームページに出せる（情報提供できる）ので、協会に委託する必要がないため、そういう意味でメリットはないのかもしれないんですが、IC型や磁気型発行者の場合は、媒体に表示するスペースがないことから、言ってみると5項目は、かわりに協会でやってくれるというのはメ

リットとしてとらえているのではと思われます。

丸橋　確認ですが、コンビニで売っているサーバ型プリペイド電子マネーギフト券はたとえば1000円分の電子マネーをチャージすることができるアクティベーションコードが書いてあるものです。こちらには表示義務はかかっていないですよね。たとえば、苦情申出先等の表示事項に相当する情報は、意識して書かないようにしているようなものなのか、ある程度書いたりするようなものなのかというのは、どうなのでしょうか。

森田　カードには自主的に電話番号を入れるようにしています。

14　発行保証金の保全方法

丸橋　それでは、発行保証金の保全方法なり、払い戻しの関係をお伺いしていきます。発行保証金の保全方法というのは、皆さん、どういう保全方法をとられているのでしょうか。日本資金決済業協会で、まとめていたりはしますか。

長谷川　協会独自で「発行事業実態調査統計」を毎年公表しており、その中で発行保証金の保全方法についても統計が出ています。発行者にとって知りたい情報が多く掲載されていると思われます。

森田　ウェブマネーは、以前は国債による供託と信託契約とがあったのですが、信託契約はいわゆる保全契約に少し前に変えたという状況でございます。

丸橋　そういうことですね。

松村　楽天Ｅｄｙは、国債中心です。

丸橋　資金移動業では、信託契約を選ぶと供託や保全契約と併用できないとされていますが、前払式の場合は信託と他の手段との併用は禁止されていません。信託に使い勝手が悪い事情はあるでしょうか

森田　ウェブマネーでは信託の使い勝手はそれほど悪くはなかったのですが単純、経済的な理由で、そういうように変えたということですね。

加山　銀行の手数料を差し引いても資金運用したほうが有利という話を聞いたことがあるのですが。

森田　そうしたことも含め、総合的に判断しました。

15　払戻し

丸橋　それでは、払戻しの件をお伺いしたいのですが、多分一番厄介だろうなというところが、「やむを得ない事情」による払い戻しかなと想像していますが、その辺の運用実態、トラブル実態とか、話のできる範囲で教えていただけたらと思います。

松村　「やむを得ない事情」というのは、何と定義したらいいのかというのは以前よりあったのですが、当社の場合では、ICカードが故障した場合については、やむを得ない事由ということで考えておりました。

　ただし、カード故障についてはいわゆる5％、20％の制限の中に入れなくていいということになっておりますので、では、「やむを得ない事情」とは何が該当するのかと改めて整理したのですが、基本的には、個別事案、たとえば、何かしらのトラブルで、想定していないようなことがお客様に起こってしまう場合などは、5％、20％の制限の中に入れて払戻しの管理をしています。

長谷川　「やむを得ない事情」については、ガイドラインではこと細かく例示されていませんが、日本資金決済業協会のウェブサイト（事業者のみなさまへ ＞ 前払式支払手段についてよくあるご質問 ＞ 前払式支払手段についてよくあるご質問と回答）Q&A31では、「保有者が前払式支払手段を利用することが困難な地域へ転居する場合」が例示されています。引っ越し先で、その前払式支払い手段が全く使えないというと、お客様にとってはこれ、やむを得ないということになりますが、発行者が、やむを得ないかどうかというのを判断することになっていますので、お客さんが「やむを得ない事情」を判断するわけではなく、事業者も払戻しを義務づけられていません。もう1つは、病院のテレビカードのように、入院している間はテレビカードでテレビを視聴するのに利用するが、退院したら当然使えないケース。これも「やむを得ない事情」の1つです。

　それから、Q&Aで近年増えた例示が「保有者である非居住者が日本国から出国する場合」です。外国人旅行者が日本に来て、母国に帰るときってこれは当然使えなくなるからです。20％、5％という、直前の基準期間の発行額の

20%以内もしくは未使用残高の5%以内というルールとは全く別で、「やむを得ない事情」の場合は、上記のような制限はありません。

森田 ウェブマネーでは、今の例示のほかに、未成年が無断で親の財布から購入したケースを、それに当たるだろうとして取り扱った例がある。最近ではないのですが。その他にも相談・苦情対応の結果として「やむを得ない事情」として処理したものがあります。

大倉 スマホゲームのコンテンツで私が経験したのは、アップルとかグーグルとかの返金の仕組みを使って返金を受けたユーザがいて、われわれがそれを知るのはグーグルとかアップルから通知が来てからなので、実際になぜ返金されたのかというのはわからないんですが、払戻しとして処理しました。「やむを得ない事情」ともいえるかもしれませんが、5%、20%の制限にかかるほど多額ではないので、そちらのほうで処理はしましたが。

丸橋 次に、業務廃止のときの払戻し公告の実務、運用で何か課題とか、お感じになったことがあればご紹介いただければと思います。

森田 ウェブマネーが一部廃止したときは、もちろん廃止払戻公告を出しましたが、公告はなかなか利用者の目にはとまりませんので、提供していたスマホの専用アプリのほうでも払い戻しの周知を行いました。3度行ったのですが、意外と申出が少ないと思っていたら、期限ぎりぎりに集中して申出を受けたりした実態がありました。小規模なチャージのものであっても、やはり実際に払い戻すとなると、現金で振り込む必要があります。振込手数料は、当社のほうで負担することになります。この手数料については、当時財務局とも相談して、事業者負担のほうがよいということになりました。なかなか、手間と費用がかかるものだなというふうには、正直感じました。

加山 2015年度の金融審議会金融分科会の決済関係の報告書「決済及び関連する金融業務のあり方並びにそれらを支える基盤整備のあり方等について」では、「インターネット上で利用されるプリペイドカードである場合、業務廃止時の公告について、日刊新聞紙による公告に代えて、会社法で認められている電子公告の選択を許容していくことが適当」とされています。インターネットでしか利用されないサーバ型プリペイドであっても、新聞に廃止に伴う払戻公告を出す義務があります。しかも全国紙なので結構費用がかかります。ゲーム

業界は産経新聞であったり、ドコモさんは日経新聞であったりすることが多いようです。そもそも、オンラインゲームをやっている人が、産経新聞で廃止払戻公告を目にして、本当にその公告で払戻しを求めるのかという、そのあたり、その法律が、現在からいうとちょっとギャップがあるとかねてから疑問でしたので、改正されるのであれば歓迎です（註：法20条3項および4項と関連政省令で対応済）。

16 安全対策

丸橋 コンプライアンスプログラムの一部ともいえるのでしょうが、安全管理対策についての、金融庁の姿勢なり、検査の実態なり、指導についてお願いします。

森田 私自身は、現在ウェブマネーが属するKDDIグループの出身です。ICT業界、電気通信事業法の世界にいた立場としては、システムの事故というものについては、総務省は非常に厳格な、何分、何時間止まったら、あるいは影響が出た利用者が何万人だったらこういう届けを出す、で、それは公表義務があるとか、いろんな決めがあるんです。

　資金決済法も、システム障害については届け出るということになっていますが、どのレベルを届け出ればいいのかというのが、正直、はっきりしないところがあって、ただ、届けないと、思わぬ注意を受けるおそれもあるので、実は、あるときは「どうすればいいんですか」と言って財務局に聞きに行ったりもしたのですが、やはり前払いの事業者というのは、先ほどあったように、それこそ病院でのビデオカードも含めていろんな事業者がいるので一律に決められませんよと。そうすると、結局は「すべて届けてくれ」と言うしかないんだ、というようなお話もあって、何かこの「重要な」という決めがないのかなというふうに、正直、思ったりすることもあるというところなんですね。

加山 当局対応の中でも、障害報告は本当にやりにくいといいますか、そういう重要性の基準がはっきりしないというのもありますし、あとは、本当にもうなんというか、今森田さんがおっしゃったように、いろいろ届け出を出すのですが、障害報告に関しては、当局もちょっとやる気がない感じのするところで、

ドラフト版を出してもしばらく返信がなかったりすることはあります。

長谷川 金融庁は金融機関を管轄していますので、そういう意味で、同じなのですが、システム障害によってプリペイドカードでも、資金移動でも、それによって決済や送金ができないというのが一番まずいわけであります。一律に、何分がいいとか何秒がいいとかって決められないというのは、被害にあった利用者の規模等が大きく影響すると思います。そこで、事業者から財務局に対し「とりあえず一旦は電話でいいから第一報の連絡をしてください。それで、報告書が必要な場合は報告書を求めます」というのが現状の運用じゃないかなと思われます。

やはり事業者の社内で規程やマニュアルを整備する必要があります。たとえば10秒で復旧した場合というのを報告するかどうかというのは、それは事業者のほうで判断してください。それが1時間も止まったら、さすがにこれはまずいですよね。1時間止まったときにやっぱりその影響があるお客様というのは絶対に出ているはずなので、そうなるとやっぱり報告する必要になってきます。そこはケース・バイ・ケースで、逆にあいまいな部分、財務局もそこを個別に事象を判断して、これはちゃんとした届出を出せと言うか言わないかというところだと思うんですね。それを一律に、ちょっとどこかで線引きしろといっても、なかなか難しいかもしれません。場合によっては、5秒でも影響が何万人と出るケースもないとはいえないので、それで、あえてそういう線引きがないということで今の運用がされていて、そういう意味で、一報を財務局に電話したときに、当然、どういうことを斟酌するかというと、どれぐらい影響が出たかというところで、ちゃんとした事故報告が上がるかどうかというところになっているんですね。

森田 確かにそういう意味では、財務局のアドバイスとしては、「会社で基準は設けてください、内規は？」とは言われましたね。

長谷川 それが意思表示になりますからね。

森田 はい。ある程度、自分たちの基準に基づいてやっていればという。ただ、社の内部の事情でいうと、まだちょっと事前に区切れないところもあるので、まあ、今は内規として、個々の事象を見ながら固めて行くのかな、と思っているところですね。

加山　ただし、ガイドラインの障害発生時の監督手法・対応では「一部のシステム・機器にこれらの影響が生じても他のシステム・機器が速やかに交替することで実質的にはこれらの影響が生じない場合（たとえば、一部の店舗においてシステム障害により前払式支払手段の利用ができなくなった場合であっても、近隣店舗によって対応が可能な場合）を除く。」とありますので「実質的に異常がなければ報告は出さなくていい」というふうにもう少し汎用的に書いてあればもっとやりやすいのかなと思います。

丸橋　システム障害一般のトラブル対応とは別に、利用者の個人情報や利用者のクレジット番号管理についてはいかがでしょうか。クレジット業界では、利用者のクレジット番号管理について大変厳しい態勢を構築していますが、プリペイドではどのくらいシビアに、指導ないし、検査で指摘されたりするようなことなんでしょうか。

松村　利用者情報、個人情報やカード番号情報を含む利用者情報の安全管理については、やはり内規をしっかり設けて、そのルールで管理をしていく。財務局とかそういったところと相対するには、内規がないとやはり話にならないので、きちっとそれをつくって管理をする。

　あとは、たとえばPCIDSSや、ISMS、プライバシーマーク（Pマーク）など、基準はいろいろあると思いますが、そのいずれか、あるいはいずれもで、そちらに準拠していますということをお話すると、モニタリングの方はかなり安心されるので、やはりそれは1つの基準になるのではないかとは思っています。

丸橋　Pマークを保有していることは、金融庁・財務局も重視されているのでしょうか

松村　財務局も、Pマークが大体どういうものかという理解があるようで、「ああ、じゃあ、ちゃんとそちらを守られているんですね」というように、比較的スムーズに話が進みやすくなっていると感じます。

森田　私どもも、Pマーク、かなり前に取得したのですけれども、とる前には、加盟店の方から「そういうものを持っていますか」ということをよく質問されたということもあってですね。やはり、持っていると、取引先の方も安心される。

長谷川　前払式支払手段発行者に対する最新のガイドラインでは、システムリスク対応の箇所に公益財団法人金融情報システムセンター（FISC）の「金融機関等コンピュータシステムの安全対策基準・解説書」（FISC基準）を参考にしなさいというのが明記されています。地方金融機関並みのシステムリスク対応をしろ、ということですのでかなり厳しいです。

　また緊急時態勢についてもFISCの「金融機関等におけるコンティンジェンシープラン（緊急時対応計画）策定のための手引書」を参照してつくりなさいというのが、今のガイドライン上の規定になっています。

　そういう意味で、個人情報でいえば、金融分野ガイドラインというのがあって、それに即した形で対応していかなくてはいけません。行政側からそのPCIDSSを言い出さない、Pマーク取得が必須とは言い出せません。ただ、FISCというのは金融庁管轄なので、かなりガイドラインにしっかり書いてあります。参考にしなさいと。

丸橋　ニフティはPマークを取得していません。ただ、第三者型前払式支払手段発行者登録の際は、PCIDSSとISMSは確かに維持していたので十分だったのかもしれません。

17　帳簿書類と金融庁検査

丸橋　帳簿書類関係と、オフサイトモニタリングや立入検査まわりの実績ないし課題の話をお聞かせいただきます。ウェブマネーでは最初の登録直後の立入検査の様子をお聞きしましたが、立入検査は、毎年行われるものではないのですね。

森田　毎年ではないと思います。ウェブマネーは、2回目を経験したところです。サーバ型では、ウェブマネーが2順目のトップだったと聞きました。2回目は、各段に細かく、詳しくなっていました。1回目と同じ検査官だったのですが、言うこともちょっと違っていたりして（笑）。「どうして違うのですか」って聞いたら、「いや、もう経験が違うから」って言われました。

　基本的にはシステムでどういうふうに、まあ、サーバ型ですので、どういうふうに残高管理しているかというところがとにかくもう基本で、そこのチェッ

クから入っていくというものでした。

丸橋 オフサイトモニタリングというのは、どのくらいの頻度なのでしょうか。

森田 オフサイトは、毎年必ず1回、大きな項目で、4、5項目、加盟店管理、システム、個人情報、反社で、今回から詐欺関係が入ったんですかね。

松村 そうですね、詐欺関係が入っていました。また、直近のモニタリングではアンケートも入っておりました。

　オフサイトモニタリングは、森田さんがおっしゃられたように、基本的には年1回あるという認識をしております。モニタリング内容は、ブラッシュアップという申し上げ方がいいのか、変わってきているという感じはあります。

　立入検査は、数年に1回のレベルと理解をして対応しております。

大倉 ゲームの場合はすごくデータが多いので、そこを集計するとどうなるかという、システムの仕組みというのを詳細に見られるところだと思います。

丸橋 システムの仕組みの細かいところは、営業秘密だから開示を勘弁して、というのは許されないのでしょうか。

大倉 全部非開示とすると検査拒否として扱われるかもしれません。どこまでのリクエストに応えればいいかって、結構ゲーム会社各社は悩みながら検査を受けられていると思います。「これは出せません」と言ったら、検査官によって、さっき加山さんがおっしゃられたように、「それは検査には必要です」などと言われると、出さざるを得ないというのがあるので、やはりそのバランスというか、そこはあるのかなと思うのですね。

丸橋 この検査の結果、冷や汗をかいた、みたいな部分とかというのは、何かありますか。検査されて初めてシステムの穴が見つかった、みたいなことはないですか。

森田 穴はないですね。先ほど言いましたように、2回目はFISCの基準の話がかなり出まして、その後、ガイドラインにも入ったのですが、どちらかというとアドバイスという感じだったです。

　ヒアリングの幾つかのまとまりごとに、紙で、意見というか、質問が出て、それに返答していき、立入りの最終段階で、指摘事項という形で示されるのですが、その前の質問というか、意見のときには、アドバイス的なものもかなり出されましたね、私どものほうに。こういうことを今後気をつけてやっていっ

たらいいということを。それはそのまま、今のガイドラインの改正に当たっているところですね。そんなのもありました。

丸橋 ISMSの審査員のような対応と類似していますね。

森田 そうですね。

18　ポイントプログラムと資金決済法

丸橋 それでは、規制の範囲ないし、もうちょっと広い、資金決済法そのものではない話かもしれないですが、先ほど冒頭にもご紹介いただいた、ポイントプログラム側から見た電子マネーとの交換についての課題、ご紹介いただければと思います。中村さん、よろしくお願いいたします。

中村 企業がポイントプログラムを導入する本質的な理由というのは、利用者の囲い込み、顧客化であると考えます。そして、ポイントプログラムにて付与するポイントは、企業の会計上、販促費もしくは広告宣伝費に計上されるのが一般的ですので、導入企業としては、付与するポイントの利用先は、もちろん自社の商品またはサービスに直結されるべきであると考えているのが当然です。

　しかしながら、ポイントの発行企業であっても、他社とのポイント提携を行うのが通例となってきていて、その提携先の中に、電子マネーも当然に含まれてきます。電子マネーは、スーパーやコンビニ、駅の売店等で使用でき、利便性が高いことから利用者における利用価値は高く、電子マネーへ交換を希望する顧客は多いと思われます。

　航空会社に置き換えて考えますと、航空券の購入やご搭乗の回数に応じてお客様に付与したポイントは、本来であれば航空券の購入に使用していただく、もしくは航空券に交換してご搭乗いただくというのがあるべき姿ですが、ビジネス出張が多い方でないと航空券に交換できるほどポイントは貯まらない。そうなると、ポイントを貯められないお客様は途中でポイントを貯めることをあきらめてしまい、電子マネーに代表されるような特典に交換することが求められます。

　ポイントプログラムを導入している一部の企業では、従来、自社発行のポイントだけで運用できていたものが、今では、ポイントプログラムのサービス維

持向上のために、仕入れまで行わなければいけないような状況になってきてしまっている。

　以上のようなことから、ポイントプログラムの導入企業としては、顧客へのサービス拡充をすることで相対的にポイントプログラムの本質的価値や効果が減少しているという課題があるのではないかと考えています。

丸橋　ご説明いただいたとおり、最終的に値引きないし景品としての電子マネーと交換する、たとえば比率が実態上大きくなると、またまたやっぱりポイントプログラムも、プリペイド相当で、資金決済法の規制を受けるべきじゃないかという声が高くなるようなものなのでしょうか。

中村　ポイントプログラムで交換できる対象に自社商品がなく、電子マネーや他社の商品・サービスのみである場合には、そのような声は高まっていくのではないでしょうか。

　一方で、仮に資金決済法の規制を受けることになった場合、電子マネーとの交換の多少にかかわらず、預託金との関係で、ポイントの有効期限を6か月以下に制限する企業が増えるのではないかと思います。その結果、ポイントの利便性は低下するでしょう。特に、航空機のように年に数回しか利用することが難しくなりますし、企業がポイントサービスを導入した本質である「顧客の囲い込み効果」も後退してしまうと考えます。

　ですから、われわれのようなポイントプログラム導入企業には、資金決済法の適用は望ましくないと考えますし、今まで以上にポイント自体の価値を上げていくようなポイントプログラムの構築が必要になるでしょう。簡単に申し上げれば「電子マネーに交換するよりは、マイルとして持っておいたほうが価値があるんだ」と思えるようなポイントプログラムを提供していかないと生き残れないのではないかと考えております。

丸橋　たとえば、実際にケースがあるかどうかわかりませんが、想定されるところでは、マイレージプログラムを停止する事業者がマイレージの残高をANAのプログラムに交換するような場合、また、特典交換の提携事業者が事業廃止してしまうような場合がありますが、ANAとしてはどのような考え方で対処されていますか。

中村　現状としては提携企業との提携がなくなる場合に関しては、それに代わ

るようなサービスを随時追加していっている形にはなっています。

丸橋 逆に、電子マネー側が電子マネーのチャージに応じてポイントを出している場合もありますよね。

松村 楽天Ｅｄｙの場合、ANAとも以前より提携させていただいておりまして、ANAですと、ANAの発行カードに搭載されたEdyに、貯めたマイルをEdyに交換して利用することができ、また、そのEdyでのご利用200円ごとに1マイルが貯まるというので、ANAにも還流できるサービスプログラムとして双方でアライアンスを組ませていただいているのではないかと思っております。

あと、楽天スーパーポイントという楽天のポイントサービスがありますが、それが貯まるように設定することもできます。カードの場合は設定できるものとできないものがありますが、おサイフケータイであればすべて設定できますし、おサイフケータイであれば楽天以外のさまざまな提携先のポイントを選ぶこともできます。それらのポイントと紐づけて、基本的にはご利用200円ごとに提携先のポイントが1ポイント貯まりますので、お好きなポイントを貯めていただくことで、お客様がご利用いただきやすいプログラムをご用意しております。

私どもが気をつけていますのが、たとえばEdyをあるポイントと交換できるというプログラムがあった場合に、その交換した先で現金化できるかどうかということを厳密に見ないといけないと考えています。そこで現金化されるようですと、法律上NGとなる場合もありますので。

あとは、たとえば楽天スーパーポイントは楽天Ｅｄｙへの交換も可能なのですが、楽天Ｅｄｙは、楽天スーパーポイントに交換することもできるようになっています。楽天Ｅｄｙから楽天スーパーポイントへの交換分については、6か月限定ポイントとさせていただいております。これは、楽天スーパーポイントが資金決済法の規制対象であるとの誤解を避けること、また、電子マネーとポイントの相互交換において一定の制約を設けることを目的に、楽天Ｅｄｙを交換した場合のみ、期間限定ポイントとするという整理にしています。

森田 ウェブマネーは、今はあまり大きくはやっていないんですけれども、いくら使ったらWebMoney還元するという形でやっていますね。すごくシンプ

ルな形だと思います。

19　詐欺被害の消費者への周知啓発

丸橋　ありがとうございます。

　それでは、消費者保護の側面につき、一般的な苦情対応と、ネットプリカの詐欺対策と併せてお話を伺いたいと思うのですが、消費者委員会の2015年8月の建議にもあるように、特にサーバ型電子マネーのアクティベーションのためのコードですとか、そのアカウント又は電子マネー自体を送らせるだとか、いろんな詐欺が行われており、それに対して金融庁も規制強化すべきだという動きがある中で、日本資金決済業協会も、多分各社とも、消費者に対する周知啓発を積極的にやられていると思うのですが、それ以外に、販売店や加盟店管理強化について、現在どれほどプレッシャーがかかっているようなものか、教えていただければと思います。

森田　販売店と加盟店の管理の強化についてですが、販売店というのは、たとえばコンビニですとか、オンラインバンキングでのチャージなんかもそれを指すわけですが、今おっしゃられた強化というので言うと、どちらかというと加盟店管理についてかなり、建議の中でも、1項目挙がっていましたので、販売店というよりは、加盟店管理強化かなと思っています。

　それは、今回のこの詐欺の中には、当社ではありませんでしたが、加盟店が一部、絡んでいて、その中で、詐欺を働いて、で、そうすると、加盟店での売上ということで、私ども決済事業者がお金を払った分が詐欺につながっていったというところもあったように聞いていますので、そういう悪質加盟店問題という形で、そこは挙がっていたかなというふうに思っております。

　そこで、あと、苦情対応というところが今、金融庁のほうからいろいろ厳しく求められたり、さっきのオフサイトモニタリングでも新たに質問項目に入って、聞かれたりはしております。

丸橋　楽天Ｅｄｙでは、カードそのものを盗られてしまうことはあっても、それほど詐欺が生じる余地はないような、素人考えではそういうイメージがあるのですが、いかがでしょうか。

松村 そうですね。IC 型の場合は、サーバ型とは違って、非常に難しいのではないかと認識しております。IC 型の場合は、価値の入っている現物を持っていないと取引ができませんし、誰かにその価値を渡すというのも簡単にはできない仕組みにしておりますので、いわゆる建議で出ているような事案は非常に起こりにくいと考えております。

丸橋 ゲーム会社の共通プリペイドについては、アクティベーション詐欺のように、高校生がつるんで、コンビニの店頭で番号だけ盗ってしまうような形態が、ニュースではぽつぽつ出ましたが、どれほどの被害の規模感かどうかについてイメージがわきにくいのですが、いかがでしょう。

大倉 そうですね。感覚的には、規模はそんなに大きくないのかなと思いますね。一般的に ID とかパスワードを盗られて、そのポイントも盗られるという事案は国内外であります。結構トレンドがあったりして、対策をしたらしぼむのですが、しばらくするとまた増えていくということは、よく経験するところですね。

そういうケースでは被害者の方にポイントをもう 1 回付与するとか、そういう対応をしています。あとは刑事事件として警察と相談するとか、そういったことはやったりしています。

丸橋 一旦詐取されたというか、ネット上の電子マネー特有かもしれないのですが、悪用された額というのが、すばやくお客様が気がついて、連絡して、電子マネー自体を止められる、そういうことは実際上あるものなんでしょうか。

大倉 そうですね。今お話しになられたような、なりすましによって、友人のふりをして「プリペイド番号を送ってくれ」と言って、すぐ写真で送ったりする。受けた側がそれをすぐ現金化する場合もあれば、それをまた別のマネーにかえたりする場合もあり、追跡したり止めたりすることは一般的に難しいです。時には警察とホットラインのような形をつくって、連絡が来たらすぐ止めるということを検討したりもします。それでも、本当に数パーセントもいかないですね、被害が防げるのは。

丸橋 なるほど。

長谷川 冒頭でちょっとお話ししましたが、2016 年正月明けに警察庁が初めて被害額を公表しました。2015 年の上半期が、38 都道府県で被害認知件数

302 件、被害額が 1 億 9500 万円、それに対し同下半期が、550 件、被害額が 3 億 8970 万円という数字が出ています。これは警察に対して被害届が出ているものだけの集計ですので、実際国民生活センターの PIO-NET に入ってきている相談のレベルからすると、かなり差があるだろうなと思っています。

　警察の方ともお話をいろいろする中で、このプリカ詐欺は全然終わっていない、ずっと増え続けている状態であるとの認識ですので、警察側も特殊詐欺の一事例として公表を開始したと思っています。

　もう一方のサクラサイト詐欺的な悪質加盟店の被害というのも、そんなに減ってはいないと思われます。こちらはかなり高額になるので、──専門用語になるのですが──「On-us 契約」なので、発行者は悪質加盟店と加盟店契約があることになります。とすると、今のガイドライン上も、公序良俗に反した商品を売っているのを放置している形になりますので、それは徹底的に排除していかなくてはいけません。

　プリカ詐欺のほうは、こればかりはもうどうしようもなくて、消費者に啓発を進めて、被害の防止を図ることが一番被害の未然防止につながると思います。警察庁、金融庁、関東財務局や日本賃金決済業協会などがプリカ詐欺の啓発ページを作って消費者に対し注意喚起を行っています。

　実は、詐欺業者にとって現金化する方法って大きく 2 種類しかないんですね。いわゆる RMT（リアルマネートレード）業者や、ネットオークションに ID を出して、それを一般の人が買うという仕組みです。言ってみると、まちの金券屋をウェブサイトに上げた形になるわけですが。最近は発行者の対策が進んでいるので、すぐ無効にすると、それを買った消費者からまたクレームが入るんですよ。「これ、使えないじゃないか」というクレームが入るぐらい、発行者のほうもスピード勝負の対策が進んできていると思われます。

　もうひとつの方法は、詐欺業者が換金性の高い商品をウェブサイト上で自ら買ってリアルに質屋に持っていって現金化するケースです。これになるとすぐ使われてしまうので、気がついて発行者に連絡したときにはすでにもう財産価値がなくなっているということです。ID を詐取する詐欺業者と時間の勝負といえなくもないです。要は振り込め詐欺と同じで、消費者に対して啓発をかなりやらない限りは、防ぎようがないのと、実は、詐欺業者からすると、足がつ

きにくいので、すごくいい方法を見つけられてしまったということなのですね。

20　ブランドプリペイド

丸橋　最後に、ブランドプリペイドカードの発行についてお願いできればと思います。

森田　ブランドプリペイドカードの発行を始めてみて、まだきっと深いところには行っていない、行き着いていないのかなと思っていて、どういう意味かと言いますと、私どもの場合のブランドプリペイドは、店頭で使っていただこうというものでございますが、どうしても、マスターというブランドが入っていると、たとえばレジの方から「何回払いですか」と聞かれて、「何回払いで」と言うと、実際はできないとか。まだ、そういうクレームへの対応だったり、要はクレカであるとの誤解とか、そういうものを加盟店と一つひとつ、解いたりしているというのが今の状況です。

　ただ、たとえば先ほどの加盟店という意味でいうと、私どもにとってみると、従来、自社の加盟店契約を各オンラインのサービス事業者の方と締結してきたのですが、ブランドプリペイドによって、加盟店の範囲が本当に広がってしまったというところがありますので、これは、まあ、クレカの世界では当たり前のことですが、そういう意味で、加盟店管理という意味でも、ちょっと別次元のものを1つ持ったのだなというのが、実感はしているのですが、まだまだちょっと、実感したという状況にとどまっているというところですね。

丸橋　ニフティのような、月額課金が主体の通信事業者の場合、システムが追いついていないこともあったりして、最初ブランドプリペイドが出てきたときには、与信を通してしまうことがありました。クレジットカードではないので、残高がないと、今月は大丈夫でも、翌月、引き落としできないんですね。だから、その側面の課題が大きいかなと当初は考えました。今現在は、月額払いの加盟店の決済には使えない旨を、サイトでもきちんと書かれているようです。

　システム的には、ブランドプリペイドカードの券面の番号帯によりオーソリされない（与信を通さない）ような仕掛けが出来つつあるのでしょうか。

長谷川　ブランドプリペイドやブランドデビットの場合、継続課金というのは、

加盟店から毎回オーソリが飛んでこないと、処理できないので、使えないブランドデビッド、ブランドプリカだとか、多いです。たとえばスポーツクラブ、毎月1回3000円という場合でも、クレジットカードは簡単にできるのですが、デビット・プリペイドの場合は毎月オーソリが飛んでこないと、本来はオーソリが飛んできたときに銀行口座残高を減算、プリペイド残高から減算という形が基本なので、オーソリのタイミングが確保できなければ売り上げとすることができません。だから、使えない加盟店がホームページに一覧表示されていますね。

丸橋 本日は、前払式支払手段をとりまく規制の実態について歴史的背景から始め、最新状況から将来展望まで触れていただきました。決して網羅的ではありませんが、事業形態によるリスク対策の違いとともに事業者側の視点による課題認識について鳥瞰することができたと思います。参加事業者の皆様のコラムやQ&Aと併せ読むことによりこの事業のダイナミクスが読者にご理解できる貴重な対談になりました。あらためて参加者の皆さんに感謝申し上げます。

（2016年1月19日収録）

第 2 章　実務 Q&A

> Q1 ゲーム内コインにより購入することができるアイテムの機能を拡張することができるアイテム（2次通貨）について問題となった前払式支払手段の3要件とは何ですか？ 当該3要件を満たさないとされた場合の法令上、ビジネス上のインパクトはどのようなものですか？

1 前払式支払手段

(1) 前払式支払手段の3要件

　資金決済法上、前払式支払手段は以下のように定義されています（法3条1項）。

① 「証票、電子機器その他の物（証票等）に記載され、又は電磁的方法（電子的方法、磁気的方法その他の人の知覚によって認識することができない方法）により記録される金額（金額を度その他の単位により換算して表示していると認められる場合の当該単位数を含む）に応ずる対価を得て発行される証票等又は番号、記号その他の符号（電磁的方法により証票等に記録される金額に応ずる対価を得て当該金額の記録の加算が行われるものを含む）であって、その発行する者又は当該発行する者が指定する者（発行者等）から物品を購入し、若しくは借り受け、又は役務の提供を受ける場合に、これらの代価の弁済のために提示、交付、通知その他の方法により使用することができるもの」（1号）

② 「証票等に記載され、又は電磁的方法により記録される物品又は役務の数量に応ずる対価を得て発行される証票等又は番号、記号その他の符号（電磁的方法により証票等に記録される物品又は役務の数量に応ずる対価を得て当該数量の記録の加算が行われるものを含む）であって、発行者等に対して、提示、交付、通知その他の方法により、当該物品の給付又は当該役務の提供を請求することができるもの」（2号）

発行される前払式支払手段は、「証票等」のような有体物と、「番号、記号、その他の符号」（符号等）のような無体物があります。また、上記1号は金額表示の前払式支払手段と呼ばれ、1000円、2000円等と表示された商品券などが典型例であり、2号は数量表示の前払式支払手段と呼ばれ、ビール1本、2本等と表示された商品券などが典型例です。

　前払式支払手段に該当する要件をまとめると、次のとおりです。[1]

　要件①：金額等の財産的価値が記載・記録されること（価値の保存）

　要件②：金額・数量に応ずる対価を得て発行される証票等または番号、記号その他の符号であること（対価発行）

　要件③：代価の弁済等に使用されること（権利行使）

　前払式支払手段は、商品やサービスの代金の決済に使われるものですので、前払式支払手段に財産的価値が記載・記録され価値が保存されている（価値の保存）ものでなければなりません。また、実際に代金の決済のときに前払式支払手段に記載・記録された財産的価値を使用（権利行使）できる必要があります。さらに、本法は資金決済に関するサービスの提供の促進だけでなく利用者等の保護を目的にしています（法1条）が、利用者保護の観点から、前払式支払手段に記載・記録された財産的価値の棄損を防ぐため、発行される際に対価が支払われる（対価発行）ことを前提としています。

(2) 適用除外

　上記3要件に該当しても、一定の場合は資金決済法の適用が除外されます（法4条）。二次通貨の場合、発行の日から政令で定める一定の期間（6か月、令4条2項）内に限り使用できる前払式支払手段（法4条2号）に該当する場合は資金決済法の適用除外となります。

---

[1] 高橋康文編著『逐条解説 資金決済法―別冊・資金決済に関する法律、同法施行令、同法施行規則、事務ガイドライン対比表』（金融財政事情研究会、2010）65～67頁。

2 設問の検討

(1) 法令上、ビジネス上のインパクト

前払式支払手段の3要件は、前記1(1)のとおり、①価値の保存、②対価発行、③権利行使です。この3要件を満たし、かつ、前記1(2)の適用除外を受ける場合でなければ、表示・情報提供（法13条）、供託（法14条〜16条）、情報の安全管理（法21条）、帳簿の作成・保存（法22条）、報告書の提出（法23条）などの義務が課されることになります。

(2) ゲーム内通貨

(A) いわゆる二次通貨について

一般的に、オンラインゲームでは利用者がゲーム内の「（デジタル）アイテム」や「ゲーム内通貨」（ゴールド、コイン、ルビー等々ゲームによりさまざまな名称が付されます。）を日本円などの法定通貨を使って購入します。利用者は、アイテムを法定通貨で直接購入するほか、法定通貨で購入したゲーム内通貨と交換にゲーム内アイテムを取得することもできます。ここで法定通貨を使って購入したゲーム内通貨を「一次通貨」と呼び、一次通貨を使って購入するゲーム内通貨がある場合、それを「二次通貨」と呼ぶのが通例となっています。一次通貨、二次通貨の別を問わず、前払式支払手段の要件に該当すれば、資金決済法の規定が適用されることになります。

二次通貨が前払式支払手段の要件に該当する場合、一次通貨を使用して当該二次通貨を購入することは、「権利行使」には該当せず、当該二次通貨の使用が「権利行使」に該当することになります。前払式支払手段発行者は、社内体制を整備し、権利行使されるまでの間、当該二次通貨の発行、使用の状況を把握・記録し、原則として半年に1度報告書を提出しなければなりませんので、システム改修や運営等を含む、相応の事務コストを負担する必要があります。

また、基準日未使用残高の2分の1に相当する金額を供託等により保全する必要がありますが、実際に金銭を供託する場合はその資金を使用できないことの財務上のインパクトがあるほか、銀行に保証してもらうケースでは保証料を経費として支払う必要があります。さらに、前払式支払手段の発行、変更、廃止などを行うとその都度事務コストが生じますので、たとえばオンラインゲームなどサービスの開始、改廃のサイクルが短いビジネスについては、コスト削減の観点からゲーム内通貨の種類を絞ることも十分検討に値します。

(B) 金融庁の見解

この点、法令適用事前確認手続（ノーアクションレター制度）の中で金融庁がネットワークゲームの二次通貨について判断を示した事例があります[2]。回答書の中で金融庁は、(ⅰ) 一定の特殊性を客観的仕様として有するコンテンツであること、(ⅱ) 前払式支払手段に該当しない旨を利用者に周知し利用者がこれに同意する仕組みを設けること、の両者を満たす場合、当該コンテンツは前払式支払手段に該当しないと考える、と述べています。

さて、ここで前記（ⅰ）の一定の特殊性を客観的仕様として有するコンテンツとは、当該コンテンツの取得をもって商品・サービスの提供があったのか、あるいは、その後に生じ得るネットワークゲーム内の効果の発現（新たなアイテムの取得、イベントの発生等）をもって商品・サービスの提供があったのかを、設計者、利用者等が判別するのが困難な場合における当該コンテンツのことを指すようです。

この判別困難性を検討するにあたり、本件照会書が指摘する以下の事情を考慮する必要がありそうです。

① 一次通貨の使用により取得されるコンテンツであること、一定のゲーム内の仮想空間において、そのゲーム内の用途にのみ使用されること、およびコンテンツの取得金額が比較的少額であることにより、当該コンテンツが取得された時点で商品・サービスの提供がなされたと一般的に評価されること

---

2) 平成29年9月4日付照会書：http://www.fsa.go.jp/common/noact/kaitou/027/027_05a.pdf
平成29年9月15日付回答書：http://www.fsa.go.jp/common/noact/kaitou/027/027_05b.pdf

②　さまざまな種類のアイテムが存在しており、アイテムのゲーム内における効果が発動する時期や効果の内容、範囲も多種多様であること
　③　アイテムの効果は、取得・使用する時期や場面によって変化する場合があるほか、ゲーム提供者は、機能追加・改善、バランス調整等によるゲーム性の向上を目的として、ネットワークゲームのバージョンアップを行うことがあるが、かかる場合にもアイテムの効果が変化し得ること

(C)　検討

　「対象コンテンツ」該当性をゲームの設計段階で検討するという状況を想定しますと、前記①のように一般人基準で権利行使が完了していると感じるか否かをクリアに判定することは難しいことが多いのではないかと考えられます。また②については、たとえば商品券などにおいてもさまざまな商品券が存在しており、効果が発生する時期・内容・範囲も多種多様であることを踏まえると、二次通貨の権利行使性を否定できる場面は限定的なのではないかと思われます。さらに、③は②と同様に二次通貨の権利行使性を否定できる程度の状況が必要になるほか、事前検討時点では将来のバージョンアップでアイテムの効果がどのように変化するのか知り得ないという難点があります。このように考えると、ゲーム設計段階で判別困難であると判断することには慎重にならざるを得ないと思われます。

　これに加え、本件回答書は、前記（ⅱ）に関して、「ネットワークゲームごとに、その利用者に対して、当該ネットワークゲーム内に存在する対象コンテンツの取得をもってこれに係る商品・サービスの提供がなされたものとし、前払式支払手段に該当しない旨を利用者に周知し、利用者がこれに同意」する仕組みを設けること、も要求しています。法の趣旨である利用者保護（法1条）を全うするためには、ゲーム提供会社が利用者に十分に説明したうえで、利用者が十分理解したうえで自由意思において明確な同意の意思表示を行うことが必要ではないかと考えます。また回答書では「ネットワークゲームごとに」と記載されていますが、同様の趣旨から「対象コンテンツ」（二次通貨）ごとに同意を得ることが望ましいといえます。

　なお当然ながら、本件回答書をもってすべての二次通貨が前払式支払手段に

該当しないということにはなりません。あくまでも前記のような特殊性があり、かつ前払式支払手段に該当しない旨を利用者に周知し利用者がこれに同意する仕組みを採用する場合という限定された状況下で非該当とされるにすぎません[3]。この点、特殊性があると判断することの難しさや、周知・同意画面を挿入することによるユーザーエクスペリエンス（UX）低下の問題がありますので、さほど簡単に実施できるものではないと思われます。安易に判断を下すリスクは決して小さくないので[4]、該当性につき悩ましいケースでは、真正面から二次通貨を前払式支払手段と取り扱うことも検討すべきです。

---

3) 金融庁の回答書では「利用者がこれに同意していただく仕組みを設けること」となっており利用者の同意を得たことを条件にしていません。これは利用者の同意を条件にした場合、同意した利用者については前払式支払手段に該当せず、同意しなかった利用者については該当するということになり不都合が生じるからだと考えられます。また、この不都合を解消するためには、同意しなかった利用者については二次通貨を付与しないという仕組みが求められていると考えられます。

4) 2016年4月6日付の毎日新聞の報道（https://mainichi.jp/articles/20160406/k00/00m/040/159000c）によると、2015年5月、資金決済法で規制されるゲーム上の『通貨』に当たると社内で指摘があったのに、同社は仕様を変更し規制対象と見なされないよう内部処理していた件につきLINE株式会社に対し金融庁の立入検査が行われました。本件は故意に隠蔽したという側面もありますが、同社が「アイテムが前払式支払手段（通貨）に該当するのではないかという相談が社内であったが、問題ないと判断した。」と述べているように、二次通貨が前払式支払手段に該当しないと安易に判断したことが根本原因であると思われます。

> Q2　弊社は、通信サービスの会員向けにマイレージポイント（マイル）を発行しています。今般、サーバ型電子マネーの第三者型前払式支払手段発行者A社および国際クレジットカードブランドB1社の両社と提携してブランドプリペイドカード（ブランドプリカ）を発行することを検討しています。マイルを電子マネーに交換できること、および、ネット上の電子マネーや店頭でのブランドプリカの利用に応じてマイルと交換できることをマイレージ会員に訴求することによる通信サービス会員のリテンションが目的です。
>
> 　また、銀行C社と提携して国際クレジットカードブランドB2社のブランド付デビットカード（ブランドデビット）を発行することも並行して検討しています。こちらは、C銀行サービス利用に伴う特典相当の価値を弊社マイルに自動的に交換して利用者に付与するプログラムを想定しています。マイル獲得手段の拡大施策の1つです。
>
> 　ブランドプリカ、ブランドデビットの機能の特徴、法制度や契約関係の違い等を教えてください。

1　ブランドプリカとは

　ブランドプリペイドカードは、その名のとおり前払式支払手段の一種ですが、プリペイド加盟店が、クレジットカードブランドのインフラを使える加盟店である点に特徴があります。前払式支払手段発行者と国際ブランドが提携する場合には、元々、前払式支払手段発行者が有していた加盟店ネットワークに加えて、カードブランドを利用できる加盟店の数だけ利用可能性が広がることになります。

　また、前払式支払手段発行者がサーバ型電子マネーの場合、カードブランドが付された有体物によりカード加盟店の店頭端末で決済ができることになります。さらに、カード会社のインフラとしてコンビニエンスストア等、店頭でのチャージ手段が提供されていれば、前払式支払手段の発行可能な場所も増えることになります。

　ブランドプリカは、ネット上に電子マネーの価値が記録されていますので、ICカード型プリカのような価値蓄積型カードではなく、カード券面の法定事

項表示義務等、ICカード型特有の規制が及ぶことはありません。

　一方、カードブランドのインフラを利用するため、加盟店側が即時決済（前払式支払手段の残高の即時減額）に対応していないと、利用者がプリカとして決済したつもりが、インフラ側ではいまだ残高が残っていて利用者が残高を超えて利用できてしまうことが発生し得ます。

　また、券面にはクレジットカード番号と同様の16桁の番号表記がある等、利用者がクレジットカードと混同して利用しようとすると、たとえば通信料金の月額払い等には利用できないことがあります。

　ブランドプリカを発行する場合、ブランド側を発行者とするための契約か、自らが発行者となる場合、ブランドのカードインフラ利用に関する契約をする必要がありますが、クレジットカードインフラを利用するクレジットカード加盟店と新たな契約をする必要はないものと思われます。

2　ブランドデビットとは

　デビットカードとは、支払いのためのカードの提示時に、銀行口座から直接支払額を出金し、カード保有者に代わり、銀行が加盟店に振り替える仕組みで、プリペイドの残高と同様、銀行預金の残高の枠内での利用が基本です。ユーザが預金した銀行口座による振替払いですので、前払式支払手段ではなく、払戻し禁止等の規制はありません。

　ブランドデビットカードは、銀行のキャッシュカードにクレジットカードブランドが付されていますが、クレジットカードではなく、デビットカードとしての機能のみを有するものです。

　ブランドデビットは、銀行が発行者である点は銀行発行のクレジットカードと同様です。利用者による加盟店に対する支払いと決済においてカードブランドのインフラを利用する点では、ブランドプリカと同様です。

　ブランドデビットの契約関係は銀行・カードブランド・加盟店間の契約関係に閉じたものですので、銀行とのマイル交換に関する契約をすればよいことになります。

3　設問の場合

　ユーザと加盟店から見るとブランドプリペイドとブランドデビットは、支払いと決済の側面については機能的には異なりません。

　貴社が検討中のとおり、いずれも、貴社のリテンションその他のさまざまな施策と組み合わせることが可能な支払い手段と思われます。

　法的には、前者は前払式支払手段ですので、貴社が発行者となるかブランド側が発行者になり、資金決済法上の前払式支払手段に関する規制がかかります。

　一方、後者は、預金口座からの支払い（振替）手段ですので、銀行法の規制を受ける銀行等の事業者でなければ発行できませんが、資金決済法上の前払式支払手段の規制対象ではありません。

　いずれも既存のクレジットカードの決済や加盟店ネットワークに関する契約関係の枠組みにより成立しているものですので、貴社が発行主体そのものにならない限り、契約する範囲は、ブランドまたはカード発行会社とのポイント交換等の取り決めが主な内容となります。

> Q3　どのような観点で、使用期間が6か月内となるため資金決済法の適用除外となるプリペイド手段を選択・設計すればよいのですか？　選択し得ない場合にはどのような場合がありますか？

1　使用期間に関する適用除外

　前記のとおり、発行の日から政令で定める一定の期間内に限り使用できる前払式支払手段には資金決済法は適用されません（法4条2号）。政令ではこの期間を6か月と定めています（令4条2項）。

　発行の日とは、以下のいずれか遅い日をいいます（前払式支払手段事務ガイドラインⅠ-1-3（1））。

　① 　財産的価値が証票等に記載・記録された日
　② 　利用者に対し証票等が交付・付与された日

2　使用期間を制限する場合の留意点

(1)　期間の形骸化

　前払式支払手段の使用期間の定めは、前払式支払手段発行者と利用者との契約等により自由に設定できますが、発行時に一定の期間内に限り有効であることを定めていても、実際には期限を超えて使用できるというような、使用期間が形骸化しているものは、適用除外の対象とはなりません[5]。また、形式的には使用期間が6か月以内とされている前払式支払手段であっても、使用の実態に照らして他の前払式支払手段と同視されるような場合は両前払式支払手段の使用期間を通算して6か月以内になるか否かを検討すべきであると考えられます。このように、使用期間に関する適用除外を濫用するような方法は認められない

5）　高橋・前掲注1）73頁。

と考えられますので、プリペイド手段の選択・設計にあたって留意すべきです。

(2) プラットフォームが定める規約

　前払式支払手段の使用期間については、法令の制限以外にも、プラットフォームを提供する企業が設けている内部基準や利用規約による制限を受ける場合があることにも留意が必要です。

　たとえば、iPhoneやiPadなどのiOS端末上のアプリは、Apple Inc.がアプリ開発者との間で締結している利用規約に従って開発されなければなりません。Apple Inc.の規約では、「App内課金で購入されたクレジットやゲーム内通貨に有効期限を設定することはできません。」（「App Store審査ガイドライン」3.1.1条）と定められており、アプリ内で実装する前払式支払手段の使用期間は一切制限できないことになります。したがって、結果としてiOS対応アプリでは、使用期間6か月内を理由とした資金決済法の適用除外を受けることは実際上できないことになります。

Q4　弊社は、従前からサーバ型電子マネーを発行しています。今般、ICカード型の前払式支払手段も発行しようとしておりますが、ICカード型の前払式支払手段の規制はサーバ型電子マネーの規制とどのような相違点があり、発行にあたってどのような準備をしなくてはならないかを教えてください。

1　ICカード型電子マネーとは

　ICカード型電子マネーとは、商品券やギフト券のように紙に金額が記載されたり、プリペイドカードのように、磁気的に度数が記録されたりしているものと支払い、決済の機能的には変わりませんが、カードに埋め込まれたICチップ内に金額が記録されているものです。電子マネーの発行に際して金額に応じた対価が支払われ、ICカード内に金額が記録され、代価の弁済の際に提示される物（法3条1号）は、「証票等」として前払式支払手段としての規制を受けます。

2　サーバ型電子マネーとは

　電子マネーのうち、ICカードのような利用者の保持する有体物側に金銭価値が記録されておらず、ネットを通じて発行者のサーバに記録されている金銭価値を減じて商品や役務を支払う仕組みをサーバ型電子マネーといい、前払式支払手段のうち、「証票等」以外のものです。当該金銭価値を利用する権限は、当該権限に対応したIDをサーバ側に通信することにより識別します。

　利用者が対価を支払った場合、その対価に応じたサーバ型電子マネーの発行は、メールによりIDが送信される等、有体物が一切からまない発行方法のほか、金銭価値を記録せず、IDのみを記録したプラスチックカードや、コンビニエンスストア等でIDを記載した紙面を店頭で読み取り、IDを利用できる状態にした（Activate）POSA（Point of sales Activation）型カードを引き渡す場合があります。

　サーバ型電子マネーは、資金決済法上、電磁的方法により記録される金額に

応ずる対価を得て発行される「番号、記号その他の符号」と定義されて（法3条1項）います。

また、その発行形態については、「証票等又は当該前払式支払手段と一体となっている書面その他の物を利用者に対し交付することがない場合」と表現されており（法13条）、この特徴によりICカード型電子マネーと規制の相違が生じています。

3　ICカード型・サーバ型電子マネーの発行者の情報提供義務

ICカード型電子マネーの場合、有体物であるICカード券面に法定事項（法13条1項・前払府令22条2項）の表示義務（前払府令21条1項）が課されていますが、認定資金決済事業者協会に周知依頼すれば、表示義務のうち利用者からの苦情または相談に応ずる営業所または事務所の所在地および連絡先（法13条1項4号）および前払府令21条2項の表示義務は免除されます（法13条2項）。

一方、サーバ型電子マネー発行者は、上記表示事項と同じ法定事項（法13条1項・前払府令22条2項）の情報提供義務が課されています（法13条1項）が、元々情報提供手段は、ブラウザの画面等、表示面積に制約が無い場合を想定していますので、情報提供の範囲の免除はありません。

4　ICカード型・サーバ型電子マネーの資金決済法上の届出・登録

ICカード型・サーバ型のいずれも前払式支払手段発行者としての届出、登録事項に差異はほとんどありません。ただし、発行届出書（前払府令別紙様式1号）、登録申請書（前払府令別紙様式3号）ともに、「8. 業務の内容及び方法」の「(5) 前払式支払手段の見本又はその券面及び裏面の写し」において、ICカード型は、使用可能な電子マネーの見本や券面そのものの写しを添付しなければなりません。見本や券面等の変更時にも届出や登録の変更届出（法5条3項、前払府令12条1項、前払府令別紙様式2号、法11条1項、前払府令20条1項、前払府令別紙様式11号）の必要がありますので、注意を要します。

一方、サーバ型は「前払式支払手段の内容を確認できる情報（法第13条第1項各号に掲げる事項に関する情報）を表示した電子機器の画面を印刷したもの等を貼付」するよう注記されています。

また、ICカード型電子マネーの発行者が、認定資金決済事業者協会に周知依頼して表示義務の一部を免れたい場合には、認定資金決済事業者協会に加入する必要があり、その名称を発行届出書・登録申請書に記載しなければなりません。

5　設問の場合

ICカード型電子マネーの場合、通常は、認定資金決済事業者協会、すなわち前払式支払手段に関して現在唯一認定を受けている一般社団法人日本資金決済業協会に入会して表示事項の代替周知を委託する必要があると思われます。もし未入会でしたら、表示事項の代替周知委託の方法を含め、届出、登録内容についても、まずは同協会の入会窓口にご相談ください。

【参考文献・情報】
・一般社団法人資金決済業協会ウェブサイトQ＆Aコーナー〈https://www.s-kessai.jp/consumer/giftcard_prica_netprica/q_and_a.html〉

> Q5　当社プラットフォーム上のゲーム内コインの発行のみをする場合には、自家型前払式支払手段の発行となると思いますが、海外の関係会社は、「密接関係者」とすることができますか？

1　密接関係者

(1)　自家型前払式支払手段とすることのメリット

自家型前払式支払手段は、第三者型前払式支払手段と比べ、以下のような点でメリットがあります。

① 　第三者型前払式支払手段は審査を経て登録することが必要であるのに対し、自家型前払式支払手段は届出のみで足ります。

② 　自家型前払式支払手段は、基準日（毎年3月31日および9月30日）における発行残高が1000万円を超えなければ、届出を提出することは不要です（法5条）。また、基準日における報告書の提出義務についても緩和されています（法23条3項）。

③ 　加盟店の管理が義務づけられません（第三者型発行者の法10条1項4号参照）。

このように、前払式支払手段の発行者は、第三者型前払式支払手段を発行するよりも自家型前払式支払手段を発行したほうがメリットがあるため、必要がない限り自家型前払式支払手段を発行したほうがよいといえます。

(2)　グループ企業による前払式支払手段の利用

前払式支払手続発行者の関係会社が同じ前払式支払手段を用いる場合には、一定の密接な関係があれば発行者と同視して自家型前払式手段として取り扱われる場合があります（法3条4項かっこ書）。

発行者と密接な関係があるとされるのは以下の4類型です（令3条1項）。

(A) 親族関係
前払式支払手段発行者の親族である関係（令3条1項1号）。親族とは6親等内の血族、配偶者、および3親等内の姻族をいいます（民法725条）。

(B) 親子会社関係
法人が他の法人の議決権の50％超を直接又は間接に保有する関係（令3条1項2号）、ならびに個人およびその親族が法人の議決権の50％超を直接または間接に保有する関係（同項3号）。

(C) 兄弟会社関係
同一の者（個人の場合はその親族を含む）によって議決権の50％超を直接または間接に保有される関係（令3条1項4号）のような兄弟会社関係。

(D) 物品の給付・役務の提供に関する密接不可分な関係
発行者が行う物品の給付または役務の提供と密接不可分な物品の給付または役務の提供を同時にまたは連続して行う者がある場合における当該者と当該発行者との関係（令3条1項5号）。なお、当該者が行う物品の給付または役務の提供が発行者が物品の給付または役務の提供を行う際に必要不可欠な場合であって、社会通念上両者が一体と考えられるものをいい、単なる業務提携は含まれません（前払式支払手段事務ガイドラインⅠ-1-2）。

(3) 発行保証金の還付への協力

密接関係者は、前払式支払手段発行者が発行した前払式支払手段に係る法31条1項の権利（前払式支払手段の保有者が有する、前払式支払手段に係る債権に関し、発行保証金について、他の債権者に先立ち弁済を受ける権利）の実行に関し内閣総理大臣から必要な協力を求められた場合は、これに応ずる努力義務があります（法32条）。実務上、前払式支払手段発行者のみならず密接

関係者の協力がなければ発行保証金の還付手続が実施できない場合も多いと考えられるために、このような規定が設けられています。

2 設問の検討

　ゲーム内コインの発行のみをする場合は自家型前払式支払手段の発行となるのか否かという点については、当該ゲーム内コインが発行者以外の第三者と利用者との間の決済手段として利用されるのであれば、第三者型前払式支払手段の登録が必要となりますので、ゲーム内コインの発行であることをもって自家型前払式手段であると断定することはできません。あくまでも自家型前払式支払手段の定義に該当するか否かで判断すべきです。そしてその判断の中で、当該海外関係会社が「密接関係者」に該当するかを前記2（2）の4類型に即して判断すべきことになります。

　なお、海外の関係会社も資金決済法施行令3条1項の「法人」に含まれると考えられます。なぜなら法の趣旨である利用者保護（法1条）の観点からは、海外の会社であっても日本国内の利用者を対象に前払式支払手段を発行する場合は、資金決済法5条や7条等の「法人」に該当するものとして自家型前払式支払手段の届出や、第三者型前払式支払手段の登録が必要であると考えられますので、資金決済法全般にわたって「法人」には特段の理由がない限り海外の会社も含まれると解するべきだからです。また、資金決済法36条において、外国で発行される前払式支払手段の「勧誘」のみが禁止されていることからも、海外の会社の届出義務や登録義務については資金決済法5条や7条等に包摂されていると考えることができます。

Q6　当社は複数の温浴施設を経営しています。今般、入場に際して自動販売機で発行する紙の入浴券や岩盤浴に加えて、リピーター増加を目的として、それぞれの回数券、または1枚のカードに2種類の度数を記録したプリペイドカードを発行することを検討しています。自動販売機を設置している飲食店の食券のようなものだと思うのですが、資金決済法上の前払式支払手段であるとしても、適用除外に該当するのではないでしょうか。回数券や残高が残るプリペイドカードは「特定の施設又は場所の利用に際し発行される食券その他の証票等で、当該施設又は場所の利用者が通常使用することとされているもの」に該当しないのですか？

1　乗車券、入場券その他これらに準ずるもの

　資金決済法4条1号は、前払式支払手段についての適用を除外する「乗車券、入場券その他これらに準ずるもの」を政令（令4条1項）に委任しています。

　本号の適用除外の趣旨は、乗車券のように役務提供側の事務処理上の必要から発行されるいわば整理券的なものについてまであえて規制対象とする必要性は低いと考えられるから、とされています。前払式支払手段の発行業務に伴う与信機能、金融機能に着目した規制の趣旨から、それらの機能が低いものを適用除外としたものです。

　具体的には、紙やカード等の有体物（令4条1項1～3号）もサーバ型電子マネー（令4条1項4号）も以下の3類型が適用除外とされています。

・乗車券、乗船券および航空券（1号）
・映画館等（イ）競馬場等（ロ）美術館等（ハ）の施設または場所に係る入場券（通常入場券と併せて発行される遊園地その他これに類する施設の利用券を含む）（2号）
・その他特定の施設または場所の利用に際し発行される食券その他の証票等で、当該施設または場所の利用者が通常使用することとされているもの（3号）

2 適用除外の範囲の考え方

上記を踏まえると、「乗車券、入場券その他これらに準ずるもの」（法4条1号）としての適用除外は、①交通機関、施設、場所を利用する、②都度発行され、③利用者のだれもが使用する入場に必要な範囲内又は、入場に付随することが多い前払式支払手段、と整理することができます。

すると、都度発行される入場券や利用券ではなく、それらの回数券や、複数回の入場を想定し、その度数や利用金額を記録したカード型のプリペイドカードは、資金決済法4条1号の適用除外前払式支払手段には該当しないことになります。

なお、他の適用除外、たとえば、6か月以内に利用可能期間が満了する前払式支払手段（4条2号）に該当する場合も多いと思われます。

3 設問の場合

現在、貴社が利用者の入場時に自動販売機で発行している入浴券や岩盤浴券は、前払式支払手段であって、資金決済法施行令4条1項3号の「特定の施設又は場所の利用に際し発行される…証票等で、当該施設又は場所の利用者が通常使用することとされているもの」に該当すると考えられます（岩盤浴券については、入浴券のオプションになるとすると入場券の性質が薄れますが、令4条1項2号括弧書きのように、入場券と併せて発行される施設利用券と解せます）。しかし、それらの回数券または入場や利用の度数を記録したプリペイドカードは、それぞれ同項3号、4号の適用除外は受けられません。

なお、回数券やプリペイドカードの有効期限が6か月以内に満了する等、他の適用除外の要件を満たす場合もありますので、ご検討ください。

【参考文献・情報】
・大蔵省銀行局内プリペイドカード研究会編『プリペイド・カードＱ＆Ａ──前払式証票の規制等に関する法律のすべて』（中央経済社、1990）(Q70, Q72)

> Q7　弊社は、百貨店事業を営む株式会社です。弊社では、カードを発行するとともに、販促の一環として、カード利用に応じて、利用者に「ポイント」を付与しています。「ポイント」は、獲得数に応じ、弊社百貨店の商品と交換することが可能になっています。このたび、弊社は、ポイントにつき、他社との提携を行い、他社のポイント、マイレージプログラムへの相互移行を可能にすることを検討しています。弊社法務部で考えられる論点を検討したところ、景品表示法だけでなく、資金決済法上の問題があるのではないかという指摘がありました。弊社としては、前者の規制は仕方ないとして、後者については、できるかぎり、規制を受けない形での制度構築をしていきたいと考えています。その際の問題点につき、教えてください。

1　はじめに

　各種カードの利用に応じて溜まるポイント、航空会社の利用によって溜まるマイレージには、多種多様なものがあり、それらの多くは、相互利用が可能とされております。たとえば、甲クレジットカードの利用に応じて溜まったポイントを、乙航空会社のマイレージプログラムに移し替え、同プログラムの特典として無料航空券の支給を受けるといった取扱いも行われています。

　設問は、貴社におけるポイントシステムが、資金決済法上の前払い式支払手段に該当しないための要件をお聞きしているものと理解します。そこでこの点につき説明しましょう。

2　「前払式支払手段」とは

　時価発行型、第三者発行型のいずれかを問わず、およそ「前払式支払手段」であるためには、次の4つの要件を満たさなければなりません。[7]
　①　価値の保存

---

[7]　高橋・前掲注1) 65頁以下。

金額または物品・役務の数量（個数、本数、度数等）が、証票、電子機器その他の物（証票等）に記載され、または電磁的な方法で記録されていること。
② 対価
　　　証票等に記載され、または電磁的な方法で記録されている金額または物品・サービスの数量に応ずる対価が支払われていること。
③ 発行
　　　金額または物品・サービスの数量が記載され、または電磁的な方法で記録されている証票等や、これらの財産的価値と結びついた番号、記号その他の符号が発行されること。
④ 権利行使
　　　物品を購入するとき、サービスの提供を受けるとき等に、証票等や番号、記号その他の符号が、提示、交付、通知その他の方法により使用できるものであること。

　設問の場合に問題なのは、②です。②は、①の利用に「先立ち」、前払いとして、対価が支払われていることを要求するものです。紙型・磁気型・IC型なら、商品券、プリペイドカードの購入が、スイカやパスモなら、金額の「チャージ」が、この要件に該当するものです。そして、「前払式支払手段」においては、ユーザの事前支払が必須であるため、発行者の倒産等に備えた利用者保護の対策が不可欠となるのです。

　逆にいうならば、事前に対価の支払いがないような形で制度設計をすれば、当該ポイントシステムは、「前払式支払手段」には該当しないことになるわけです。

3　設問の場合

　設問の場合、資金決済法上の「前払式支払手段」に該当しないように制度設計をすることが必要で、あくまでも「特典」であり、利用者から対価の支払いを受けないような形でポイントを付与する必要があります。
　何が「特典」なのかは最終的な社会通念の問題です。ただ、ここでは、不当

景品類及び不当表示防止法（景品表示法）の適用については前提とされているようですので、景品表示法の規制に従い、同法の規制の限度で「特典」として、ポイントを付与することにすれば、社会通念として、前記「前払式支払手段」の要件②には該当せず、したがって、資金決済法上の「前払式支払手段」には該当しないと判断されるものと思われます。

【参考文献】
・堀天子『実務解説　資金決済法（第3版）』（商事法務、2017）

> Q8 Q7の会社です。Q7での質問で大体理解できましたが、ポイントを発行する際のレートについては、何らかの規制、限度がありますか。

1 はじめに

　Q7において指摘したとおり、設問の場合、資金決済法上の「前払式支払手段」に該当しないように制度設計をすることが必要です。そのためには、前払式支払手段の要件である「対価の支払い」がなされておらず、あくまでも「特典」として付与するものである必要があります。ただ何か「特典」なのかは、最終的には、社会通念の問題です。
　Q7では、そのための1つのメルクマールとして、景品表示法の景品規制に準拠することを示唆しました。ここではそのことにつき、もう少し詳しく説明します。

2 景品表示法における景品規制

　不当景品類及び不当表示防止法（景品表示法）における景品規制について説明しましょう。一般に、景品とは、粗品、おまけ、賞品等のこといいます。景品規制につき景表法は、景品類の価額の最高額もしくは総額、種類もしくは提供の方法その他景品類の提供に関する事項を制限し、または景品類の提供を禁止することができる旨規定いたします（景品表示法4条）。
　ここに景品とは、顧客を誘引するための手段として、その方法が直接的であるか間接的であるかを問わず、くじの方法によるかどうかを問わず、事業者が自己の供給する商品または役務の取引（不動産に関する取引を含む。以下同じ。）に付随して相手方に提供する物品、金銭その他の経済上の利益であって、内閣総理大臣が指定するものをいいます（景品表示法2条3項）。これを分節すると、以下のとおりとなります。
　① 顧客を誘引するための手段として
　② 事業者が自己の供給する商品・サービスの取引に付随して提供する

③　物品、金銭その他の経済上の利益

　これを具体化すべく、「不当景品類及び不当表示防止法第二条の規定により景品類及び表示を指定する件」（昭和37年6月30日公正取引委員会告示第3号）は、次のようなものを景品の例として掲げるとともに、正常な商慣習に照らして値引またはアフターサービスと認められる経済上の利益および正常な商慣習に照らして当該取引に係る商品または役務に附属すると認められる経済上の利益は、含まない旨定めます（同告示1条）。

　　ⅰ　物品および土地、建物その他の工作物
　　ⅱ　金銭、金券、預金証書、当せん金附証票および公社債、株券、商品券その他の有価証券
　　ⅲ　きよう応（映画，演劇，スポーツ、旅行その他の催物等への招待または優待を含む）
　　ⅳ　便益、労務その他の役務

　さらに景品該当性の有無に関しては、別途、さまざまな告示や運用基準が定められており、前記①〜③の認定基準を具体的に定めています。

　景品表示法に基づく景品規制としては、(1) 一般懸賞に関するもの（共同懸賞以外の場合：例として、抽選券、じゃんけん等により提供）、(2) 共同懸賞に関するもの（複数の事業者が参加して行う懸賞）、(3) 総付景品（懸賞によらずに提供される景品類：例として、商品・サービスの利用者や来店者に対してもれなく提供する金品）に関するものがあり、それぞれ、提供できる景品類の限度額等が定められています。

3　「一般消費者に対する景品類の提供に関する事項の制限」

　前出の告示の中で関連すると思われるのは、「一般消費者に対する景品類の提供に関する事項の制限」です（昭和52年3月1日公正取引委員会告示第5号、平成28年4月1日内閣府告示第123号）。同告示1項は、「一般消費者に対して懸賞によらないで提供する景品類の価額は、景品類の提供に係る取引の価額の十分の二の金額（当該金額が二百円未満の場合にあっては、二百円）の範囲内であつて、正常な商慣習に照らして適当と認められる限度を超えてはな

らない。」ものと規定します。これが1つの目安になるでしょう。

4　設問の場合

　設問の場合ですが、ポイントの付与レートについては、3に述べたところを、あくまでも「目安」として、検討されるとよいでしょう。

【参考文献】
・堀天子『実務解説資金決済法（第3版）』（商事法務、2017）

> Q9　弊社は、電子マネーXを発行し、前払式支払手段の第三者型発行者登録を受けています。また、電子マネーXの利用100円につき、加盟店手数料を原資にして、ポイントYを1ポイント付与しています。さらに、電子マネーのオートチャージサービスをしている提携カード会社からのチャージ200円につきYを1ポイント付与しています。利用者は、1ポイント＝1円換算で電子マネーXに交換することができます。
>
> 　弊社が付与したYの1ポイント（ケース1）、弊社発行の電子マネーX残高1円（ケース2）をそれぞれ弊社の提携先Mのマイルの1ｍと交換する場合、問題はありますか？　なお、マイルの有効期限は5年です。
>
> 　電子マネーの残高またはポイントをマイレージプログラムのマイル等の他社のポイントに交換する場合、問題はありますか？

1　電子マネーの発行残高とポイントの性質の相違

　電子マネーの発行残高が「ポイント」と称されることもありますが、その呼称にかかわらず、資金決済法3条1項の「前払式支払手段」の定義に該当する場合には、資金決済法の規制を受けます。一方、購入された商品やサービスのおまけ・景品または割引の権利として発行されたポイントについては、対価を得ることなく発行されていると解されれば、資金決済法の規制対象ではありません。マイレージプログラムにより発行されるポイント（マイル）は、対価を得て付与される（ポイントプログラム会員が対価を支払い購入できる）ものでない限り、前払式支払手段ではありません。

2　電子マネーの無償発行

　キャンペーン等により、電子マネーの保有者にポイントを付与する代わりに追加の電子マネーを付与すると、追加分の電子マネーについては、無償で発行されており、対価性がないため、資金決済法の適用を受けるのかどうかが問題になります。同じ電子マネーであっても、有償発行分と無償発行分とが、たと

えば、有効期間が異なる等、区分管理可能な場合はともかく、そうでない場合、適用外にはならないとされています。

3　マイレージから電子マネーへの交換

　マイレージプログラムにより無償発行されたマイルは、ポイント交換により、一定の交換比率で価値が同等とされる他社のマイル、商品やギフトカードと交換されています。この交換は、マイレージプログラム主催者が、付与したマイル数を減じ、交換対象となる、他社のマイレージポイント、商品やギフトカードを有償で仕入れて、減じたマイルの元保有者に無償で提供するものです。ギフトカード等前払式支払手段が交換対象であっても、資金決済法上、特に問題ないと考えられます。

4　電子マネーからマイレージへの交換

　ギフトカードや電子マネー等の前払式支払手段は、対価を得て発行される（対価性を有する）ものです（法3条1項）。
　前払式支払手段が、マイルなどのポイントに交換可能な場合、資金決済法上、対価を得てポイントが発行されたと評価されるおそれがあります。
　つまり、前払式支払手段により交換されたマイルなどのポイントの発行自体に対価性が及ぶこととなり、対価性以外の要件も満たされれば、交換されたポイントが前払式支払手段と見なされるのです。
　もっとも、交換されたポイントが資金決済法の適用除外（法4条）となる前払式支払手段であれば問題ありません。

5　適用除外前払式支払い手段

　資金決済法の適用除外（法4条）となる前払式支払手段には、たとえば以下のものがあります。

・乗車券、入場券その他これらに準ずるものであって、政令で定めるもの（法4条1号）
・発行の日から6か月以内に限り使用できる前払式支払手段（法4条2号、令4条2項）

6 設問の場合

(1) ケース1

貴社が付与したポイントYの1ポイントを貴社の提携先Mのマイレージポイントの1mと交換するのは、典型的なポイント交換によるもので問題ないと考えられます。

(2) ケース2

一方、貴社発行の電子マネー残高1円を提携先Mのマイレージポイント1mと交換することは、提携先Mにとっては、対価を得てマイレージポイントmを発行したと評価されるおそれがあります。提携先Mが、mは前払式支払手段であるとして資金決済法上の規制を受ける事態を回避したい場合は、この交換スキームを断念するべきだと考えられます。

もっとも、マイレージポイントmの有効期限が通常5年であるところ、有効期限を6ヵ月以内（法4条2号、令4条2項）にするなど、前払式支払手段であっても、資金決済法上、適用除外となるポイントm'を発行する場合はこの限りではありません。

【参考文献・情報】
・金融審議会金融分科会第二部会「決済に関するワーキング・グループ」議事録（第6回・第7回）
・金融審議会金融分科会第二部会「資金決済に関する制度整備について ─イ

ノベーションの促進と利用者保護─」（平成21年1月14日）
・高橋康文編著『逐条解説 資金決済法─別冊・資金決済に関する法律、同法施行令、同法施行規則、事務ガイドライン対比表』（金融財政事情研究会、2010）
・堀天子『実務解説資金決済法（第3版)』（商事法務、2017）

> Q10　当株式会社は、電子マネーを発行するビジネスを開始しようと準備していますが、昨年資本金2000万円で設立したばかりで、設立後最初の事業年度は終わりました。決算が終わっていませんが、現在の純資産は約500万円だと思います。次の事業年度の決算は、1年3か月先になります。
>
> 　全国向け前払式支払手段の第三者型発行者は、純資産額が1億円に足りないと登録を拒否されるとのことです。一刻も早く電子マネービジネスに参入したいのですが、増資して純資産1億円超にしたとして、決算前に証明するにはどうしたらよいでしょうか？

1　第三者型発行者の登録拒否事由

　第三者型発行者の登録申請者は、以下のような事由（登録拒否事由）等のいずれかに該当するとき（および重要事項の虚偽記載、重要事実の記載欠如）は登録が拒否されます（法10条、10条1項1号～9号）。
・法人でないもの等（1号）
・政令の純資産要件を満たさない法人又は政令で定めた非営利法人以外（2号）
・前払支払手段で購入できる物品サービスが公序良俗違反でないことを確保するために必要な措置を講じていない（3号）
・加盟店に対する支払を適切に行うために必要な体制の整備が行われていない法人（4号）

2　純資産要件

　営利を目的とする株式会社のような法人の場合は、純資産要件（法10条1項2号イ）を満たさなければなりません。純資産額の下限は、営利目的法人の場合、前払式支払手段の利用可能な地域が1市町村限定の場合1000万円（令5条1項1号）ですが、それ以外は、1億円（令5条1項3号）とされています。

3　純資産を証明する書類

1を超える市町村で前払式支払を第三者型発行する営利目的法人の純資産要件（令5条1項3号）を充足するかどうかは、登録申請時に、申請書添付書類で判断されます。

申請書添付書類としては、以下のとおり表現されています（前払府令16条7号）。

「最終の貸借対照表（関連する注記を含む。）及び損益計算書（関連する注記を含む。）又はこれらに代わる書面（登録の申請の日を含む事業年度に設立された法人にあっては、会社法第435条第1項又は第617条第1項の規定により作成するその成立の日における貸借対照表又はこれに代わる書面）」

つまり、純資産額を確認する目的では、通常、最終の貸借対照表の添付が必要です。例外的に最初の事業年度に申請する法人の場合、会社成立の日のオープニングバランスシート（会社法435条1項または同法617条1項、会社計算規則58条または同規則70条）の資本金（資本の部）が純資産額となりますので、資本金の額で判断されることになります。

それぞれ「これらに代わる書面」「これに代わる書面」については、公式な情報がありませんので、財務局に問い合わせるしかありませんが、内規や先例がない場合、それぞれ直近の貸借対照表の添付を前提にするしかありません。

したがって、設立時の資本金が1億円に満たない場合、増資をして純資産額を1億円以上にしたとしても、増資した年度末の計算書類、すなわち年度末の総会において承認されるのを待って添付する必要があります。

4　設問の場合

設問では、現在の純資産が約500万円として9500万円増資することを考えているとのことですが、増資後の純資産を証明するためには、何らかの会社法上の計算書類を添付する必要があると思われます。しかし、法令上、会社成立の日の貸借対照表または定時株主総会で承認された貸借対照表しか確実に使え

る証拠がありません。

　「これらに代わる書面」「これに代わる書面」をどう作成すれば添付書類として認められるのか財務局に相談されるのがよいと思います。

> Q11　弊社は、IC 型電子マネー X を発行し、前払式支払手段の第三者型発行者登録を受けています。このたび、IC カード表面に印刷した電子マネー X のロゴマークおよび裏面記載の商号を変更する必要があるのですが、(1) 既発行の IC カードを回収する必要がありますか。(2) 変更届出の要否、その他留意する点を教えてください。

1　前払式支払手段の券面表示義務

前払式支払手段が、商品券や IC カード等、有体物である場合、原則としてその券面に法定事項を表示する必要があります。

(1) 法定表示事項

IC カード券面の法 13 条 1 項の表示事項は以下のとおりです。
　① 　発行者の氏名、商号または名称（1 号）
　② 　前払式支払手段の支払可能金額等（2 号）
　③ 　当該前払式支払手段を使用することのできる期間または期限が設けられている場合は、当該期間または期限（3 号）
　④ 　利用者からの苦情または相談に応ずる営業所または事務所の所在地および連絡先（4 号）

また、法 13 条 1 項 5 号＝府令 22 条 2 項の表示事項は以下のとおりです。
　⑤ 　前払式支払手段を使用することができる施設又は場所の範囲（1 号）
　⑥ 　前払式支払手段の利用上の必要な注意（2 号）
　⑦ 　電磁的方法により金額又は物品若しくは役務の数量を記録している前払式支払手段にあっては、その未使用残高又は当該未使用残高を知ることができる方法（3 号）
　⑧ 　約款、説明書等がある場合は、当該約款等の存する旨（4 号）

(2) 表示に代替する周知が認められる事項

　認定資金決済事業者協会に加入している前払式支払手段発行者は、認定資金決済事業者協会に代替周知委託することにより、上記（1）の法定表示事項のうち、④、⑤、⑥、⑦、⑧の表示義務から免れます。

2　前払式支払手段の券面表示の届出・変更届出

　第三者型発行者は、登録事項に変更があった場合、法11条1項により遅滞なく変更があった事項を管轄財務局に届ける義務を負っています。以下は券面に記載される可能性がある事項です。
　①　商号（法8条1項1号）
　②　前払式支払手段の種類、名称（法8条1項5号）
　③　使用可能期間又は期限（法8条1項6号）
　④　前払式支払手段の発行の業務の内容および方法（法8条1項7号）
　上記④の「業務の内容および方法」の具体的内容は府令14条により別紙様式3によることとなっており、当該様式3には、上記（1）の⑧の約款等の添付と、前払式支払手段の見本またはその券面および裏面の写しを貼付することとなっています。見本や券面の写しを貼付するのは、登録審査時には、券面記載事項が表示されているかどうかがチェックするためですから、結局のところ、券面記載事項についてはすべて登録審査の対象であり、かつ変更があった場合の届け出対象ということになります。
　すると券面の細かなデザインの変更について届け出が必要になるかどうか、という疑問がわきますが、表示事項の表現方法次第と思われます。
　なお、代替周知委託している場合には、一般社団法人日本資金決済業協会への変更の届出も必要になります。
　当然ながら、届け出た変更年月日以降に発行する前払式支払手段の券面への表示内容は変更を行う必要がありますが、法13条の表示義務は、発行時点での義務と解されている（附則10条参照）ことから、変更前の有体物を回収し

て表示を書き換える必要はありません。

3　ICカード型電子マネーを使用することができる施設または場所の範囲

上記1（1）（5）「前払式支払手段を使用することができる施設又は場所の範囲」（前払府令22条2項1号）の表示事項については、ICカード型の前払式支払手段の発行者の多くがICカードに付す電子マネーの名称（文字）、ロゴマークまたはロゴマークを利用し利用可能である加盟店等であることを表象するマーク（アクセプタンスマーク）の掲示がある加盟店等の場所を、使用可能な場所として表示（または代替周知）しているものと思われます。

券面のロゴマークの変更は登録事項である見本または券面表記の写しの変更になります。アクセプタンスマークを変更する場合については、仮に登録事項の変更に該当していない場合であっても、ロゴマークの変更に合わせて店頭の表記を速やかに変更し、利用者が混乱を来たさないように努める必要があります。

4　ご質問の場合

(1)　既発行のICカードの扱い

貴社の商号の変更により既発行のICカードは法定表示事項を記載していない状況になりますが、法13条の法定表示義務は発行時点での義務と解されていますので、回収する必要はありません。

(2)　変更届出の要否等

商号および券面のロゴマークはいずれも登録事項ですので、変更届出の必要があります。

なお、ロゴマークを変更すると、加盟店店頭で利用者が混乱を来たすおそれ

がありますので、アクセプタンスマーク等の店頭での使用可能かどうかの表記も速やかに変更するよう努める必要があります。

【参考文献・情報】
・一般社団法人日本資金決済業協会ウェブサイトＱ＆Ａコーナー〈https://www.s-kessai.jp/consumer/giftcard_prica_netprica/q_and_a.html〉

> Q12 サーバ型前払い式支払手段に加算（チャージ）するためのコードをスクラッチカードとしてコンビニで販売しているのですが、そのカードの券面に表示義務は課せられるのですか？

1 表示または情報の提供

(1) 有体物に係る表示義務

　前払式支払手段発行者は、当該前払式支払手段そのものが証票等（法3条1項1号かっこ書）である場合、または当該前払式支払手段が書面その他の有体物と一体となって交付される場合、当該前払式支払手段には以下の事項を表示しなければなりません（法13条1項、前払府令21条1項）。前払式支払手段の購入者は発行者に対し信用を供与することになりますが、利用者保護の観点から、一定の事項を購入者に通知する必要があるからです。
　① 氏名、商号または名称（法13条1項1号）
　② 前払式支払手段の支払可能金額等（同項2号）
　③ 前払式支払手段を使用できる期間または期限（同項3号）
　④ 苦情・相談窓口の営業所・事務所の所在地および連絡先（同項4号）
　⑤ 前払式支払手段を使用できる施設または場所の範囲（前払府令21条2項1号）
　⑥ 前払式支払手段の利用上の必要な注意（同項2号）
　⑦ 電磁的方法により金額等・商品役務の数量を記録している場合の未使用残高または未使用残高を知ることができる方法（同項3号）
　⑧ 約款等が存する場合には、当該約款が存する旨（同項4号）
　これらの表示事項は、前払式支払手段を一般に購入し、または使用する者が読みやすく、理解しやすいような用語により、正確に表示しなければなりません（前払府令22条1項本文）。ただし、専ら贈答用に購入される前払式支払手段については、その金額を受贈者に知られたくないというニーズがあると考え

られるため、上記②の支払可能金額等の表示を符号、図画その他の方法による表示をもって足りるとされています（同項ただし書）。

(2) 有体物に係る表示義務に関する緩和規定

(A) 認定資金決済事業者協会による代替表示

前払式支払手段発行者が加入する認定資金決済事業者協会（法87条の規定による認定を受けた一般社団法人。法2条12項）が、当該前払式支払手段発行者に係る前記（1）の表示事項④～⑧を前払式支払手段の利用者に周知する場合、当該前払式支払手段発行者自身は当該事項を表示する必要がなくなります（法13条2項、前払府令23条）。

(B) 表示面積が狭い場合の緩和規定

前払式支払手段の面積が狭いために、前記（1）の表示事項①～⑧を明瞭に表示することができないときは、次の要件をすべて満たす場合に限り、前記（1）の表示事項⑤⑥については、当該事項のうち主要なもののみを表示することで足ります（前払府令22条3項）。
　要件①：約款等に前記（1）の表示事項⑤⑥が記載されていること
　要件②：前払式支払手段が一般に購入される際に当該約款等がその購入者に交付されること

(C) 加算型前払式支払手段に関する緩和規定

加算型前払式支払手段（前払式支払手段のうち電磁的方法により金額等または物品もしくは役務の数量の記録の加算が行われるもの。前払府令1条3項）については、加算する都度、資金決済法13条1項の「発行」を行うことになりますが、加算の度に同項の表示義務を発行者に負わせるのは酷ですので、既に同項の規定による表示をしているときは、当該表示をもって、同項の規定による表示をしたものとみなされます（前払府令22条4項）。

(3) 無体物に係る情報提供義務

　利用者に有体物が交付されない場合、または交付された有体物と前払式支払手段が一体となっていない場合であっても利用者保護の必要性は変わりませんが、表示に適した有体物がありませんので、前払式支払手段発行者は、有体物への表示に代わる方法によって、前記（1）に掲げる事項の情報提供を行わなければなりません（法13条1項）。当該方法は以下のとおりです（前払府令21条2項）。
　①　利用者側のコンピュータにあるファイルに（電子メール等の手段を用いて）記録する方法（1号）
　②　発行者側のサーバにあるファイルを利用者が閲覧しダウンロードする方法（2号）
　③　発行者側のサーバから発行者側が用意する専用端末に利用者ファイル（発行者側のサーバに備えられる、専ら利用者の用に供するファイル）を送信し当該端末において利用者が閲覧する方法（3号）

　前記（1）②の支払可能金額等とは、前払式支払手段により商品やサービスの対価として決済が可能な金額や数量をいいますが（法3条3項）、前払式支払手段のうち電磁的方法により金額や数量を記録している前払式支払手段に係る支払可能金額等は、記録される当該金額または当該数量の上限とされます（前払府令5条）。

　また、上記①②の方法については、利用者がプリントアウト等をすることで書面を作成できるようなフォーマットであることが求められています（前払府令21条4項1号）。また、③の方法については、利用者ファイルが発行者側のサーバに記録された時点から起算して3か月間、消去または改変ができないものであることが求められます（同項2号）。

2　設問の検討

　サーバ型前払い式支払手段に加算（チャージ）するためのコードをスクラッ

チカードとしてコンビニで販売している場合、そのスクラッチカードは前払式支払手段と一体化していない有体物と考えられますので、前記（3）の方法により前記（1）に掲げる事項の情報提供を行うことになります。

> Q13　弊社は、弊社提供のおサイフケータイ対応ウォレットアプリや、スマートフォンOS提供者のウォレットアプリを通じてスマートフォン利用者に電子マネーを発行しています。いずれも、スマートフォンとBluetoothでペアリングした腕時計型の端末を店頭で端末にかざすことにより使用できます。腕時計型端末の画面は狭く電子マネーカードの表面イメージが表示できるだけですが、情報提供義務を満たしたことになるのでしょうか？

1　電子マネーの法定事項の情報提供義務

　電子マネー等の前払式支払手段発行者は、資金決済法13条1項により、同項1～4号および内閣府令22条2項の法定事項の情報を利用者に提供する義務を負います（具体的な情報提供事項は、第1編第2章Ⅴ、Q12参照）。

2　電子マネーの法定事項の情報提供方法

(1)　「表示」と「情報提供」

　法定事項の「情報提供」については、前払式支払手段に関わる証票等または前払式支払手段と一体となっている書面その他の物を交付する場合には、「表示」することとされています（前払府令21条1項）。「前払式支払手段と一体となっている書面その他の物」とは、利用者が当該前払式支払手段を使用する際に提示又は交付する必要があるもの（商品券やプリペイドカードやIDが記録されたカードなど）をいいます。

(2)　資金決済法2017年改正

　2017年4月より施行された改正資金決済法によりITの進展に対応した、決済関連サービスの提供の容易化が図られました。具体的には、プリペイドカー

ドが電子端末である場合等、有体物に表示事項を記載することが合理的でない場合には、インターネット上での情報提供を可能とする内容に改正する趣旨です。

(3) 「表示」原則から「情報提供」を上位概念に

　資金決済法施行前、もともと前払式証票の規制が商品券やプリペイドカード等の有体物にしか及んでいなかった時点では、「情報提供」という上位概念はなく、「表示」のみでしたが、資金決済法施行時点で、旧法13条2項・旧府令22条により、「表示」の代替手段として、サーバ型電子マネーについてのみ、例外的に3種類の「情報提供」義務を導入しました。
　今般、時計型や指輪型のウェアラブル端末等、立法準備段階では「電子端末型プリカ」と総称されたスマートフォンと連動して前払式支払手段として使用される有体物についても、「表示」が困難な場合があることから「表示」を伴わない「情報提供」によることができるとされ、「情報提供」を上位概念とし、「表示」を有体物である前払式支払手段のみに適用される下位概念に整理しなおしています。

3　電子端末型プリペイドカード＝ウェアラブル端末による情報提供

(1) おサイフケータイとウェアラブル端末の定義

　おサイフケータイまたはウェアラブル端末による電子マネーは、「発行する前払式支払手段が①前払式支払手段発行者の使用に係る電子機器と電気通信回線を介して接続される利用者の使用に係る電子機器（②証票等の使用の開始前に、または証票等の使用に際して、当該電子機器と接続される場合における当該証票等を含む。）を提示して使用されるもの」（府令21条3項）と表現されています。
　つまり、①電子マネー発行者側のサーバと通信回線を通じて接続されるウォ

レットアプリがインストールされたおサイフケータイ等の電子機器、および、カッコ書きの中の②おサイフケータイから事前または都度接続される時計型や指輪型のウェアラブル端末を提示して使用される電子マネーが情報提供の文脈で法定されていることになります。

(2) おサイフケータイとウェアラブル端末の情報提供方法の選択肢

前払府令21条3項は、有体物である電子マネーであっても、利用者が提示して発行者側と通信して使用されるものである場合には、サーバ型電子マネーと同様、「表示」に替えて、ネット経由またはキオスク端末経由での「情報提供」(前払府令21条2項各号)を選択できる、とするものですので、画面の狭さや記憶領域の少なさが直接の要件にはなっていません。

5　ご質問の場合

スマートフォンのウォレットアプリ経由で貴社電子マネーを利用できる状態となった時計型端末は、画面が狭く電子マネーカードの表面イメージが表示できるだけだとしても、サーバ型電子マネーと同様の情報提供義務を果たすことで、法定の情報提供義務を満たしたことになります。

【参考文献・情報】
- 「情報通信技術の進展等の環境変化に対応するための銀行法等の一部を改正する法律案」に係る説明資料（P6）〈http://www.fsa.go.jp/common/diet/190/01/setsumei.pdf〉
- 情報通信技術の進展等の環境変化に対応するための銀行法等の一部を改正する法律の概要〈http://www.fsa.go.jp/common/diet/190/01/gaiyou.pdf〉
- 「銀行法施行令等の一部を改正する政令等（案）」等に対するパブリックコメントの結果等について〈http://www.fsa.go.jp/news/28/ginkou/20170324-1.html〉
- コメントの概要及びそれに対する金融庁の考え方〈http://www.fsa.go.jp/

news/28/ginkou/20170324-1/01.pdf〉資金決済に関する法律（仮想通貨以外）関係（58頁以下）コメント及び考え方2〜9

> Q14 平成28年改正法21条の2により、前払式支払手段発行者は、「前払式支払手段の発行および利用に関する利用者からの苦情の適切かつ迅速な処理のために必要な措置を講じなければならない。」とされましたが、具体的にどのような措置が想定されていますか？

　前払式支払手段発行者が、利用者からの苦情の適切かつ迅速な処理のために講ずるべき必要な措置（法21条の2）については、事務ガイドラインが提示する「主な着眼点」（Ⅱ-2-4-1）が参考になります。
① 苦情等に対する業者の取組み
　　経営陣は、利用者からの苦情等によって、自社の信用失墜等の不利益を被るおそれがあることを認識し、適切な方策を講じているか。
② 苦情等処理体制の整備
　　苦情等に対し迅速かつ適切な処理・対応ができるよう、苦情等に係る担当部署や処理手続が定められているか。苦情等の内容が経営に重大な影響を与え得る事案であれば内部監査部門や経営陣に報告するなど、事案に応じ必要な関係者間で情報共有が図られる体制となっているか。
③ 加盟店における前払式支払手段の使用に係る苦情等について、利用者等から前払式支払手段発行者への直接の連絡体制を設けるなど適切な苦情相談態勢が整備されているか。
④ 委託業務に関する苦情等について、利用者等から委託元である前払式支払手段発行者への直接の連絡体制を設けるなど適切な苦情相談態勢が整備されているか。
⑤ 利用者に対する説明の履行
　　申出のあった内容に関し、利用者に対し十分に説明が行われているか。また、苦情等の対応状況について、適切にフォローアップが行われているか。
⑥ フィードバック
　　苦情等の内容は、正確かつ適切に記録・保存されるとともに、蓄積と分析を行うことによって、勧誘態勢や事務処理態勢の改善、再発防止策の策

定等に十分活用されているか。
⑦　認定資金決済業者協会の会員である前払式支払手段発行者については、当該協会における解決に積極的に協力するなど迅速な紛争解決に努めることとしているか。

> Q15　特例基準日とはどのような場合に設定するのでしょうか？

1　基準日

　毎年3月31日および9月30日が基準日とされ（法3条2項かっこ書）、前払式支払手段発行者は基準日ごとに未使用残高等の報告書を提出しなければならず（法23条）、発行保証金を供託しなければなりません（法14条）。

2　特例基準日

　この基準日には特例が設けられており、前払式支払手段発行者が、所定の方法により届出書を内閣総理大臣に提出した場合には、基準日を年に4回（3月31日、6月30日、9月30日、12月31日）とすることができます（法29条の2第1項）。3月31日と9月30日の基準日を「通常基準日」、6月30日と12月31日を「特例基準日」と呼びます（同条2項かっこ書）。

　特例基準日の適用を受けている前払式支払手段発行者は、特例基準日の適用をやめる届出書を内閣総理大臣に提出することができます（同項本文）。特例基準日の適用がなくなるのは当該届出提出日後ですが、特例基準日の翌日から通常基準日の間（すなわち1月1日から3月31日の間または7月1日から9月30日の間）に届出書が提出された場合は、当該通常基準日後に適用がなくなります（同項本文かっこ書）。

　もっとも、制度の濫用を防ぐ趣旨から、特例基準日の適用を受ける届出書の提出日から起算して1年を経過する日以後でなければ、特例基準日の適用をやめる届出書は提出できません（同条3項、施行令9条の3第2項）。また、特例基準日の適用をやめた場合であっても、その後再度適用を受ける届出をすることは可能ですが、特例基準日の適用をやめる届出書の提出日から起算して1年間を経過した日以後でなければ、特例基準日の適用を受ける届出書は提出できません（法29条の2第4項、施行令9条の3第2項）。

3 設例の検討

　特例基準日を設定すると、発行保証金として供託した金銭を年に4回取り戻せることになります。金銭を供託すると、年率0.024％の供託金利息が発生しますが（供託規則33条1項）、ほぼ無利息に近いため資本を有効活用できないというデメリットがあります。特例基準日の適用を受けると、適用を受けない場合と比べて、より現状の未使用残高に即した金額を供託することができます。しかし他方で報告書の提出頻度が増えますので、データを集計して報告書にまとめる事務コストが増加するおそれがあります。

> Q16 払戻の公告が電子公告により認められるのはどのような場合ですか？また、加盟店での掲示に代えることができる情報提供は、どのような方法が認められますか？

1 払戻の公告

(1) 公告事項

前払式支払手段発行者が払戻しをしようとする場合には、以下の事項を公告するとともに、当該事項に関する情報を、払い戻そうとする前払式支払手段の保有者に提供しなければなりません（法20条2項）。

①　払戻しをする旨（同項1号）
②　保有者は、60日を下らない一定の期間内に債権の申出をすべきこと（同項2号）
③　当該期間内に債権の申出をしない保有者は、払戻しの手続から除斥されること（同項3号）
④　払戻しを行う前払式支払手段発行者の氏名、商号または名称（前払府令41条5項1号）
⑤　払い戻される前払式支払手段の種類（同項2号）
⑥　払戻しに関する問合せに応ずる営業所または事務所の連絡先（同項3号）
⑦　債券の申出の方法（同項4号）
⑧　払戻しの方法（同項5号）
⑨　その他払戻しの手続に関し参考となるべき事項（同項6号）

(2) 公告方法

前払式支払手段発行者は、上記①〜⑤に掲げる事項を、時事に関する事項を

掲載する日刊新聞紙により公告しなければなりません（前払府令41条2項本文）。ただし、以下の場合には電子公告（会社法2条34号）により行うことができます（同項ただし書）。

① 前払式支払手段に係る証票等または当該前払式支払手段と一体となっている書面その他の物を利用者に対し交付することがない場合
② 前払式支払手段が（前払式支払手段発行者の電子機器と電気通信回線により接続される）利用者の電子機器（電子機器と接続して証票等を使用する場合を含む）を提示して使用される場合

(3) 情報の掲示・提供

前払式支払手段発行者は、前記（1）①～⑨の事項に関する情報を、すべての営業所または事務所および加盟店の公衆の目につきやすい場所に掲示するための措置を講じなければなりません（前払府令41条3項）。

ただし、前払式支払手段発行者は、前払式支払手段発行者または前払式支払手段発行者の指定する者の電子計算機と利用者の電子計算機とを接続する電気通信回線を通じて商品やサービスの代価の弁済が行われる場合、上記の掲示に代えて、以下のいずれかの方法により、利用者に情報提供しなければなりません（同条4項）。

① 利用者側のコンピュータにあるファイルに（電子メール等の手段を用いて）記録する方法（前払府令21条2項1号）
② 発行者側のサーバにあるファイルを利用者が閲覧しダウンロードする方法（同項2号）
③ 発行者側のサーバから発行者側が用意する専用端末に利用者ファイル（発行者側のサーバに備えられる、専ら利用者の用に供するファイル）を送信し当該端末において利用者が閲覧する方法（同項3号）

2 設問の検討

払戻しの公告が電子公告により認められるのは、前記1（2）のとおり、①

前払式支払手段に係る証票等または当該前払式支払手段と一体となっている書面その他の物を利用者に対し交付することがない場合、および②前払式支払手段が（前払式支払手段発行者の電子機器と電気通信回線により接続される）利用者の電子機器（電子機器と接続して証票等を使用する場合を含む）を提示して使用される場合、となります。すなわち、利用者に対し有体物としての証票等が交付されない場合、前払式支払手段発行者と利用者との間の連絡はインターネット等の通信手段を通じて行うのが適切であるため、電子公告の方法をとることができます。

　また、前払式支払手段発行者は、前記1（3）に記載した方法により、利用者に対し情報提供を行う義務があります。たとえば、ネットワークゲームのようにサービスの提供がネット上で完結するような場合、営業所等での掲示に代えて、払い戻すゲーム内コインの情報をまとめた説明ファイルを利用者に電子メールで送る方法、利用者がサイト上から説明ファイルをダウンロードして見る方法、利用者が使用するゲーム専用端末に説明ファイルを送信して利用者がそれを見る方法、により情報提供を行わなければなりません。

> Q17　当社は、第三者型前払式支払手段事業αを含むさまざまな事業譲渡をA社と交渉し、さまざまな事情から、A社が新設するB社を吸収分割承継会社とする吸収分割とすることとしたところです。α以外の事業は許認可不要な事業なのですが、αについては、資金決済法上、地位の承継ができないのでしょうか？　また、どのような手順を踏めば発行を休止することなくB社にて事業を継続できるでしょうか？　なお、A社は第三者型前払式支払手段の発行者ではなくB社は吸収分割前に決算する予定はありません。

1　会社分割

　会社分割には、吸収分割（会社法2条29号）と新設分割（同条30号）がありますが、分割される会社の事業につき、それぞれ既存会社または新設会社に対して当該事業に関わる権利義務を包括的に承継させることです。ただし、この権利義務は、あくまで私法上の債権、債務を指しますので、公法（業法）上の各種許認可制度上の地位は当然には承継されません。各種業法により扱いは異なります。

2　自家型の場合

　前払式支払手段の自家型発行者の場合、相続又は企業再編（事業譲渡、合併もしくは会社分割）その他の事由により前払式支払手段の発行者以外の者に発行業務を承継させた場合の特例（法30条）があります。発行業務を承継する者は、自家型前払式支払手段の承継が行われた日の直前の基準日未使用残高が基準額を超えるときは、自家型発行者とみなされます（法30条1項）。

　自家型発行者とみなされた事業承継人は、遅滞なく①発行業務を承継した旨②新規届出事項（法5条1項）相当の事項を届ける義務を負います（法30条2項～4項）。

3　第三者型の場合

(1) 旧法での扱い

　旧法(前払式証票の規制等に関する法律)では、第三者型の発行者の事業譲渡に伴う地位の承継を明文で定めていました。別法人が、第三者型発行者から第三者発行型前払式証票の発行業務に関する企業再編(事業の全部の譲受、合併若しくは会社分割)により発行事業の全部を承継したときは、当該別法人は、その第三者型発行者の地位を承継するとされていたのです(10条)。ただし、新規登録の際の拒否事由(同法9条1項)のうち、第三者発行型前払式証票の発行の業務を適確に遂行するに足りる財産的基礎を有しない法人(同項6号)を除いたもの(同項2～5号)を満たす必要があるとされていました。

(2) 資金決済法での扱い

　資金決済法では、第三者型発行者の場合、企業再編(事業譲渡、合併もしくは会社分割)による事業承継をした法人については自家型発行者のようなみなし規定もなく、旧法のような地位承継規定もありません。
　これは、第三者型発行事業の全部が関係する企業再編の場合に地位の承継を原則とする旧法から転換して、地位の承継を原則認めないこととしたものです。つまり、第三者型発行事業が、別法人に承継される場合、承継時点で別法人が第三者型発行者である必要があるのです。
　また、新規登録申請扱いですから申請日から登録されるまでの財務局の処理期間を考慮する必要があります。標準処理期間は2か月(府令56条)です。
　第三者型発行事業の発行法人主体が形式的に変更する企業再編の場合、あらかじめこれらの点を念頭においた再編方法を検討しておく必要があります。
　企業再編に伴い発行業務を承継させる、たとえば以下のような別法人が第三者発行事業の登録を有していない場合、当該法人にあらかじめ登録申請をさせ

る必要があるのです。
- 吸収合併後、存続する会社（会社法749条）
- 新設合併により設立する会社（同法753条）
- 吸収分割により承継する会社（同法758条）
- 新設分割により設立する会社（同法763条）

登録申請をするということは、あらかじめ申請する主体が存在していなければなりません。すると、上記のうち、新設合併と新設分割により設立される会社は、合併や分割が成立した日から存在するので、あらかじめ申請をしておくことができません。成立日から登録申請することになります。

また、新たな登録申請ですので、登録拒否事由（法10条）に該当しないことが必要となります。特に問題となるのが純資産額要件です。

企業再編の場合、最終的に事業を承継する側の企業が直接当該事業を承継せず、子会社として保有する形態とすることがあります。その他さまざまな事情で、一旦受け皿となる会社を設立したうえでその会社がたとえば吸収分割の承継会社となることが考えられます。そのような会社は企業再編の実施前に設立されますが、再編実施前には実体が無く、株式と資本金があるだけの会社です。設立された受け皿会社があらかじめ第三者型前払式手段発行者の登録を受ける必要があるのですが、純資産額要件を満たすには、少なくとも1億円以上の資本金があることが成立の日の貸借対照表に記載されていなくてはなりません（会社法435条1項、会社計算規則58条）（Q11参照）。

3　設問の場合

貴社の第三者型前払式支払手段発行事業 α は、吸収分割されても B 社には登録が承継されません。したがって、B 社として新たな第三者型前払式手段発行者の登録を受ける必要があります。B 社は新設の会社ですので、会社成立の日の貸借対照表を作成することになりますが、当該貸借対照表上純資産額が1億円以上あること、すなわち少なくとも資本金（資本の部）が1億円以上あるようにして登録拒否を回避しなければなりません。

B 社への吸収分割の実行日時点で、B 社の登録が成立していなければ、B 社

はα事業の承継を受けても前払式支払手段の発行ができません。したがって貴社がα事業を継続しつつＢ社の登録成立を待って事業を譲渡できるよう、吸収分割に関する契約を構成するか、登録されるまで発行を休止することも視野に入れた検討をする必要があります。ただし、発行を休止しても、既発行の前払式支払手段に関する精算業務は継続しなければなりませんから、加盟店に対する支払債務の弁済等は貴社が引き続き関与することになります。

　今から、企業再編の実行スケジュールや形態、特にＢ社の設立時資本金等を変更する余地があるかどうかによりますが、財務局および日本資金決済業協会の窓口にご相談されると、処理期間の短縮の可能性や申請書類の内容も含め、より具体的な解決策が見えてくると思います。

Q18　架空請求詐欺対策としてどのようなことが求められていますか。

　前払式支払手段のうち、特にサーバ型前払式支払手段については、IDをインターネット上で入力すれば利用できるといった特性を有しているものもあります。しかし、その特性を悪用して、架空請求等でサーバ型前払式支払手段を購入させてIDを詐取するなどといった詐欺被害が発生しています。このような架空請求詐欺対策としては、以下のような対応を行うことが推奨されます（前払式支払手段事務ガイドラインⅡ-2-5）。

①　被害情報の受付体制・迅速な利用停止を講ずる態勢の整備

　　被害者からの申出等（捜査当局、消費生活センター等からの情報提供を含む。以下同じ。）、詐欺被害に関する情報を速やかに受け付ける体制を整備するとともに、こうした情報等を活用して、詐取された前払式支払手段を特定し、利用停止の措置を迅速かつ適切に講ずる態勢を整備しているか。

②　利用停止後の返金処理態勢の整備

　　被害者からの申出等をもとに、利用停止を行った前払式支払手段について未使用の残高がある場合には、被害者の財産的被害を迅速に回復するため、返金手続等について社内規則で定めることなどにより、円滑かつ速やかに処理するための態勢を整備しているか。

③　注意喚起・販売方法の見直し等

　　被害者からの申出等をもとにした被害発生状況のモニタリングや分析を通じて、被害の防止等の観点から、架空請求等詐欺の手口に応じ、例えば、以下のような措置を迅速かつ適切に講ずる態勢を整備しているか。

　イ　前払式支払手段発行者のウェブサイト等への注意喚起の表示

　ロ　販売時における販売端末、店頭に陳列するプリペイドカード等への注意喚起の表示

　ハ　架空請求等詐欺に悪用されている販売方法の見直し（たとえば、悪用されている販売チャネルや販売券種における販売上限額の引下げ、取扱いの停止など）

　前払式支払手段事務ガイドラインによれば、上記②のように利用停止等を行

った場合の返金手続等については、資金決済法 20 条 5 項に基づく払戻しに当たらないものの、迅速な被害回復の観点から、同項および前払府令 42 条各号に基づく払戻しとして処理することを妨げるものではない、と解釈されています。また、上記のような対応以外にも、前払式支払手段発行者の規模や特性、被害発生状況などからみて、被害の防止等の観点から特段の問題がないと認められるような対応をとれば足りるとされています。なお、架空請求詐欺対策とは別に、利用者からの苦情の適切かつ迅速な処理のために必要な措置（法 21 条の 2）を講じる必要があります。

編集・執筆者一覧

〔編集・執筆〕

丸橋　　透　明治大学教授、ニューヨーク州弁護士
　　　　　　編集、第1編第1章Ⅱ、第2編第1章、第2編第2章Q2・4・6・8〜11・13・17

松嶋　隆弘　日本大学教授、弁護士
　　　　　　編集、第1編第1章Ⅰ、第1編第2章Ⅰ・Ⅵ、第1編第3章Ⅰ、第2編第2章Q7

〔執筆〕　※執筆順

石井　美緒　日本大学准教授、弁護士
　　　　　　第1編第1章Ⅲ

金澤　大祐　日本大学助教、弁護士
　　　　　　第1編第2章Ⅱ、第1編第2章Ⅹ

隅谷　史人　流通経済大学准教授
　　　　　　第1編第2章Ⅲ、第1編第3章Ⅲ

中村　守道　全日空商事株式会社総務部
　　　　　　第1編第2章Ⅳ、第2編第1章

山田　朋生　日本大学助教
　　　　　　第1編第2章Ⅴ

小菅　成一　嘉悦大学教授
　　　　　　第1編第2章Ⅶ・Ⅷ

大久保拓也　日本大学教授
　　　　　　第1編第2章Ⅸ、第1編第3章Ⅱ

岡田　仁志　国立情報学研究所准教授
　　　　　　コラム

鬼頭　俊泰　日本大学准教授

第1編第3章Ⅳ・Ⅴ
上沼　紫野　弁護士
第1編第4章
石川　雅啓　一般社団法人貿易アドバイザー協会
第1編第5章
大倉　健嗣　弁護士
第2編第1章、第2編第2章Q1・3・5・12・14・15・16・18
川上恵美子　元ニフティ株式会社法務部
第2編第1章
加山　綾一　弁護士
第2編第1章
松村　知彦　楽天Ｅｄｙ株式会社経営企画部
第2編第1章
森田　康裕　株式会社ウェブマネー代表取締役
第2編第1章
長谷川恭男　消費者決済研究所代表
第2編第1章

資金決済法の理論と実務

2019 年 2 月 20 日　第 1 版第 1 刷発行

編著者　丸　橋　　　透
　　　　松　嶋　隆　弘

発行者　井　村　寿　人

発行所　株式会社　勁　草　書　房
112-0005　東京都文京区水道 2-1-1　振替 00150-2-175253
（編集）電話 03-3815-5277／FAX 03-3814-6968
（営業）電話 03-3814-6861／FAX 03-3814-6854
理想社・中永製本

©MARUHASHI Toru, MATSUSHIMA Takahiro 2019

ISBN978-4-326-40361-5　　Printed in Japan

JCOPY〈出版者著作権管理機構　委託出版物〉
本書の無断複製は著作権法上での例外を除き禁じられています。
複製される場合は、そのつど事前に、出版者著作権管理機構
（電話 03-5244-5088、FAX 03-5244-5089、e-mail: info@jcopy.or.jp）
の許諾を得てください。

＊落丁本・乱丁本はお取替いたします。

http://www.keisoshobo.co.jp

ウゴ・パガロ　新保史生 監訳
ロボット法
4,500 円

ダニエル・J・ソロブ　大島義則ほか 訳
プライバシーなんていらない!?
―情報社会における自由と安全
2,800 円

キャス・サンスティーン　伊達尚美 訳
＃リパブリック
―インターネットは民主主義になにをもたらすのか
3,200 円

シーラ・ジャサノフ　渡辺千原＝吉良貴之 監訳
法廷に立つ科学
―「法と科学」入門
3,500 円

宮下　紘
EU 一般データ保護規則
4,000 円

クリス・フーフナグル　宮下紘ほか 訳
アメリカプライバシー法
―連邦取引委員会の法と政策
5,000 円

リチャード・J・ピアース・Jr.　正木宏長 訳
アメリカ行政法
5,200 円

松尾剛行
最新判例にみるインターネット上の
プライバシー・個人情報保護の理論と実務
3,700 円

勁草書房刊

＊表示価格は 2019 年 2 月現在。消費税は含まれておりません。